新　潮　文　庫

チャップリン自伝

若き日々

中　里　京　子　訳

新　潮　社　版

10748

チャップリン自伝

若き日々

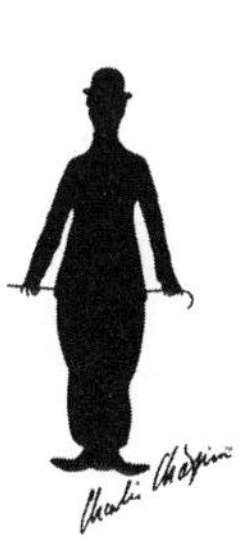

ウーナに

謝辞

ヒュー・バイアス著“Government by Assassination”（訳注　邦訳は『昭和帝国の暗殺政治』内山秀夫、増田修代訳、刀水書房、二〇〇四年）からの引用を許可してくださったアルフレッド・A・ノップフ社、W・サマセット・モーム著“A Writer's Notebook”（邦訳は『作家の手帳』中村佐喜子訳、新潮文庫、一九六九年）および“The Collected Poems of John Masefield”（邦訳なし）に含まれる詩“The Widow in the Bye Street”の引用を許可してくださったウィリアム・ハイネマン社とそれぞれの著者、また“The Collected Poems of Hart Crane”に含まれる詩“White Buildings”の引用を許可してくださったリヴァーライト・パブリッシング社に謝意を表す。

ペンギン・ブックスは、本版製作に協力してくださったアソシアシオン・チャップリン（The Association Chaplin）に感謝の意を表する。

序論（デイヴィッド・ロビンソン）

『チャップリン自伝』第一章は、英国ヴィクトリア朝の伝統的な自伝形式にのっとって幕を開ける――「わたしは一八八九年四月一六日の夜八時、ウォルワースのイースト・レーンで生まれた」。一九六四年の刊行時には、この冒頭の一文自体が新たな発見だった。それまでチャップリンについて書かれてきた数百冊（文字通り）の伝記では生誕地が一定せず（なかには、フォンテーヌブロー宮殿としたものさえあった）、決め手となるはずの出生証明書も存在しなかったからである。本書によって世の中は、チャップリン自身の口から初めて事実を知らされることになっただけでなく、彼が本物の南ロンドンっ子であることを示す証拠まで手にすることになった。というのは、「イースト・ストリート」（正式な地名）を「イースト・レーン」（自伝での表記）と呼んでいたのは、地元の住民だけだったのだ。ちなみに、「レーン」は、ストリートマーケットが立つ大都市の大通りを指すときによく使われる呼称だ。冒頭の一文のあとも、とりわけ幼いころの困窮状態や、演技者としての才能を早くから見出《みいだ》したことなど、まさに大盤振る舞いの情報開示が続く。齢《よわい》七五歳にして、チャールズ・チャップリンはついに自分の人生について口を開いたのだった。それも気前よく。

本書は、刊行されるやいなや世界中で大反響を呼んだ（翻訳された言語の数は二五を超えている）が、さまざまな点に関して疑念も生むことになった。〝ゴースト〟ライターを雇って書いたに違いないと言い張る者もいた。ハリウッド俳優の〝自伝〟は、大方の場合、そうやって書かれるからだ。しかしすべての証拠は、この自伝が単一の著者の手によるものであることを指し示している。彼の家族は、チャップリンが、まるでオフィスに出かけるかのように妻のウーナに出がけのキスをして、毎日三度、自伝執筆のために自宅内の図書室に閉じこもったことを覚えている。チャップリン自身もイアン・フレミングに、秘書がいつも自分の英語を直そうとすると不平をもらしている。「チャップリンは、そのことはべつに意外ではないと言っていた。独学した自分より、秘書のほうがずっとよく言葉を知っていると内心思っていたからだろう。それでも自分の文章が気に入っていたから、自分の手によるものが少しでも校正を経て生き延びるように願っていた」チャップリン自伝の連載を企画していた『サンデー・タイムズ』紙の編集者レナード・ラッセルは、元々の版元だったザ・ボドリー・

ヘッド社の社主マックス・ラインハルトに、チャップリンには影の共同執筆者がいるのではないかと控えめに尋ねて、厳しい叱責《しっせき》を頂戴《ちょうだい》することになった。ラッセルはこう書いている。「ラインハルト氏はショックを受けたように見えた。というより気を悪くしたようだった。自ら脚本を執筆し、その映画を自ら監督し、映画音楽まで作曲してしまうチャップリンが、こともあろうに自伝の執筆に外部の援助を求めることなど、考えることさえできない。一字一句に至るまで、すべてチャップリン自身によって書かれるはずだ、とラインハルト氏は断言した。必要とあれば、宣誓までしただろう」

ラインハルト氏は正しかった。チャップリンは全生涯にわたり、すべてのことを自分ひとりの力でなし遂げたいという強い衝動に突き動かされていた。その思いは自らの映画それぞれのあらゆる役割を全部ひとりでこなしたいと望むほど強かった（チャップリンの理想は、役に対する自分の解釈を忠実に真似《まね》て再現する俳優や女優を見つけることだった）。映画の脚本執筆については、独自のルーチンを編み出した。まず秘書に口述筆記させるか、草稿を紙に書くことから始めるのだが、自分で書くときは、ふつう鉛筆を使って独特の走り書きを紙に書きつけた。スペルがあやふやなこともしょっちゅうだった。そのメモを秘書に渡すと、目立たないようにスペルが修正され、きれいにタイプされて戻ってくる。チャップリンはそれを校正して修正を加えたあと、再びタイプさせ、この作業を満足がいくまで何度でも繰り返した。『チャップリン自伝』も、このように執筆されたものと思われる。いずれにせよ、本書のスタイルは非常に独特で、それ以前に書かれた自伝（一九二二年刊“My Wonderful Visit”〔邦訳なし〕および一九三三年刊“A Comedian Sees the World”〔邦訳は『世界漫遊記』吉田書店出版部、一九三四年刊〕）と強い一貫性を保っているため、チャップリン以外の者によって書かれたとは考えにくい。そこには、独学で文章を覚えた物書き特有の魅力的な特異性がある。チャップリンは正式な教育をほとんど受けておらず、読み書きは、歳《とし》がいってから努力して身につけたものだった。そして、その過程で言葉の魅力に目覚め、それまで知らなかった単語の発見に熱中した。常に辞書をそばに置き、毎日ひとつ新しい単語を覚えようとしたと彼自身綴《つづ》っている。こうしてチャップリンは、その生涯を通じ、いつも覚えたての単語に夢中になっていた。『チャップリン自伝』を執筆している時期に覚えたそんな単語には、“ineffable（筆舌に尽くしがたい）”“levitous（軽々しい）”（この単語はオクスフォード英語辞典にも収録されていない。levityが誤用されたもので、一九三〇年前後の小説類で使われていたものと思われる）“aposiopesis（頓絶《とんぜつ》法）”“esurient（貪欲な）”といった言葉があり、“I was not frantically ebullient about his prognostications（彼の予覚に欣《きん》喜雀躍《きじゃくやく》したというわけではなかった）”というような文を嬉《うれ》しそうに綴っている。とはいえ、こうした自意識過剰で冗長な表現を使うと同時に、本書ではチャップリンの天性の表現力も発揮され、印象的で、ときに詩的な文章も全体を通して見うけられる。たとえば、ヴィクトリア朝末期のランベス地区の光景やにおいが立ちのぼるような活《い》き活《い》きとした表現派的な回想は、次の一文で締めくくられている。「こうしたとるに足りないこまごましたものによって、わたしの魂は形づくられていったのだろう」新しいウォータールー・ブリッジについては「美しくはあれど……今のわたしには、ほとんど何も意味しない。その道がわたしの幼年期に連なることを除けば」。ケニントン・パークは「今もうら若い悲しみをたたえて青く茂っている」。少年時代を過ごした場所を訪れた際には、「貧しさに満ちたこれらの優しい道は、わたしを惹《ひ》きつけて無力の窮地に陥れる力を今も宿しているように思え、落ち着かない気分になった」。

当時の批評家には、チャップリンが詳しく綴っている少年期の困窮状態に疑念を抱き、ディケンズの世界に属す絵空事だとして片付けようとした者もいた。最近でも、チャップリンの情報の正確さについて攻撃を再開した修正主義者のアメリカ人伝記作家が何人かいる。しかし、確固とした記録に基づく証拠は、一貫してチャップリンの記述を裏付けている。本書は驚異的な記憶力の産物だ。チャップリンはリサーチャーの支援など一切受けていなかった。ヴヴェイの自宅にあった映画関連の記録資料は、本書の執筆中、実質的に利用不可能な巨大な塊に留まっていたし、それ以前の劇場に関する資料は、小さなスクラップブック一冊を除けば、ほとんどないに等しかった。多くの記憶はおそらく、父親違いの兄シドニーとの会話の中で紡《つむ》ぎ出されたものだろう。チャップリンがこの自伝を執筆していた六年間に、シドニーはスイスを何度も訪れていたようだ。チャップリンの記憶の正しさは、本書出版後の二〇年間に、じゅうぶんすぎるほど裏付けられることになる。一九八〇年代には、大量の記録資料が発見されている。そのひとつは、ロンドンにある公文書保管所の研究員たちが見つけたもので、もうひとつは、兄のシドニーが長年にわたって二つの大型トランクに保管していた初期のさまざまな記録物だった。シドニーの死後にそれを発見した未亡人が、ウーナ・チャップリンに譲ったのである。うろ覚えの日付や細かい事実の誤りを除けば、新たに発見された記録資料は、チャップリンの説明と何ら矛盾するところはなかった。

ときに、そうしたわずかな思い違いが、かえってチャップリンの記憶の正当性を証明することになった例もある。本書の中でチャップリンは、学校で罰を与える鬼のような冷血漢のことを「ヒンドラム大尉（Captain Hindrum）」、母親の昔の友人で、寄《よ》席《せ》芸人だったがその後落ちぶれてしまった女性のことを「威勢《ダッシング》のいいイーヴァ・レストック（Lestocq）」（二〇〇三年刊の原著p.56-7では、すでにLestockというスペルに訂正されている）、そして、チャップリンが子役を務めていたプリンス・オブ・ウェールズ劇場の親切な舞台監督のことを「ミスター・ポスタント（Postant）」と書いているが、彼らの本当の名前はそれぞれ、「ヒンダム（Hindom）」、「ダッシング・イーヴァ・レスター（Lester）」、「ウィリアム・ポスタンス（Postance）」であることが後に判明している。チャップリンは、六、七〇年前に耳にしただけで、おそらく文字としては読んだことのなかった名前を、記憶に頼って紡ぎ出したのだろう。事後調査によってこれらの名前を拾い出したわけではなかったのである。

本書が刊行された際の書評には、ほぼおしなべて熱狂と失望感が入り混じっていた。ディケンズやメイヒュー（風刺週刊誌『パンチ』創刊者の一人）の世界がまださほど遠いものではなかった一九世紀末ロンドンの貧しい地区の生活を、実際の経験に基づいて、豊かな色彩と明暗法によって描いた冒頭の数章は、まさにヴィクトリア朝の自伝という偉大な伝統の掉《ちょう》尾《び》を飾るものになっている。若きチャップリンの運命は、エドワード朝末期、イギリスのミュージックホールが栄華の極みに達した時点でプロの芸人になったことで大きく変わる。寄席演芸の興行は、チャップリンにアメリカを発見させることになった

――「そしてついにカリフォルニアに着いた！　陽光とオレンジ畑とぶどう園とヤシの木立が太平洋に沿って一六〇〇キロも続く天国だ」　さらに彼は、寄席演芸を後にして、映画という未知の世界に飛び込むという危険を敢《あ》えて冒した。当時、映画はまだ黎明《れいめい》期で、アメリカの西海岸に終《つい》の棲家《すみか》を定めつつあるところだった。「そのころのビバリーヒルズは、打ち捨てられた不動産開発地みたいだった。舗装された歩道は突然何もない原っぱの中に消え、白く丸い電球の街灯柱がひと気のない街路を飾っていた。だが、ほとんどの電球は欠けていた。居酒屋から出てくる酔っ払いどもに撃ち落されていたからだ」

この新しい土地で、映画という新しい媒体を通して、チャップリンは自らの運命と出会う。当時、映画はまだ自らの特徴を発見しようと奮闘していた（それは主に偉大なＤ・Ｗ・グリフィスが率先して行っていたのだが、チャップリンは彼のことを「グリフィスの映画には独特のタッチがある」としかみとめておらず、どことなく軽くあしらっている）。キーストン社とエッサネイ社との初めての契約について綴った章では、個人的かつ経済的な苦闘が、おおざっぱにではあるが、活き活きと描かれる。そこでは、自分の創造性を発揮するための自由裁量権を手にする苦闘、人気のあった粗野なドタバタ喜劇映画にミュージックホールで培った繊細なスキルを盛り込もうとする努力、そして「自分の映画にコメディー以外の面を加えたいと強く望むようになったきっかけ」が綴られている。

これらすべてを短期間に実現した手腕はまさに驚異的だった。ほんの二年足らずのあいだに、チャップリンは世界的な名声を手にし、ハリウッド映画の新たな販路を開拓し、彼が登場する前には映画など見向きもしなかった人々から、〝アーティスト〟と呼ばれるようになったのだった。「展望はすばらしかった。金も成功も、雪崩《なだれ》のように勢いを増して転がり込んできていた。わたしはまごつき、怖れさえ感じたが、それでも、すばらしいことに変わりはなかった」

この決定的な瞬間を刻んだ第一一章は、次の言葉で終わっている。「あまりにも多くのことが起きたので、もう何も感じられなくなっていた」このあと、文章のスタイルとトーンは、初期の批評家や読者を狼狽《ろうばい》させ、失望させるような方向に変わってしまう。それまでわたしたちは、ひとりの青年が、苦労し、努力し、新しいことを手がけて、ついにその才能により成功に突き進む冒険譚《たん》を追ってきた。だが今や読者は、各国の王女や大統領に交際を求められて満足する世界的な名士の自画像を見せつけられる。チャップリンは有名人の名前を挙げて自慢するときには、遠慮せずに華々しくやる。「その時期には、数多くの高名な人物がスタジオにやってきた。メルバ、レオポルド・ゴドフスキーとパデレフスキ、ニジンスキーとパヴロヴァも」「ドイツ皇帝のいとこが、親切にもポツダムとサンスーシ宮殿を案内してくれた」「もし家族のことにこれほど気をとられていなかったら、わたしたちはスイスでかなりの社交生活を楽しむことができただろう。というのも、わが家は、わたしたちを厚遇してくださるスペイン女王やシェヴロー・ダントレーグ伯爵夫妻のすまいからさほど遠くなく、映画俳優や作家も大勢近くに住んでいるからだ」

だが、有名人自慢は、鋭い人物短評で埋め合わされる。パデレフスキは「奇妙な外見の男だ。どこか美的で、孤独な影がある」、シェーンベルクは「率直で不愛想な小男」として描かれる。

チャップリンはまた、自らについても鋭い洞察を行い、ユーモラスに自分の虚栄心を冷笑したりへこませたりしている。そうしたものが、幼い頃の貧困生活という拭《ぬぐ》い去れない負の遺産と劣等感に深く根差していることを知っていたからだ。独学に対する熱意について明かしているところは、読む者の心の琴線に触れる。「わたしが物事を知りたいと思った理由は、知識欲からというよりも、物事を知らないことに対する世間の蔑視《べっし》から身を守りたかったからだ」

実のところ、チャップリンのキャリアは、さらなる運命のひねりを迎えることになる。世界的な名士かつ普遍的な崇拝の対象として磐石《ばんじゃく》に見えた彼の地位も、冷戦時代のアメリカの妄想癖に蝕《むしば》まれることになるのだ。一九五〇年代初頭から、チャップリンはこう感じはじめていた。「全国民がわたしを糾弾し憎んでいた……わたしの巨大な罪は、非協力者だったことにある。わたしは共産主義者ではなかったが、彼らを憎むことによって共同歩調をとるようなことは、お断りだった」そんな彼に下された罰は、アメリカ合衆国からの実質的な追放で、それは彼が死ぬまで撤回されなかった。

当時の批評家の一部を失望させた原因で、それよりもっと同感できるのは、本書に存在する奇妙な沈黙である。自分の映画に対する言及は全般的にぞんざいで、『チャップリンの勇敢』や『サーカス』といった主要作品に至っては、一言も触れられていない。チャップリンは、こうした作品の制作過程について何も語らないのだ。チャップリンは、生涯を通じて、映画のセットを見学させたり、制作上の秘密について明かしたりしたがらない理由を、こう説明していた。「もしどうやって作っているのかがわかったら、魔法がすべて解けてしまうだろう」と。おそらく、もっと真実味のある説明は、チャップリン自身が、自分の創造物のなぞを解くことはできないと、ますます感じるようになっていたというものだろう。なぞの肝心な部分は、彼にもわからないままだったのだ。一九一四年のある日の午後、キーストン社の衣装部屋で、芸術史上もっとも広く人々に認知される人物像になるキャラクターを一見偶然に考え付いたことなど、自分に対してもほかの誰に対してもいったいどうやって説明できるというのか。仕事の困難さを認めた稀《まれ》な瞬間、すなわち、初期の寸劇の撮影がストーリーの片鱗《へんりん》もなく始められることが多かったことについて説明しているところで、チャップリンは簡素だが実情を明かす一文を綴っている。「多くのコメディー作品の撮影は、こんな破れかぶれの方法で始められたのだった」

もうひとつ可能性のある説明は、チャップリンが本書をエンターテイナーの精神、つまり生涯かけて演じてきた自分のキャラクターの精神で執筆したということだ。つまりチャップリンは――ほかのほとんどの人と同じように――自分の昼間の仕事にとくに魅力を感じず、つまらないものだと思っていたのかもしれないのだ。彼はかつて一度、自分の職業人生は銀行員と同じぐらい退屈だと言ったことがある。だからおそらく、自分の映画を制作する際の遅々として進まない苦渋に満ちたプロセスを伝えるなどというのは、まったくつまらないことだと考えたのではないだろうか。いずれにせよ、チャップリンの生前の寡黙《かもく》は、死後じゅうぶんに埋め合わせられた。意図的にせよ無意識にせよ、彼は、映画のカットシーン、ラッシュ、制作メモ、撮影所日誌などの形で、同時代のどの監督よりも多くの証拠を残したため、研究者たちは、チャップリンの説明の欠落箇所を埋める手掛かりをじゅうぶんすぎるほど手にすることができたのである。

だが、それより不思議なのは、友人、協力者、そしてもっと親密な相手について記述する際の選り好みだ。本書が出版されてからの四〇年のうちに、わたしたちはすべてを暴露するタイプの自伝にすっかり慣れてしまった。だがチャップリンは、すべてを明らかにはしない権利を行使する。自分の恋愛について語るのをためらわないにもかかわらず、最初の結婚と離婚にはほんの一ページほどしか割かず、二番目の結婚に至っては一行あるかないかの言及だけで、当の妻の名さえ出していない（リタ・グレイだった）。さらには、アメリカでのボードビルの巡業中、最初から最後まで仲のよい連れだったスタン・ローレルにも、チャップリン自身の父親違いの弟で献身的なアシスタントだったウィーラー・ドライデンにも一言も触れていない。そして、ハリウッドでのキャリア全体を通じてともに仕事をしてきた忠実な俳優や技術者たち――ヘンリー・バーグマン、マック・スウェイン、エリック・キャンベル（初期の映画に出ていた忘れがたいボサボサ眉《まゆ》の敵役《ヘヴィー》）、アルバート・オースティン、そして何より、献身的で機知に富んだカメラマンかつ共同制作者だったローランド・トサロー――は完全に無視されている。

この物忘れ、あるいは忘恩の仕打ちが、少しでも説明のつくものだとしたら、それは彼に関するもっとも鋭敏な解説者、フランシス・ウィンダムが見出したチャップリンの心の奥底の傷にあったのかもしれない。すなわち「世界中の人から裕福で有名で満足していると思われている男は、今でも自分のことを、幼い頃の潰滅《かいめつ》的な痛手によって人生を損なわれた犠牲者だとみなしているのだ」。極貧の無名の人間から世界的な名声を持つ愛される人物へと（そして今では自伝作者にまで）自分ひとりの力で上りつめ、世界を征服したのだと自らに常に言い続けることは、チャップリンにとって自信を保つために欠かせない治療手段だったのではないだろうか？

わたしたちが疑問に思うことを、彼も疑問に思っていたのは確かだろう。チャップリンは次の穏やかな反抗の言葉で、自分についてこう語っている。「わたしは、わたしでしかない。ひとりの個人、他人とは異なる唯一《ゆいいつ》無二の存在で、先祖からの刺激と促しにかられた人生、すなわち、夢と憧《あこが》れと特別な経験に満ちた人生を送ってきた。それらをすべて合計したものがわたしなのだ」と。

序　章

ウェストミンスター・ブリッジが開通するまで、ケニントン・ロードはただの細い馬道《うまみち》だった。だが一七五〇年に橋から新たな道路が敷かれ、ロンドンからブライトンまでまっすぐに行けるようになると、わたしが幼年期の大部分を過ごすことになるケニントン・ロードにも、建築的な価値のある立派な邸宅がいくつか建つようになる。かつてそうした邸宅の住人は、錬鉄製の優美な手すりが巡らされたバルコニーから、ブライトンへ向かうジョージ四世（在位一八二〇年～一八三〇年。摂政時代はプリンス・リージェントの名で知られ、ブライトンに建てた離宮に大金を注ぎ込んだ）の大きな四輪馬車を目にすることもあったろう。

しかし一九世紀も半ばになると、ほとんどの邸宅は下宿屋やアパートに様変わりしてしまい、かろうじて凋落《ちょうらく》をまぬがれた邸宅は、医師や成功した商人、寄席演芸《ボードビル》の花形芸人などの住まいになった。日曜の朝のケニントン・ロードには、ポニーがひく洒落《しゃれ》た二輪馬車を家の前に停めて、ノーウッドやマートンといった一六キロも離れた郊外までドライブに出かける芸人たちの姿が見られたものである。そうした遠出の帰

チャップリンが子供だった頃のケニントン・ロード。

り道、彼らはケニントン・ロード沿いにある《白馬亭《ザ・ホワイトホース》》や《角笛亭《ザ・ホーンズ》》、《大ジョッキ亭《ザ・タンカーズ》》といったパブに立ち寄った。

当時一二歳だったわたしは、《大ジョッキ亭》の前に立っては、そうした高名な紳士が馬車から降り立ち、エリートの寄席《よせ》芸人が集うラウンジバーに足を運ぶ様子を眺めたものだった。芸人たちは、家に帰って食事をとる前に、いつもそこで最後の「一杯」をやるのをならわしにしていたのである。チェックのスーツを着込んでグレーの山高帽をかぶり、ダイヤモンドの指輪とタイピンをきらめかせた彼らは、少年のわたしの目に、どんなにまばゆく見えたことだろう！　そのパブも日曜日には午後二時に店じまいし、店内からぞろぞろ出てきた芸人は、別れを交わす前にしばらく外で立ち話をした。なかには滑稽《こっけい》なほど威張りちらす者もいて、わたしはすっかり魅了されながらも、そんな姿を面白おかしく眺めたものだった。

最後のひとりが立ち去ると、その場の雰囲気は太陽が雲隠れするようにうら寂しくなった。そこでわたしも、ケニントン・ロードから少し引っ込んで建っている、うらぶれた古い連棟住宅のパウナル・テラス三番地に戻り、狭い屋根裏部屋のわが家まで、がたつく階段を上るのだった。そこは気の滅入《めい》るような部屋で、すえた汚水と古着のむかつく臭《にお》いがこもっていた。その日曜日、窓際《まどぎわ》に座って外を見ていた母は、わたしに顔を向けて弱々しい笑みを浮かべた。縦横それぞれ四メートルにも満たない息が詰まりそうになる部屋は、実際より狭く見え、傾斜している天井も低く感じられた。壁に押し付けられたテーブルには汚れた皿やティーカップが積み上がっている。部屋の隅には、低い方の壁にぴたりと寄せて、母がペンキで白く塗った鉄製の古いベッドが置かれていた。ベッドと窓のあいだには小さな暖炉があり、ベッドの裾《すそ》側には、座面を引き出すとシングルベッドになる古い肘《ひじ》掛《か》け椅子《いす》があって、兄のシドニーがふだんそこを寝場所にしていたのだが、そのときシドニーは航海に出かけていて、家には母とわたししかいなかった。

その日曜日、部屋はとりわけみすぼらしく見えた。いつも掃除の手を抜かない母が、なぜか部屋を散らかるままにしていたからだ。明るく陽気で、まだ三七歳にもなっていなかった母は、ふだんなら、みすぼらしい屋根裏部屋を黄金のように輝かせて居心地のよい場所にすることができた。寒い冬の日曜日の朝、ベッドで朝食を食べさせてくれるようなときにはとりわけそうで、目を覚ますと部屋はきちんと整えられ、暖炉には小さな火が熾《お》こされて、横棚に載せられたヤカンがシュンシュンと湯気を立てていた。そして母は炉《ろ》格子《ごうし》の横で、ハドック（コダラ）やブローター（丸干しの燻製ニシン）を温めながら、トーストを焼いてくれた。母の快活さ、部屋の居心地のよさ、そしてわたしが週刊漫画雑誌を読んでいるときに陶器のティーポットに注がれるお湯のくぐもった柔らかい音。それらはみな、穏やかな日曜日の朝の楽しみだった。

　だが、その日曜日、母は力なく腰掛けて窓の外を眺めていた。三日前から、常になく口数が少なくなり、何かに気を取られているように窓辺に座るようになっていたのだ。母が心を痛めていたことはわかっていた。航海に出かけたシドニーからは、二カ月も音信がなかった。家計を支えるための必死の手段として借りていたミシンも、月《げっ》賦《ぷ》の未払いが嵩《かさ》んで取り上げられてしまっていた（これは、とりたてて珍しいことではなかったが）。おまけに、わたしがダンスを教えて稼いでいた週給五シリングも、突然途絶えてしまったのである（チャップリンは、子どもたちを芸人にしようともくろむ一家に木靴ダンスなどを教えていた）。

わが家は常に危機のさなかにいたから、危機に見舞われるたびに、それをいちいち意識するようなことはまずなかった。それにありがたいことに、わたしはまだ幼かったから、一家に困難が降りかかっても、すぐにそれを忘れることができた。その日もわたしは、学校がひけるといつもやっていたように母のもとに走って戻り、おつかいを済ませ、汚水を空け、新鮮な水が入ったバケツを運び、そのあとマッカーシー家にとんで行って夕方の時間をつぶすつもりだった。気の滅入る屋根裏部屋から逃れられることなら、どんなことでもよかった。

マッカーシー夫妻は母の友人で、寄席で働いていたときからの知り合いだった。その居心地のよいフラットは、ケニントン・ロードのましなほうの一画にあり、わたしたちに比べれば、かなり恵まれた暮らしぶりだった。夫婦にはウォリーという名の息子がいて、夕暮れが訪れるまでいっしょに遊んだあとは、ほぼ必ず夕食に誘ってもらえた。こうしてわたしはマッカーシー家にとどまることによって、しょっちゅう食事にありついていたのである。ミセス・マッカーシーはときどき母のことを気にかけて、最近どうして顔を見せないのかと尋ねることがあったが、そんなときは何とか言い訳をこしらえた。母は暮らしが立ちゆかなくなったあと、劇場時代の友人にほとんど会おうとしなかったのだ。

もちろん、外出ばかりしていたわけではなく、家に留まることもあった。すると母は紅茶をいれ、わたしの好物の、ビーフ・ドリッピング（焼いた牛肉からにじみだした脂。貧しい人はこの脂だけを買っていた）で揚げたパンをつくってくれた。朗読がうまかった母は、小一時間、本を読んでくれることもあった。こうしてわたしは、母と一緒に過ごす喜びを見出《みいだ》し、マッカーシー家に行くよりも家にいたほうがどんなに楽しいか気づくのだった。

でも、その日、部屋に戻ったときにふり向いた母は、咎《とが》めるような目つきでわたしを見た。その姿にわたしは慄然《りつぜん》としてしまった。げっそり痩《や》せてやつれ、苦しみに苛《さいな》まれた目つきをしている。わたしは言葉では言い尽くせない悲しみに襲われ、家に留まって母を見守りたいという衝動と、そうしたことすべてのみじめさから逃げ出したいという思いの板挟みになった。母は無表情でわたしを見ると「なんでマッカーシー家に走っていかないの」と訊《き》いた。

わたしは泣きそうになって答えた。「だって、お母さんと一緒にいたいからだよ」

母はわたしに背を向けると、ぼんやりと窓の外を眺めながら言った。「マッカーシー家に走って行って、夕飯をごちそうになってきなさい。ここには、あんたにあげられるものなんて、何もないんだから」

母の口調には非難めいたものが感じられたが、それは考えないことにした。「お母さんがそうしてほしいなら、そうするけど」わたしは弱々しく答えた。

母は力ない笑みを浮かべると、わたしの頭をなでて言った。「そう、そう、走って行きなさい」一緒にいさせてくれるようにいくら頼んでも、母は「行きなさい」の一点張りだった。こうして、母をみじめな屋根裏にひとり残していくことに罪悪感を覚えながらも、わたしは出かけたのだった。その数日後に、恐ろしい運命が母を待ち受けているとも知らずに。

第一章

わたしは一八八九年四月一六日の夜八時、ウォルワースのイースト・レーンで生まれた。一家はそのすぐあと、ランベス地区、セント・ジョージズ・ロードのウェスト・スクエアに引っ越す。母によると、当時のわたしの世界は幸せなものだったらしい。暮らしはそこそこ豊かで、趣味のよい内装が施された三部屋からなる家に住んでいた。人生最初の記憶のひとつは、毎晩シドニーとわたしを寝心地のよいベッドに愛情込めて寝かしつけ、家政婦にあとを任せて劇場に出かける母の姿だ。三歳半のわたしの世界では、あらゆることが可能だった。四歳上のシドニーが手品を使ってコインを飲み込み、それを頭の後ろから取り出せるのなら、自分にだってできないはずはない。そう思って、わたしは半《ヘイ》ペニー硬貨を飲み込み、母は医者を呼ぶ羽目に陥った。

毎晩母は劇場から戻ると、ナポリタン・ケーキ（チョコレート、バニラ、ストロベリー味の三層のスポンジが重なったケーキ）や砂糖菓子など、何かおいしいものを必ずテーブルの上に置いておいてくれた。それは朝になって目を覚ましたシドニーとわたしを喜ばすための心遣いだったが、朝遅くまで寝ている母を、うるさくして起こさないという暗黙の了解のごほうびでもあった。

母はバラエティーショーで侍女役を演じていた。歳《とし》のころ二〇代後半、色白で、すみれ色の目と、腰の下までくる淡褐色の髪を持つ母は愛らしかった。シドニーとわたしは母を崇拝していた。抜きん出た美女というわけではなかったものの、母の美しさは、わたしたちには神々《こうごう》しいものに思えた。のちに若い頃の母を知っていたある人から、母はきゃしゃな美人で、えもいわれぬ魅力の持ち主だったと聞かされたことがある。そんな母の誇りは、毎日曜日にわたしたちを着飾らせて出かけることで、シドニーは〝イートン・スーツ〟（イートン校の制服を真似た短いジャケットで、大きな襟のシャツとあわせて着た）に長ズボン、わたしは青いベルベットのジャケットにお揃《そろ》いの青い手袋という恰好《かっこう》で街に出かけて行った。それは自尊心がくすぐられる絶好の機会で、目いっぱい気取ってはケニントン・ロードをそぞろ歩いたものだった。

チャップリンの母ハナ。1885年。

当時のロンドンは落ち着いていた。生活のテンポ自体がゆっくりしていたのだ。ウェストミンスター・ブリッジ・ロードを走る馬車鉄道でさえのんびりしたペースで進み、橋のたもと近くの終点にある転車台も同じようにゆっくりと回転した。母の仕事がうまくいっていたときには、ウェストミンスター・ブリッジ・ロードにも住んだことがある。そこの雰囲気は陽気で人なつっこく、洒落《しゃれ》た店やレストラン、ミュージックホールなどが立ち並んでいた。橋に面した角の果物屋の店先には、オレンジ、リンゴ、ナシ、バナナがカラフルなピラミッド型に積み上げられ、テムズ川を挟んで建つ、いかめしい灰色の国会議事堂と鮮やかな対比をなしていた。

それは、わたしが幼かったころのロンドン、わたしをさまざまな気分にさせ、世の中の出来事に目覚めさせたロンドンだった。そうした記憶は、ほかにもいろいろある。春のランベス、ささいな出来事、乗合馬車の二階席に母といっしょに乗り、近づいてくるライラックの枝々に手を伸ばして触ったこと。オレンジ、ブルー、ピンク、グリーンといった色とりどりの切符が、馬車鉄道や乗合馬車が停まる停留所の舗装道路の上に花びらのように散っていたこと。ウェストミンスター・ブリッジの隅で赤ら顔をした花売り娘が器用な指先でシダの葉に金紙を巻き、ボタン穴に挿す派手なブートニエールをこしらえている様子。水をやったばかりのバラの湿った匂《にお》いに、どことなく寂しさを覚えたこと。憂鬱《ゆううつ》な日曜日、血色の悪い都会の親たちとその子どもたちが、おもちゃの風車《かざぐるま》や色付きの風船を風にかざしてウェストミンスター・ブリッジを渡っていたこと。それから、その橋の下を通過するときにそっと煙突を下げる、母性的な形をした蒸気船《ペニー・スティーマー》（シティからウォータールー駅まで一ペニーで乗客を運んだ蒸気船、ペニーボート）。こうしたとるに足りないこまごましたものによって、わたしの魂は形づくられていったのだろう。

居間にあったさまざまな物も、わたしの感性に影響を与えた。母の等身大のネル・グウィン（一七世紀イングランド王チャールズ二世の寵姫になった女優）の肖像画は大嫌いだった。食器棚にあった首の長いデカンターは、わたしを憂鬱な気分にさせた。雲に乗った天使が琺瑯《ほうろう》引きの蓋《ふた》に描かれている小さくて丸いオルゴールには、わくわくする思いと戸惑う思いが入り混じった。けれども、ジプシーから六ペンスで買ったおもちゃの椅子《いす》は大好きだった。自分だけの持ち物という思いを強く抱かせてくれたからである。

強く印象に残った出来事もある。王立水族館《ロイヤル・アクエリアム》（原注／ウェストミンスター寺院の向かい側にあるヴィクトリア・ストリートの角にあった大きなホールで、大掛かりなショーや見世物が催されていた）に出かけて、母といっしょに見世物小屋を覗《のぞ》き、炎に包まれた女の生首が笑いかける、人気冒険小説『洞窟《どうくつ》の女王』（ヘンリー・ライダー・ハガード作、原題は『女（She）』）に基づく出し物を見た。六ペンスの《ラッキーディップ》もやった。これは、おが屑《くず》のいっぱい詰まった大樽《おおだる》にプレゼントの入った小袋が隠してあるもので、母に抱き上げられて中から小袋を取り出すと、吹いても音が出ない飴《あめ》の笛と、おもちゃのルビーのブローチが入っていた。そしてそのあと、カンタベリー・ミュージックホールに出かけ、毛足の長い赤いビロードの椅子に座って、父の芝居を見たのだった。

時は夜。幼いわたしは四頭立ての馬車に乗り、旅行用の毛布にぬくぬく包まれている。馬車に乗っているのは母とその寄席《よせ》仲間たち。みな陽気に笑っている。馬車が進むのはケニントン・ロード。リズミカルな馬具の触れ合う音と馬のひづめが刻む音に合わせ、ラッパ吹きが自慢げにわたしたちの到来を告げる……。

＊

そうこうするうちに、異変が起きた！　それは一カ月後のことだったかもしれないし、ほんの数日後のことだったかもしれない。ともかくわたしは、母が世の中としっくりいっていないことに突然気づいたのだった。ある日、女友達とともにずっと午前中出かけていた母が興奮した様子で戻ってきた。わたしはそのとき床で遊んでいたのだが、まるで井戸の底から外の音を聞くように、頭上で何か激しい事態が生じていることがだんだんとわかってきた。母は大声で叫んだり泣きわめいたりして、アームストロングという名前を何度も口にしていた——「アームストロングがこう言った」「アームストロングがああ言った」「アームストロングは、けだものだ！」と。激昂《げっこう》した母など見たことがなかったので、わたしは強烈な印象を受けて、わっと泣き出してしまった。あまりにも激しく泣きじゃくったので、母はわたしを抱き上げてなだめなければならなかった。それから数年経《た》って、わたしはその日に起きたことの重要性を知ることになる。かねてから子どもたちの扶養義務について父を訴えていた母は、ちょうど裁判所から戻ってきたところだったのだ。裁判は母に有利な方向には進んでおらず、アームストロングは父の弁護士だった。

わたしは自分に父親がいたことさえほとんど知らなかったし、父がわたしたちといっしょに住んでいたときのことも覚えていない。父も寄席芸人で、黒い瞳《ひとみ》の物静かで内省的な人だった。母によるとナポレオンに似ていたという。軽やかなバリトンの声の持ち主で、優れた芸人として評価されており、当時でさえ週に四〇ポンドという、かなりの額を稼いでいた。問題は酒癖の悪さで、母は、それが原因で父と別居したと言っていた。

そのころは、たとえ飲むまいと決心しても、寄席芸人が酒を飲まずに過ごすのは至難の業だったろう。どの劇場も酒を提供していて、芸人は舞台がはねると劇場のバー

チャップリンの父チャールズ・チャップリン・シニア。

に行き、贔屓《ひいき》客と酒を酌《く》み交わすことが当然のこととして求められていたからだ。劇場によっては、興行よりバーの売上げのほうが多いところもあり、花形芸人の給料が高かったのは、才能のせいだけでなく、稼ぎの大部分を劇場のバーで費やしていたせいでもあった。こうして多くの芸人が酒で人生をふいにしていった。わたしの父もそのひとりで、深酒が過ぎ、三七歳の若さにして命を落とすことになったのである。

母は、よくユーモアと悲しさを込めて父の話をした。父は酒が入ると、気性が荒くなったという。そんな父のかんしゃくが爆発したあるとき、母は数人の友人といっしょにブライトンに逃げたそうだ。そして心配でたまらなくなった父が送ってきた「ナニシテル　スグヘンジオクレ」という電報に「ブトウカイ　パーティー　ピクニックヨ　ダーリン」と返事を送ったという。

母は、ふたり姉妹の姉のほうだった。その父、つまりわたしの祖父チャールズ・ヒルはアイルランド、コーク州出身の靴職人で、リンゴのような赤い頬をして、ホイッスラー（おもにロンドンで活躍したアメリカ人の画家。一八三四～一九〇三）が描いたトーマス・カーライル（スコットランド生まれのヴィクトリア時代を代表する言論人。一七九五～一八八一）の肖像にそっくりな白髪と顎鬚《あごひげ》をはやしていた。痛風性関節炎を患い、痛みで体が曲がっていたが、本人によると、その原因は、アイルランド民族主義者が蜂起《ほうき》したときに警察の手を逃れ、ぬかるむ野原で野宿したからだという。結局ロンドンに落ち着いて、ウォルワースのイースト・レーンに靴の修理店を出したのだった。

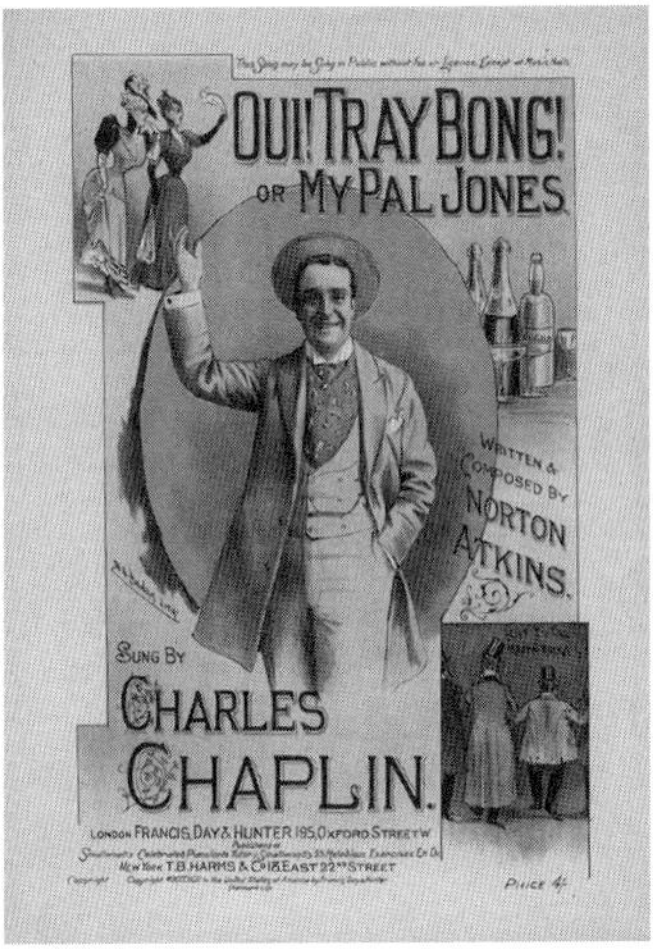

チャップリンの父も寄席芸人で、その声は軽やかなバリトンだった。

祖母にはジプシーの血が半分入っており、この事実は〝戸棚のガイコツ〟のように隠しておきたい一家の秘密だった。とはいえ祖母自身は、自分の一族はいつも地代をきちんと払っていたと自慢していた。彼女の旧姓はスミスといい、会うといつも赤ちゃん言葉を使って大げさに歓迎してくれる小柄で元気なおばあさんとして記憶している。祖母はわたしが六歳になる前に世を去った。

祖母は祖父と別居していたが、その理由については、どちらも口を閉ざしていた。ただケイト叔母によると、三角関係による家庭内不和が原因だったらしく、どうやら祖母は愛人といるところを、祖父に見つかってしまったらしい。

わたしたち一族の道徳観を世間一般の基準で測ろうとするのは、熱湯に体温計を突っ込むのと同じぐらい不適切なことだ。そんな遺伝的素因を持った靴屋の美しいふたり娘は、若くして家を後にし、劇場に引き寄せられていったのだった。

母の妹のケイト叔母も侍女役の女優だった。だが、わたしたちの人生にときおり現れては消えていった叔母について、わかっていることはほとんどない。叔母は美人だったが気まぐれで、母とそりが合わなかった。ときおりわが家に顔を出しても、母が言うことやすることにいちいち腹を立て、突然帰っていくという有様だった。

母は一八歳になったとき、ある中年男とアフリカに駆け落ちした。そのときの暮らしぶりについて、よく話して聞かせてくれたものである。大農園で召使いや乗用馬に囲まれて、とてもぜいたくな暮らしをしていたという。

母はその年に兄のシドニーを出産した。シドニーの父親は貴族だから、兄は二一歳になったときに二〇〇〇ポンドという一財産を相続することになると、わたしは教えられた。その話は喜ばしくもあり、くやしくもあった。

結局母はアフリカには長居せず、イギリスに舞い戻ってきて、わたしの父と結婚した。アフリカのロマンスがなぜ終りを迎えたのかはわからない。わたしは極貧にあえいでいたとき、なぜあんないい暮らしを手放してしまったのか、とよく母をなじったものだった。そんなとき母はいつも、慎重にも賢明にもなれないほど若かったのよ、と笑って答えた。

母がわたしの父に対してどれほどの愛情を抱いていたのかは、わからずじまいになってしまった。だが、父について話すとき、母の口調が苦々しくなることは決してなかった。それから推して考えると、あれほど客観的になれたのは、父を心底愛していたわけではなかったからではないかと思う。母は父について同情を込めて話すこともあれば、その飲酒癖や暴力沙汰《ざた》について話すこともあった。後年は、わたしに腹を立てると、「あんたも父親みたいに、どぶにはまって一生を終えることになるだろうよ」と悲し気に言ったものである。

母は父のことを、アフリカに行く前から知っていた。ふたりは恋人同士で、『探偵オブライエン（Shamus O'Brien）』というアイルランドのメロドラマ（レ・ファニュの詩に基づいてジョージ・H・ジェソップが台本を書き、チャールズ・ヴィリアーズ・スタンフォードが曲を付けた喜歌劇）で共演している。そのとき母は一六歳で主役を務めていた。この一座の巡業中に、例の〝中年貴族〟に出会って、アフリカに逃げたので

ハナは寄席の舞台で侍女役が専門だった。

ある。イギリスに戻ってくると、父のほうから母に近寄ってよりを戻し、ふたりは結婚したのだった。そして三年後に、わたしが生まれたというわけである。

酒癖以外にどんな問題があったのかは知らないが、わたしが生まれてから一年たって、父と母は別居した。そのとき母は扶養手当を要求しなかった。自らの才能で花形女優になり、週二五ポンドを稼いでいた母は、自分と子どもたちをじゅうぶん養っていけたからだ。後に助けを求めたのは、たまたま不運に見舞われたためで、そうでもなければ、法に訴えるようなことは決してなかったろう。

母は喉《のど》の不調を抱えていた。もともと喉は弱く、ちょっとした風邪でもすぐに喉頭《こうとう》炎《えん》を引き起こし、何週間も治らなかった。それでも母は演じ続けなければならず、喉の不調はますます悪化し、もはや自分の声を信頼することはできなくなった。歌っている途中に、ふいに割れたり、かすれ声になったりしたからである。すると観客は嘲《ちょう》笑《しょう》をあびせ、ブーイングの嵐《あらし》が見舞う。そうした事態を怖《おそ》れた母は健康を害し、繊細な神経もまいってしまった。こうして舞台の仕事はしだいに減ってゆき、ついには、限りなくゼロに近くなった。

わたしが五歳で初めて舞台に立ったのも、母の声の不調が理由だった。母は、巡業中に借りていた部屋にわたしをひとり残すのをきらって、夜のあいだ劇場に連れて行っていた。そのとき母が出ていたのは、客の大部分が兵士という、オルダーショットにあった薄汚くみすぼらしい《キャンティーン劇場》で、粗野な観客は、演者をあざけったり愚弄《ぐろう》したりする機会を常に狙《ねら》っていた。役者にとって、オルダーショットでの興行は、恐怖の一週間を意味した。

母の声が割れてかすれ声になったときのことは、今でもよく覚えている。そのときわたしは舞台の袖《そで》に立っていた。観客は笑いだし、あざけって裏声で歌ったり、口笛を吹いたりしてはやしはじめた。すべてがぼんやりしていて、何が起きているのかはよくわからなかったが、野次《やじ》はどんどん大きくなり、ついに母は舞台から引き下がるのを余儀なくされた。袖に戻って来たとき、動揺していた母は舞台監督と言い争いになった。前に母の友人の前で演技をするわたしを見ていた監督が、母の代わりに舞台に立たせようとしたからである。
　混乱のなか、舞台監督はわたしの手を引いて舞台にあがり、観客に向かって二、三、短く口上を述べると、わたしをひとり残して袖に引き下がってしまった。こうして、ぎらぎらした脚光を浴び、タバコの煙にくすぶる観客の顔を見ながら、わたしは歌い出したのだった。オーケストラはわたしの調を見つけて、すぐに伴奏をはじめた。それはよく知られていた『ジャック・ジョーンズ』という曲で、次のような歌詞だった。

ジャック・ジョーンズは市場では
よく知られていた男だった
ジャックに欠点など見つからない
昔のままでいたならば
だが、ごっそり金を相続し
ゲスの男になり果てた
昔の仲間に冷たくあたる
ヤツに感じるのは嫌気だけ
日曜の新聞は『テレグラフ』

昔は『スター』でよかったのに
ジャック・ジョーンズは小金をためて
自分が何様か忘れちまった

歌の途中で、舞台に御祝儀《ごしゅうぎ》の雨が降り注ぎはじめた。わたしはすぐに歌うのをやめ、「お金を拾い終わったら、また歌います」と観客に宣言した。これがさらに笑いを誘った。舞台監督がハンカチを持って現れ、金を集めるのを手伝ってくれたが、わたしは持ち逃げされるのではないかと気が気ではなかった。この思いは観客にも伝わったらしく、金を包んだハンカチを持って舞台の袖に消える監督にぴったり心配顔でくっついていくわたしを見て、爆笑が沸き起こった。わたしが舞台に戻って歌を再開したのは、母にその金が渡されたのをしっかり見届けたあとである。気後れなどしなかった。観客に気楽に話しかけ、踊り、物まねもいくつかやった。その中には、母の持ち歌だったアイルランドの行進曲も入れた。

ライリー、ライリー、みんなをうっとりさせる若者
ライリー、ライリー、わたしを夢中にさせる若者

陸軍部隊は数あれど
あれほど軍服がきちんと着れるのは
勇敢な第八八部隊の
気高いライリー軍曹をおいてほかにない

そして、繰り返しのフレーズで、母の声が割れる様子を無邪気に真似《まね》たわたしは、観客の反応に驚いたのだった。笑い声と歓声がどっと沸き起こり、またご祝儀の雨が降ってきた。観客は、わたしを連れ帰ろうとして舞台に現れた母にも惜しみない拍手を送った。こうしてその晩が、わたしの初舞台、そして母の最後の舞台になったのである。

運命を司《つかさど》る神が人間の宿命を定めるときには、慈悲も正義もおかまいなしだ。母の宿命もそうして決められ、声は二度と元に戻らなかった。そして秋が冬に変わるように、わたしたちの暮らしぶりも悪化の一途をたどっていった。母は浪費などせず、貯金も少しはあったのだが、それもすぐに底をついた。宝石やこまごまとした持ち物も消えていった。母はいつか声が戻ると信じて、生活費を工面するためにそうしたものを質に入れたのである。

わたしたちの住まいも、三部屋あった快適なフラットから、二部屋、そして一部屋だけと尻《しり》つぼみになり、家財道具も減っていった。周囲の環境も引っ越すたびに、ますますみすぼらしいものになった。

母は信仰に頼りだした。おそらく、声を取りもどそうとして願をかけたのだろう。ウェストミンスター・ブリッジ・ロードにあるクライスト・チャーチにきちんと通うようになり、毎日曜日には、わたしも会衆席に座らされてバッハのオルガン曲の演奏を聴き、F・B・メイヤー牧師の熱っぽい芝居じみた声が、足をひきずって歩く音のように、耳障《みみざわ》りに会衆席に響くのをじっと我慢しなければならなかった。もっとも、この牧師の説教には訴える力があったらしく、ときどき母を横目で見やると、そっと涙をぬぐっていた。そんな母の姿には、ややきまり悪い思いをしたものである。

ある暑い夏の日の聖餐式《せいさんしき》のことは、今でもはっきりと覚えている。ひんやりした銀製のコップ。それには信徒たちが回し飲みするおいしいぶどうジュースが入っていた。そして、わたしが飲みすぎるのを、やさしくいさめる母の手。牧師が聖書を閉じたときには、どれほどほっとしたことか。それは説教が終わりに近づいた合図で、そのあとはお祈りと最後の讃美歌《さんびか》を歌えば、礼拝はおしまいだった。

教会に通うようになると、母は劇団の友人にめったに会わなくなった。その世界は蒸発して消え、ただの記憶にすぎなくなってしまった。一家は常にみじめな状況に暮らしてきたように思え、その一年間は一生分の苦労が詰まっているように感じられた。わたしたちは、希望のない夕闇《ゆうやみ》の中に暮らしていた。仕事はなかなかなく、演技以外に何の訓練も受けていなかった母にとっては、さらに分が悪かった。貧富の差が甚だしく、貧しい階級の女性たちの選択肢が召使いになるか搾取工場《スェットショップ》での苦役に甘んじるかしかなかったヴィクトリア朝にあって、小柄できゃしゃで感じやすい母は絶望的な闘いを挑んでいたのである。ときおりお年寄りを世話するような仕事が手に入ることもあったが、そんな機会はめったになく、あっても短期間の仕事でしかなかった。とはいえ、母には工夫の才があった。舞台衣装を自分で縫っていたから裁縫はお手の物で、教会の信者の服を縫っては数シリング手に入れることができた。けれどもそれだけで一家三人はとうてい養えない。父のほうも酒癖のせいで舞台の仕事が不定期になり、それにともなって、週一〇シリングの扶養手当も滞りがちになっていた。

もはや売れる持ち物はほとんど残っていなかった。最後に手放したのは、トランクに詰まった舞台衣装だった。それまで売らずにずっと持ち続けていたのは、声を取り戻して、舞台に戻るという希望を捨てていなかったからだ。ときおり母は何か見つけようとしてトランクをひっかき回すことがあった。するとスパンコールがキラキラ光る衣装やかつらが現れ、それを見つけた兄とわたしは、着てみてほしいとせがんだ。判事のかつらとガウンをまとい、かつて自分が作って評判をとった歌を、か細い声で歌う母の姿が今も目に浮かぶ。軽快な四分の二拍子のその歌は、こんなふうな歌詞だった。

わたしは女裁判官
それも善良な裁判官
訴訟を不公平に裁くことなんかしない
そんな裁判官は滅多にいない
わたしは弁護士に教えるつもり
ひとつかふたつのことについて
そしてわからせてやるつもり
女にもやれることがあるってね

そのあと母は、驚くほどたやすく優雅な踊りをはじめ、針仕事のことは完全に忘れて、疲れ果てて息がつけなくなるまで、人気があった歌やその振付けのダンスなどでわたしたちを楽しませてくれるのだった。また、そんなときには昔を思い出し、かつての芝居のビラも見せてくれた。そんな一枚には、こう印刷されていた。

特別出演！
きゃしゃで才能あふれる
リリー・ハーレイ嬢
（正喜劇《セリオ・コメディ》女優、物真似役者、ダンサー）

母はわたしたちの目の前で、自分がかつて手がけたボードビルの演目だけでなく、いわゆる〝正劇〟（国の許可を得て古典劇を上演していた一流劇場）で目にした女優の真似もしてみせてくれた。劇の説明をするとき、母はさまざまな役を演じ分けた。たとえば、『サイン・オブ・ザ・クロス』（ウィルソン・バレット作の悲劇、一八九五年）では、まず、瞳に神々しい光をたたえてローマの闘技場に向かい、ライオンの餌食《えじき》になりなんとする殉教者の女性マルキアを演じて見せた。そして次に、その戯曲の作者でもあり、一五センチ近くも底上げした靴を履いて（彼は小男だったのだ）恋人のマルクス役を演じたウィルソン・バレットが、尊大な声でこう宣言するところを演じた。「キリスト教がいかなるものかは知らぬが、これのみは確信できる。マルキアのごとき女性を生み出したのであれば、それはローマを、いや世界を、いっそう清いところにするであろうぞ！」……このくだりを母はどことなくユーモラスに、しかしバレットの才能に敬意を欠くことなく演じてみせた。

　また、本物の才能を持つ役者を見抜く力は確かで、大女優のエレン・テリー（イギリス演劇を代表する女優。一八四七〜一九二八）だろうが、ミュージックホールのジョー・エルヴィン（コックニーのコメディアン。一八六二〜一九三五）だろうが、それぞれの芸の優れたところを説明してくれた。演技の技法を本能的に身につけていた母は、演劇について、それを心から愛する者だけができるやり方で語ることができたのである。

　母は、有名人の逸話についてもよく演じて見せてくれた。たとえば、フランス皇帝ナポレオンのエピソードはこんなふうだった。ある日、こっそり図書館に行って、高いところにある本をつま先立ちで取ろうとしていたナポレオンが、ネイ元帥《げんすい》に見つかってしまう（もちろん母はひとり二役で、それぞれの人物をユーモアたっぷりに演じてみせた）。「陛下、わたくしめに取らせてくださいませ。わたくしのほうが、背が上《ハイヤー》ですから」これを聞いたナポレオンは、ネイをにらみつけて言ったという。「上だと？　高い《トーラー》と言え！」

　赤ん坊を手に抱いて宮殿の階段から身を乗り出し、チャールズ二世を脅すネル・グウィンの真似は真に迫っていた。「この子に名をくださりませ。さもなくば地面に叩《たた》きつけてさしあげましょう！」すると王はあわてて言うのだった。「わかった、わかった！　セント・オールバンズ公だ」

オークリー・ストリートの地下の一間に暮らしていたときの、ある夕方のことは忘れられない。熱を出し、それがようやく引きかけていたわたしは、ベッドに寝かされていた。シドニーは夜間学校に出かけていたので、そこにいたのは母とわたしだけだった。午後も遅い時間で、母は窓に背を向けて座り、演技や読み聞かせを通したいつもの独特のやり方で新約聖書の物語、とりわけ貧しい者や幼い子どもたちへのイエス・キリストの愛と慈悲について話してくれた。もしかしたら、わたしの病気のせいで母の感情が鋭くなっていたためかもしれないが、そのとき母が話してくれたキリストの解釈ほどわかりやすく感情に訴える説明は、いまだに見たことも聞いたこともない。母はキリストの寛大な心について、罪を犯して群衆に石を投げられようとしている女性について、そして群衆に向かって言ったキリストの言葉について話してくれた。「なんぢらの中《うち》、罪なき者まづ石を擲《なげう》て」（文語訳〔大正改訳〕より。以下同様。ヨハネ傳福音書八章七節）

夕闇が訪れても、ランプに火をともすときに中断しただけで母の読み聞かせは続き、イエスが病める人たちの心に信仰心を目覚めさせたことについて語った。イエスの服の裾《すそ》にさわっただけで病が癒《いや》されたという一節だ。

　イエスに対する祭司長とパリサイ人《びと》の憎しみや嫉妬《しっと》についても触れ、捕えられてポンテオ・ピラトの前に引き出されたイエスが静かに威厳を保ったこと、そしてピラトが自分には罪がないことを示すために手を洗って「我は彼に罪あるを見ず」（ヨハネ傳福音書一九章六節など）と言ったこと（母はこれを芝居っけたっぷりに演じてみせた）、さらには、イエスがいかに服をはぎとられ、鞭打《むちう》たれ、茨《いばら》の冠を頭にかぶせられ、唾《つば》を吐かれ、「ユダヤ人《びと》の王やすかれ」（ヨハネ傳一九章三節など）と嘲《あざけ》られたかについても聞かせてくれた。

　話し続けるにつれ、母の目に涙が浮かんできた。母はさらに続けた。十字架を背負わされたイエスを弟子のシモンが助け、イエスが彼に訴えかけるように感謝のまなざしを向けたこと。イエスとともに十字架にかけられ、いまわの際《きわ》に悔い改めた泥棒にイエスがかけた言葉「今日《けふ》なんぢは我と偕《とも》にパラダイスに在《あ》るべし」（ルカ傳二三章四三節）。十字架の上から自分の母親にかけた言葉「をんなよ、視《み》よ、なんぢの子なり」（ヨハネ傳一九章二六節）。そして断末魔の叫び「わが神、わが神、なんぞ我を見棄《みす》て給《たま》ひし」（マタイ傳二七章四六節）。こうして母とわたしは涙にくれたのだった。

「わかるでしょ？」と母は言った。「イエスさまが、どんなに人間らしいお方だったか。わたしたちみんなと同じように、イエスさまも疑う気持ちを抱くことに苦しんだのよ」

わたしは母の話に心底感銘を受け、その夜、その場で命を捨ててイエスさまに会いに行きたくなった。けれども母のほうは、わたしほど乗り気ではなかった。「イエスさまは、まずあなたに生き延びて、地上で運命をまっとうしてほしいと思っていらっしゃるわ」オークリー・ストリートに面した薄暗い地下の一室で、母はわたしに、文学や演劇にとびぬけて偉大で豊かな主題を与えた、この世のもっとも優しい光、すなわち愛と慈悲と思いやりの心について教えてくれたのだった。

＊

わたしたちのように社会の下層で暮らしていたら、言葉遣いに無頓着《むとんちゃく》になっても当然だったろう。けれども母は自分たちが置かれた不運な環境に染まるようなことはせず、常に子どもたちの話し方に注意を払い、文法の間違いを正して、気品を持てるように気を配ってくれた。

わが家がますます困窮していくにつれ、わたしは子どもならではの無邪気さで、どうして舞台に戻らないのかとよく母をなじった。すると母は笑みを浮かべて、あれは嘘《うそ》の作り事の世界で、そういった世界では神さまがいることを簡単に忘れてしまうからだと答えた。その半面、演劇の話を始めるやいなや、母は自分がいる境遇をすっかり忘れて熱中するのだった。日によっては、昔の人生を回想したあと、長いこと黙りこくり、体を曲げて針仕事を続けることがあった。そんなときわたしは、自分たちが、もはやあのきらびやかな人生とは無縁になってしまったことを思って不機嫌になった。すると母は縫物から目をあげて、わびしい思いをしているわたしを見やり、快活にふるまって気を引き立ててくれた。

　冬が迫りつつあったが、シドニーには着る服がなかった。そこで母は、自分の古いベルベットのジャケットをコートに仕立て直した。袖には赤と黒の縞模様《しまもよう》があり、肩にはひだが入っていて、母はそれをできるかぎり取り除こうとしたのだが、うまくいかなかった。仕上がったコートを着せられたとき、シドニーは泣き出してしまった。

「こんなの着てったら、学校のみんながなんて思うか」

「人がどう思おうが関係ないわ」と母は言った。「それに、とっても立派に見えてよ」

母は人をその気にさせるのがとてもうまかった。だからシドニーは、なぜあのとき、あんなコートを着ることに同意してしまったのか今でも理解に苦しんでいる。ともかく彼はそれを着て出かけて行った。そして、このコートと、母のハイヒールのかかとをつめた靴のせいで、何度も学校で喧嘩《けんか》に巻き込まれることになったのだった。シドニーは「ヨセフと色とりどりのコート」（旧約聖書の逸話より）というあだ名を付けられた。そして母の真っ赤なタイツを切って作った長靴下（それは、ひだが付いているように見えた）を履かされたわたしのほうは「サー・フランシス・ドレイク」（エリザベス朝の海軍提督。ブルーマーのようなひだ入りズボンをはいていた）と呼ばれる羽目に陥った。

　この悲しみに満ちた時期、母は偏頭痛を起こすようになった。針仕事もできなくなり、紅茶の出がらしを目にあて、暗くした部屋で何日もふせることを余儀なくされた。ピカソには「青の時代」があったが、わが家はいわば「灰色の時代」を迎えていて、教区の慈善事業や無料食堂、救援物資などにすがって何とか毎日をやりくりしていた。それでも、シドニーは学校の合間に新聞を売り、その稼ぎは大海の一滴にも満たなかったとはいえ、少しは家計の助けになった。しかし、どんな危機にもクライマックスがつきものである。わが家の場合、それは嬉《うれ》しいものになった。

　ある日、母が目にまだ茶葉をあててベッドに寝ていると、暗くした部屋にシドニーが駆け込んできた。そして新聞をベッドの上にドサリと放り投げると、こう叫んだ。「財布を見つけたんだ！」それを渡された母が開けてみると、中には銀貨と銅貨がぎっしり詰まっている。母はあわてて財布の口を閉め、感極まってベッドの上に伸びてしまった。

そのころシドニーは、新聞を売るためにバスに乗っていた。そして、たまたまバスの二階で、空いた席に財布がころがっているのを見つけたのだという。偶然を装《よそお》って大急ぎで新聞をその上に落とすと、シドニーは財布ごと新聞を手に取って、すぐにバスを降りた。空き地に立っていた掲示板の陰で財布を開けて見ると、銀貨と銅貨がたっぷり詰まっているではないか。心臓が飛び上がり、金を数えることもせず、そのまま走って家に帰ってきたんだ、と彼は言った。

母は落ち着きを取り戻すと、財布の中身をベッドの上に空けた。だが、財布はまだ重かった。内ポケットがあったのである！　母がそれを開けると、七枚のソヴリン金貨（一ポンド金貨）が目に入った。わたしたちの喜びようといったら、それこそヒステリックなものだった。ありがたいことに財布には持ち主の名が記載されていなかったから、母は信仰に基づく良心のとがめを抱かずにすんだ。持ち主の不運については考えなくもなかったが、そんな考えは、財布は神様が寄越してくださった贈り物だという母の確信によって、すぐに追い払われてしまった。

母の病が身体的なものに根ざしていたのか、それとも心理的なものだったのかはわからないが、いずれにせよ母の病は一週間もしないうちに治ってしまった。母が元気になってすぐ、わたしたちは、母が買い揃えた新しい服に上から下まで身を包んで、サウスエンド・オン・シー（ロンドンから東に六〇キロ離れたテムズ河口の観光地）に日帰り旅行に出かけた。

　生まれて初めて見る海の景色に、わたしはすっかり心を奪われてしまった。明るい陽光に包まれた坂道を下るにつれ、動きを止めてこちらの様子をうかがうように見えた海。まるでわたしに襲いかかろうとうごめく、生きた怪物のようだった。三人とも靴を脱いで、波とたわむれた。なまぬるい海水が足の甲に広がり、かかとの回りを浸し、足の下で砂がやわらかく崩れる感触は、初めて知る楽しい感覚だった。

　何と楽しい一日だったことだろう。サフラン色の砂浜、ピンクとブルーのバケツや木のスコップ、色とりどりのテントと日傘、笑いさざめく小さな波の上を陽気に突っ切っていくヨット。浜辺では他のヨットたちが、海藻とコールタールのにおいを漂わせながら、のんびりと横たわっている。その光景は、今も魔法のような魅力をともなって、記憶の底から立ち上ってくる。

　わたしは一九五七年にふたたびサウスエンドを訪れ、初めて海を目にしたときに通った細い坂道を探してみた。だが残念なことに何の痕跡《こんせき》も残っていなかった。それでも街はずれには、昔からの店構えの商店を連ねた、おぼろげに馴《な》染《じ》みのある漁村が名残をとどめており、過去からのささやきがぼんやりと聞こえてきた。おそらく、海藻とコールタールのにおいがそうさせたのだろう。

砂時計の砂が落ちるように、わが家の資金もやがて底をつき、ふたたび貧困が襲ってきた。母は他の雇い先を探したが、そんなものはなかなか見つからなかった。問題は山積しはじめ、月賦《げっぷ》の支払いも滞って母のミシンは持っていかれてしまい、一週間に一〇シリングあった父からの仕送りも完全に停まってしまった。

窮地に追い込まれた母は、新たな弁護士を探してきた。だが、この一件ではたいした報酬が望めないと見てとった弁護士は、父に養育費を支払わせたいなら、母は自分と子どもたちをランベス区の生活保護下に一度置くことによって、役所に手続きをとらせるしかないと助言した。

それ以外に選択肢はなかった。母はふたりの子どもを抱えていたうえ、健康状態もよくなかった。こうして、わたしたち親子はランベス区の救貧院に入らなければならないと母は決心したのである。

第二章

救貧院行きを恥ずかしく思わないわけではなかったが、母からそのことを伝えられたとき、シドニーもわたしも、それは一種の冒険に出かけるようなもので、息苦しい一間暮らしの気分転換になるだろうくらいにしか考えていなかった。そして、あの悲しい日に救貧院の門をくぐったとき初めて、それから起ころうとしている事実に直面したのである。わたしはひどくうろたえてしまった。なぜなら、わたしたち親子は引き裂かれてしまったからだ。母は女性棟へ、シドニーとわたしは子ども棟へと。

最初の面会日に抱いた深い悲しみは今でも忘れられない。救貧院のおしきせを着て面会室に入って来た母の姿に、わたしはショックを受けた。その姿にどれほどの苦悩と狼狽《ろうばい》がにじんでいたことか！　母はほんの一週間のあいだにすっかりやつれて老《ふ》けてしまった。それでも、わたしたちを見たとたんにその表情はパッと明るくなった。シドニーとわたしが泣き始めたので、母ももらい泣きし、大粒の涙が頬を伝い落ちた。しばらくして母は落ち着きを取り戻し、わたしたち三人は粗末なベンチに腰掛けた。膝《ひざ》に置かれた我が子の手を母はやさしく叩《たた》いた。そして、わたしたちの短く刈られた

ランベス救貧院。

頭を見て微笑《ほほえ》み、慰めるように撫《な》でながら、すぐにまた一緒に暮らせるようになると言うのだった。母はエプロンのポケットからココナツ菓子の袋を取り出した。看護師のひとりにレースのカフスを編み、お礼にもらった金で救貧院の売店から買ったという。面会を終えたあと、シドニーは母が老けてしまったと、何度も悲しげに言った。

*

シドニーとわたしは、救貧院の暮らしにすぐになじんだが、悲しさが癒《い》えることはなかった。そこで起きたことについてはあまり覚えていない。ただ、大勢の子どもたちと長テーブルでとる昼の食事は、心温まる、待ち遠しい出来事だった。昼食を仕切っていたのは、救貧院の入所者の七五歳くらいの紳士で、威厳のある顔つきに細いあごひげを生やし、悲しい眼つきをしていた。老紳士はわたしを隣に座らせた。わたしがもっとも幼く、一番縮れた巻き毛をしていたからである（その後、巻き毛は、救貧院に切りつめられてしまったが）。そしてわたしのことを「虎《タイガー》」と呼び、大きくなったら、花形帽章のついたシルクハットをかぶって、自分の馬車の後ろの座席に腕を組んで座ることになるだろうと予言した。このお世辞により、わたしは老紳士が大好きになった。だが、その後一日か二日もしないうちに、わたしより幼く、しかももっと巻き毛が縮れた男の子が現れて、特等席は奪われてしまった。老紳士の気まぐれな説明によると、その席は常に、もっとも幼く、もっとも巻き毛の縮れた男の子が座ることになっているということだった。

三週間後、わたしたちはランベス救貧院を後にし、ロンドンから二〇キロほど離れたハンウェル孤児・貧困児学校に移された。パン屋の荷馬車で行く道中は冒険心をそそり、みじめな状況だったにしては、楽しい旅路になった。というのも、当時、ハンウェルをとりまく田園風景は非常に美しく、トチノキが立ち並ぶ小道や、刈り取る前の実り豊かな小麦畑、たわわに実がなる果樹園などが目を楽しませてくれたからであ

ハンウェル孤児・貧困児学校。

る。それ以来、雨上がりの田園のかぐわしい匂《にお》いを嗅《か》ぐと、わたしはいつでもハンウェルのことを思い出す。

学校に到着すると、わたしたちは入学審査棟に入れられ、正式に学校に入る前に、心身の状態が観察されることになった。三、四〇〇人もいる生徒の中に知恵の遅れた子や病気の子がまじると、学校の健康にとってよろしくないだけでなく、その子自身も辛《つら》い思いをするから、というのが理由だった。

最初の数日間、わたしは途方に暮れ、とても悲しい思いをした。救貧院では母の存在が近くに感じられたから、まだ慰められたが、ハンウェルでは、母からとても遠く引き離されてしまったように思えたのだ。わたしたちは入学審査棟を無事卒業して、正式に入学を許されたものの、シドニーは少年部、わたしは幼児部に入れられることになり、生活する寮も異なっていたので、出会うことはほとんどなかった。まだ六歳を少し超えたばかりで独りぼっちだったわたしは、とてもみじめな思いをした。とりわけ、夏の晩、就寝前の祈りの時間に、寝間着を着たほかの二〇人の生徒と寮の中央の床にひざまずくとき、そして、細長い窓越しに暮れなずむ夕日や起伏のある丘を眺めながら、音程を外すしゃがれ声の子どもたちと次のような讃美歌《さんびか》を歌うときには、間違った場所に来てしまったように思えたものだった。

日暮《ひく》れて四方《よも》は暗く
わが霊《たま》はいとさびし
よるべなき身のたよる
主よ、ともに宿りませ

この讃美歌（讃美歌三九番。原題“Abide with me”）を歌うときは、ほんとうに気分がふさいだ。歌詞の意味は理解できなかったが、そのメロディーと外の夕闇《ゆうやみ》が悲しみに拍車をかけたのである。しかし、嬉《うれ》しい驚きもあった。ハンウェル校に来てから二カ月もしないうちに、母がわたしたちの退校手続きをとったので、ふたたびロンドンのランベス救貧院に戻されたのだ。母は私服を着て救貧院の門の前で待っていた。実は母が退校手続きを申請したのは、一日だけでも子どもたちと過ごしたいという必死の思いからで、数時間外でともに過ごしたら、その日のうちに子どもたちを学校に戻すつもりだった。救貧院の入所者だった母にとって、息子たちに会うには、そんな策を弄《ろう》するしかなかったのである。

最初に救貧院に入ったとき、わたしたちの私服は取り上げられ、いっしょくたに蒸気で消毒されたのだが、それらが今、プレスされずに戻ってきた。というわけで、救貧院の門からブラブラ出てきたわたしたち三人は、さぞかし、くしゃくしゃのみじめな親子に見えたことだろう。朝はまだ早く、行くあてはどこにもなかった。そこで、一キロ半ほど離れたケニントン・パークまで歩いて行き、シドニーがハンカチにしっかり包んで持っていた九ペンスでブラックチェリーを半ポンド（約二三〇グラム）買い、ベンチに座って食べながら、午前中を公園で過ごした。そしてシドニーが、新聞紙を丸めたものに紐《ひも》を巻き付けてボールを作ったので、しばらくのあいだ、三人でキャッチボールをした。昼にはコーヒーショップに行き、有り金をすべてはたいて、二ペンスのテイーケーキ（ドライフルーツ入りの丸いパン）一個、一ペニーのブローター一尾、半ペニーの紅茶二杯を買い、三人でわけて食べた。そのあとまた公園に戻り、母が座ってかぎ針編みをするそばで、シドニーとさまざまな遊びをして過ごした。

午後には救貧院に戻った。そのとき母は「お茶の時間に間に合ったわね」と軽口をたたいたが、救貧院の役人はカンカンに怒った。というのも、わたしたちの服をまた蒸気で消毒しなければならないうえ、シドニーとわたしをハンウェル校に送り戻す準備が整うまで、しばらく手許《てもと》に置いておかなければならなくなったからだ。だが、そのおかげで、わたしたちは母と過ごす時間を余分に持てることになった。

とはいえ、ひとたびハンウェル校に戻されたわたしたちは、今度は一年近くそこで暮らすことになる。その一年はわたしの人生の基礎が築かれた時期で、学校教育を受け始め、「Chaplin（チャップリン）」という名前の綴《つづ》りを教わったのも、そこでだった。この単語はわたしをうっとりさせ、字の形が自分に似ているような気がした。

ハンウェル校は、男子部と女子部に分かれていた。日曜日の午後、浴場は幼い子専用になり、年上の女生徒が小さな子どもたちの世話を焼いて体を洗うことになってい た。これはもちろん、まだわたしが七歳になる前のことだが、そうした機会には必ずどぎまぎし、恥ずかしく思ったものである。一四歳の少女に洗面用タオルで体中をまさぐられることに甘んじなければならない屈辱は、人生で初めて決まり悪さを意識した瞬間だった。

　七歳になると、幼児部から少年部に移された。少年部の年齢は七歳から一四歳まで、これでわたしも、教練や運動、一週間に二回ある学校外での行進をふくめ、あらゆる少年向けの催しに加えられることになった。

　ハンウェル校は生徒の面倒をよく見てくれたものの、この学校にいること自体がわびしい境遇にあることを意味していたから、校内にはいつも悲しみが漂っていた。数百人の生徒が二列縦隊になって行進した小道にも、そんな悲しみは宿っていた。わたしは、こうした行進と通り過ぎる村々がほんとうに大嫌いだった！　地元の人たちはわたしたちを遠慮なくじろじろ見つめた。ハンウェル校の生徒は、「ブービーハッチ」（もとは精神病院を意味するスラングだが、そこでは救貧院を指す隠語として使われた）から来た連中だと陰でさげすまれていたのだった。

　少年部の運動場は一エーカーほどあり、板石で舗装されていた。それをとり囲むように平屋のレンガ造りの建物が並び、事務所や物置、医務室、歯科治療室、少年たちの衣類の保管庫などがあった。庭の一番奥まったところには空き部屋があり、つい先ごろまで、そこに一四歳の少年が監禁されていた。生徒たちによると、彼はまったく手に負えない不良だったという。少年は二階の窓から屋根に上って脱走を試み、追いかけて上ってきた職員たちに、小石やトチノキの実などを浴びせかけたのだ。これは、われら幼児部の子どもたちが寝静まってから起きた事件だったので、事件の顚末《てんまつ》は翌朝、年上の少年たちから聞かされたのである。彼らの説明には畏怖《いふ》の念がこもっていた。

この一件のような重罪に対する処罰は、毎週金曜日に大きな体育館で執り行われた。体育館は縦一八メートル、横一二メートルほどの陰気くさいホールで、天井は高く、横の壁にはクライミングロープが桁《けた》から何本も吊《つ》り下げられていた。毎金曜日の朝になると、七歳から一四歳までの二～三〇〇人の少年たちが軍隊式に入場させられ、体育館の内部を取り囲むように三方の壁の前に整列する。一番奥の第四の辺には、軍隊の食卓ほどの長さの学校机が置かれ、その背後に、裁きと処罰を待つ〝悪党〟たちが並ばせられた。机の手前右側には、手首を固定するための革帯がぶら下がるイーゼルが置かれ、その枠には、カバの枝を割いた鞭《むち》が不気味に掛けられていた。

軽い規則違反の場合には、少年は長机の上にはらばいに寝かされた。まず軍曹が、革帯で縛った脚を押さえつける。そして、もうひとりの軍曹が少年のシャツの裾《すそ》をズボンから引っぱり出して頭の上までたくしあげたあと、ズボンをしっかり引きずり下ろす。

すると、元海軍にいた退役軍人で、体重九〇キロ近いヒンドラム〝大尉《たいい》〟が、片手を背中に回し、もう片方の手に、大人の親指ぐらいの太さのある一・二メートルほどの長さの竹の鞭《ケイン》を持って、少年の尻《しり》にそれをあてがったまま、体の動きを止めて直立する。そして、ゆっくりと芝居気たっぷりに鞭を空中高く掲げると、ヒュウッという風を切る音と共に、すばやく少年の尻に振り下ろすのだ。その光景はあまりにもおぞましく、毎回気を失って列を乱す少年が出る始末だった。

鞭打ちの回数は、最低三回、最高六回だった。三回以上になると、少年は恐ろしい叫び声を上げた。ときには不気味にまったく声を上げないことがあったが、そんなときは気絶しているのだった。鞭打ちを受けると体が麻痺《まひ》してしまうため、被害者は体操用のマットレスの上に運ばれ、体を横にして寝ていなければならない。そうして身もだえしながら、痛みが治まるまで一〇分以上も放っておかれる。その尻にはそれぞれ洗濯女の指ほど太い三本のピンク色のみみずばれが走っていた。

しかし、カバの枝を割いた鞭を使う枝鞭刑《バーチング》は別格だった。三回打たれた少年は二人の軍曹に抱えられて医務室に運ばれ、医師の手当を受けなければならなかった。

少年たちは、たとえ無実であっても、罪状認否は絶対にするなと忠告しあった。さもないと、万一有罪が立証された場合に、もっとも重い罰が課されたからである。といっても、どうせしどろもどろになって無実を宣言できるような状態にはないことがほとんどだったが。

七歳になったわたしは少年部の一員になった。今でも初めて見た鞭打ちのことはよく覚えている。そのときわたしは黙って立っていたのだが、職員が入って来ると、心臓が早鐘のように打ち始めた。机の向こう側には、学校から脱走しようとしたならず者が立っていた。でも、その子はとても小さく、机の上に出ていたのは頭と肩だけだった。やせて尖《とが》った顔の、大きな目をした少年だったことを覚えている。

校長は重々しく罪状を読み上げると、その子に「有罪か、無罪か」と尋ねて、返事を要求した。

だが、われらがならず者は何も答えず、校長の前で反抗的にただ前を睨《にら》み付けるだけだった。こうしてその子はイーゼルの前に連れて行かれ、とても小さかったので、手首が革帯に届くように石鹼箱《せっけんばこ》の上に立たされた。そしてカバの鞭で三回叩かれたあと、治療のために医務室に運ばれていった。

毎週木曜日には、ラッパの音が運動場に響き渡ると、わたしたちはその場で遊びをやめて彫像のように固まり、ヒンドラム大尉が金曜日に罰する生徒の名を読み上げるのを緊張して聞いたものだった。

そんなある木曜日、驚いたことに、自分の名が読み上げられるのが聞こえてきた。

何をしてしまったのか皆目見当もつかなかった。にもかかわらず、不思議なことに、なぜか気分が高揚するのを感じた。おそらく自分に注目が集まったせいだろう。裁きの当日、校長の前に引き出されたわたしは、こう告げられた。「君の罪状は外便所《ダイク》に火を付けたことだ」

それは濡《ぬ》れぎぬだった。数人の少年がトイレの石の床の上で紙を燃やしているところに、たまたまトイレを使おうとして出くわしただけで、悪さにはまったく加担していなかったからだ。

「君は有罪か、それとも無罪か」校長が答えを要求した。

神経がたかぶり、自分でも制御できない力に突き動かされて、わたしは思わず「有罪です」と口走ってしまった。そのときに感じたのは、恨みでも不当行為への怒りでもなく、ある種のスリリングな冒険の感覚だった。わたしは机のところに連れて行かれ、尻を三回鞭打たれた。それは思わず息が止まるほどの痛みだったが、泣き叫ぶようなことはしなかった。痛みで体が動かなくなり、マットレスに運ばれて痛みがおさまるのを待つあいだに感じていたのは、勇ましい勝利の感覚だった。

シドニーはキッチンで働いていたので、この一件は裁きの日まで知らず、ほかの生徒といっしょに体育館に行進したときにわたしの頭が机の上にのぞいているのを見て

ハンウェル校にいた７歳６カ月のチャップリン（中央）。1897年。

ショックを受けたという。あとでシドニーは、わたしが三回鞭打たれるのを見て、怒りでむせび泣いたと明かした。

弟は兄のことを〝マイ・ヤング・アン〟（〝舎兄《しゃきょう》〟というような意味）と呼んだ。そんな言葉を使うことによって、弟は誇らしく思うとともに、守られていると感じるのだ。わたしもときおり、食堂をあとにするときに自分の〝マイ・ヤング・アン〟であるシドニーに出会うことがあった。そんなとき、キッチンで働いていた兄は、大きなバターの塊を挟んだロールパンをこっそり手渡してくれた。それをセーターの下に隠して運び、もうひとりの少年と分けあって食べたものである。べつに空腹だったわけではないが、大きなバターの塊は、めったに口にできないご馳走《ちそう》だった。しかし、こうした特権も長くは続かなかった。シドニーがハンウェル校を後にして、海軍の練習船『エクスマス号』に乗ってしまったからだ。

救貧院の少年たちには、一一歳で、陸軍か海軍に入隊する選択肢があった。そして海軍に入隊した者は『エクスマス号』に送られたのである。もちろんそれは義務ではなかったが、シドニーは船乗りになることを望んだ。そんなわけで、わたしはひとり、ハンウェル校に残されたのだった。

＊

髪は、子どもたちにとって、まさにその人となりを表す重要な体の一部だ。だから、初めて髪の毛を切られるとき、子どもたちは大泣きをする。もじゃもじゃ頭だろうが、直毛だろうが、巻き毛だろうが、自分らしさが刈り込まれてしまうような気がするからだ。

ハンウェル校では、「しらくも」（白癬菌が頭部に引き起こす輪状の皮膚炎）が大流行したことがあった。この病気は非常に感染力が強いので、感染した子は運動場を見降ろす二階の隔離病棟に監禁された。わたしたちはよく二階の窓を見上げては、気の毒な少年たちが物欲しげにこちらを見ている様子を眺めたものである。彼らの頭は丸刈りにされ、ヨードチンキで褐色に塗りたくられていた。それはおぞましい姿で、見るたびに嫌悪感《けんおかん》がつのった。

そんなわけで、ある日食堂にいたときに、看護師がわたしのうしろで足を止め、髪の毛を分けて「しらくもよ！」と宣言したときには、こみ上げる嗚咽《おえつ》をこらえることができなかった。

しらくもの治療には何週間もかかり、まるで永久に終わらないように思えた。わたしの頭は剃《そ》られてヨードチンキを塗りたくられ、綿摘み労働者のようにハンカチで包まれた。しかし、絶対にしなかったことがひとつだけある。それは、窓から運動場にいる少年たちを見降ろすことだ。彼らが感染者をどれだけ軽蔑《けいべつ》しているか、痛いほど知っていたからである。

この監禁期間に母が学校にやってきた。母はどうにかして救貧院を離れ、わたしたちといっしょに暮らせるように努力していた。その姿はとても活《い》き活《い》きとして愛らしく、母の存在は花束のように感じられた。それにひきかえ、わたしは自分のだらしない姿と、丸刈りでヨードチンキを塗りたくられた頭が恥ずかしくてたまらなかった。

「この子のきたない顔は勘弁してあげてくださいね」と看護師が言った。

母は笑った。そして、そのときわたしを抱きしめてキスしながらかけてくれた言葉は、死ぬまで忘れないだろう。母は愛情たっぷりにこう言ってくれたのだ。「汝《なんじ》いかに汚なかろうが、それでも我、汝を愛す」と。

そのすぐあと、シドニーは『エクスマス号』を去り、わたしもハンウェル校を去って、母に合流した。母はケニントン・パークの奥まったところに一部屋を借り、しばらくはわたしたちを養うことができた。しかし、それからほどなくして、ふたたび救貧院に戻らなければならなくなる。逆戻りすることになった理由は、母がなかなか仕事を見つけられなかったことと、父が劇場の仕事でスランプに陥ったことにあったらしい。救貧院に戻るまでの短い期間、わたしたちは陽の当たらない奥部屋から奥部屋へ転々とした。それはボードゲームのチェッカーに似て、打つ手がなくなると救貧院戻りだったのである。

今度は、異なる教区に住んでいたことから、わたしたちは前とは違う救貧院に送られ、そこからノーウッド校に移された。そこはハンウェル校より陰気なところだった。木の葉の色は濃く、木立もずっと高かった。その田園風景はハンウェルより雄大だったかもしれないが、雰囲気はずっとわびしかった。

ある日、シドニーがフットボールに興じていると、看護師がふたりでやってきて彼を呼び寄せて言った。母が精神を病み、ケイン・ヒル精神病院に収容されたというのである。それを知らされたとき、シドニーは何も態度に表さず、試合に戻ってフットボールを続けたという。けれども試合後には、ひとりになれるところを探して泣きくれたのだった。

シドニーからその話を聞かされたとき、わたしは自分の耳が信じられなかった。泣きはしなかったが、不可解な絶望感にとりつかれた。どうして母はそんなことになったんだろう？　あれほど楽天的で快活な母が、なんで気がふれたりするのか？　ぼんやりとわたしが感じていたのは、母はわたしたちを見捨てるために、わざと精神を病んだのではないかという疑念だった。絶望的になったわたしの脳裏を、母が無気力にわたしを見つめ、空虚な闇のかなたにふらふらと消えていってしまう姿がよぎった。

その件は一週間後正式に伝えられ、シドニーとわたしを引き取るように裁判所から父に命令が下ったことも知らされた。父と暮らすという考えには心が躍った。それまで父を見たのはただの二回きり。一度は舞台で、もう一度はケニントン・ロードの家の前を通り過ぎたときだ。そのとき父は、家の前庭の通路をひとりの女性と歩いてきた。わたしは立ち止まって父を見つめた。自分の父親であることは直観でわかった。父が手招きして、わたしの名を尋ねたので、その場の状況がドラマティックなものであることを察したわたしは、無邪気を装《よそお》って「チャーリー・チャップリンです」と答えた。すると父は意味ありげに女性を見やり、ポケットをまさぐって半クラウン硬貨をくれたのだった。それ以上何事もなく、わたしは走って家に帰り、父に出会ったことを母に伝えた。

それが今、父と暮らすことになったのである。すくなくともケニントン・ロードは馴染《なじ》みのあるところで、ノーウッドのようによそよそしい陰気な場所ではなかった。役人はわたしたちをパン屋の馬車に乗せて、ケニントン・ロード二八七番地に連れて行った。以前、父が前庭の通路を歩いてくるところを見た家だ。家のドアを開けたのは、そのとき父といっしょにいた女の人だった。だらしがなく不機嫌だったが、それでも美人で背が高く、スタイルもすらりとしていて、ふっくらした唇と雌鹿《めじか》のような悲しくて大きな目をしていた。年の頃は三〇歳

ケニントン・ロード287番地――父とルイーズと住んだ家。

くらいだったろうか。名前はルイーズといった。〝ミスター・チャップリン〟は不在だったので、通常の手続きと書類への署名が終わると、役人はわたしたちをルイーズに託して去り、わたしたちは二階の踊り場の先にある、通りに面した居間に通された。部屋に入ると、床の上で遊ぶ幼い少年が目に入った。大きな暗褐色の瞳《ひとみ》と豊かな褐色の巻き毛を持つ、とても美しい四歳の子だった。その子はルイーズの息子、つまりわたしの母違いの弟だったのである。

父一家は二部屋を借りていて、通りに面した居間には大きな窓があったものの、そこから差し込んでくる光は水底に届くように弱々しかった。そこでは、あらゆるものがルイーズと同じように悲しげに見えた。壁紙もわびしく、馬の毛が詰まった椅子《いす》もみすぼらしく、ガラスケースに入れられた、自分と同じくらいもある仲間を飲みこんだカワカマスの共食いのはく製（その口から、食べられたほうのカワカマスの頭が付き出していた）も陰惨だった。

ルイーズは、シドニーとわたしをいっしょに寝かせるために、奥の部屋に追加のベッドを入れていたが、それはどう見ても小さすぎた。そこでシドニーは居間のソファで寝ることにしたらどうかと尋ねたのだが、「言われたとおりの場所で寝なさい」というのがルイーズの答えだった。これは気まずい沈黙をもたらし、わたしたちは黙ったまま居間に戻った。

わたしたちは歓迎されたわけではなかったが、それも当然と言えば、当然だったろう。彼女にとってみれば、シドニーとわたしの世話を突然突き付けられることになったわけだし、なによりわたしたちは、内縁の夫の別居中の妻の子だったのだから。

黙って座り、何か食べるものを出そうと食卓を整えるルイーズを見つめていると、「さあ」と彼女がシドニーに言った。「ぼけっとしてないで、石炭バケツに石炭を入れてきなさい」そしてわたしの方を向いて、「あんたは、《白鹿亭《ザ・ホワイトハート》》の隣の料理屋《クックショップ》に行って、コンビーフを一シリング分、買ってくるんだよ」と命令した。

ルイーズとその場の気まずい雰囲気から逃れられるのは、かえってありがたかった。嫌な予感がし始め、ノーウッド校に戻りたいとさえ思い始めていたからだ。

その晩帰宅した父は、わたしたちを温かく迎えてくれた。わたしは父に夢中になった。食事中は、その食べ方にしろナイフの持ち方にしろ、父のどんな動きも見逃さないようにした。父は肉を切るとき、ナイフをペンのように持った。その後何年も、わたしは父の真似《まね》をしつづけたものである。

ベッドが小さすぎるとシドニーが文句を言った、とルイーズが父に告げ口したとき、父は、それなら居間のソファで寝ればいいと言った。父がシドニーの肩を持ったことで、ルイーズはシドニーを憎むようになり、その憎しみが消えることはついになかった。その後もずっと、ルイーズはシドニーに対する不満を父にぶつけ続けた。とはいえ、どれほど不機嫌で気難しかろうが、わたしに手を出したり脅したりすることは決してなかった。それでもシドニーを嫌っているという事実は、わたしを怖がらせ、おびえさせた。ルイーズは大酒のみで、そのこともまた、恐怖感をふくらませる原因になった。酔っているときの彼女には、どこか怖くなるほど自堕落なところがあり、天使のように愛くるしい息子が口汚く自分をののしる姿を、笑顔で楽しそうに眺めているというようなことがよくあった。どうしたわけか、わたしはその子と一切交わらなかった。異母弟だというのに、一言も言葉を交わした覚えがない。もちろん、わたしのほうが四歳近く年上ではあったのだが。酒が入っているとき、ときおりルイーズはぼうっと座ったまま物思いにふけることがあり、そんなときにはとても怖くなった。けれどもシドニーはそんなことにはまったく頓着《とんちゃく》せず、毎日遅くなるまで家に戻ってこなかった。一方、わたしは学校が引けるとすぐに帰宅させられ、使い走りや、こまごまとした手伝いをさせられた。

ルイーズはシドニーとわたしをケニントン・ロード校に通わせた。ほかの子どもたちといれば孤独感が少しは和らいだから、学校へ行くことは、わびしいながらも気晴らしにはなった。土曜日の授業は昼までだったが、その日が来るのを心待ちにしたことは一度もない。なぜなら、家に戻ると床磨きとナイフ磨きをさせられた上、ルイーズが土曜日に必ず酒を飲み始めたからである。ナイフを磨くわたしの横で、彼女は女友達と腰を下ろして酒を飲み、どんどん不機嫌になっていった。そして、シドニーとわたしの面倒を見させられていることと、その理不尽さについて、聞こえよがしに友人に不満をぶちまけるのだ。こんなふうに話していたのを覚えている。「この子は、いいんだけどね」（これはわたしのことだ）、「でも、もうひとりは嫌な子だよ。少年院送りにでもなればいいんだ。おまけにチャーリーの息子ですらないんだからね」シドニーに対するこの悪口には、怖くなったし、がっかりもした。そして、悲しい思いでベッドに入り、なかなか寝つけずにいたものだ。わたしはまだ八歳にもなっていなかったが、あの頃の日々は、わたしの人生でもっとも長く、もっとも悲しかった時期である。

　土曜日の夜にしょげかえっていると、ときおり、奥の寝室の窓を通して、にぎやかな音楽が通り過ぎるのが聞こえてきた。手風琴《コンサーティーナ》が奏《かな》でるスコットランドのハイランド地方の行進曲に、騒々しい若者とくすくす笑う物売りの娘の声が重なった。その元気な活力は、わたしの不幸せを無慈悲に無視するものに感じられたが、それでも音楽が遠ざかって消えかかると、残念に思えたものだった。またときには、物売りが通り過ぎることもあった。とりわけ毎日やってきた物売りの口上は、「統べ《ルール》よ、ブリタニア」と叫んだあと、「ハッ」と気合を入れて終わるように聞こえた。でも実際には牡《か》蠣《き》売りだったことがわかった。家から三軒先のパブからは、閉店になると客のだみ声が聞こえてきた。酔っ払いが、当時流行《はや》っていた次のような感傷的で退屈な曲を大声でよく歌っていたものである。

昔のよしみで、恨みは流そう
昔のよしみで、忘れて許すと言ってくれ
けんかをするには、人生は短すぎる
壊してしまうには、心は大切すぎる
握手をして仲良くなろう
昔のよしみがあるんだから

そんな感情など理解できなかったが、その曲の調子はわたしの不幸せな状況にふさわしいものに思え、子守歌代わりになってくれた。

シドニーは毎晩夜遅く帰って来ると、眠りにつく前にいつも食料庫をあさった。それがまたルイーズの癇《かん》にさわり、ある晩、その日ずっと酒を飲んでいた彼女は、シドニーが寝ている部屋に入って行くと、布団《ふとん》をはぎとって、出ていけと叫んだ。だがシドニーは、そんな事態にちゃんと備えていた。さっと枕《まくら》の下に手を入れると、長いボタンフック（先が鈎型になっている金属製の棒で、ボタン穴に差し込んで、ボタンを引き出すのに使った）を取り出したのである。シドニーはそれを磨いて先端を鋭く尖らせていた。

「近づいてみろ」とシドニーは怒鳴った。「これでぶっ刺してやる！」

驚いたルイーズは後ずさりした。「なんてこった、とんでもないヤクザな子だね！　あたしを殺そうとするなんて！」

「そうさ」シドニーは大げさに言った。「おまえをぶっ殺してやる！」

「ミスター・チャップリンが帰宅したら、さぞかし、せっかんしてくれるこったろうよ！」

けれども、〝ミスター・チャップリン〟はめったに家に帰ってこなかった。それでも、ある土曜日の晩に、ルイーズと父が酒を飲んでいたときのことは覚えている。どうしたわけか、わたしたちはみな、家主のおばさんとその旦那《だんな》さんとともに一階にある彼らの家の、通りに面した応接間に座っていた。白熱電球の下で幽霊のように青白く見えた父は、不機嫌に何かぶつぶつつぶやいていたと思うと、突然ポケットに手を入れ、硬貨を一つかみ取り出して、乱暴に床に投げつけた。金貨と銀貨が四方に散らばった。それはまったくシュールな光景だった。誰も動こうとしない。おばさんはむっつり黙って座っている。が、その目が、遠い隅に置かれた椅子の下に転がっていく金貨を追っていたことを、わたしは見逃さなかった。わたしの目もそれを追っていた。それでもまだ誰も動こうとしなかったので、硬貨を拾い始めるのは自分の役目だと思い、わたしは金を拾い始めた。おばさんとあとの者もすぐわたしに倣《なら》って、残りの金を集め始めた――にらみつける父に、金を拾うところを隠さず見せるようにしながら。

ある土曜日のこと、学校から帰ると、家には誰もいなかった。シドニーはいつも通り一日中フットボールをしていて家にはおらず、家主のおばさんによると、ルイーズと息子は朝早くから出かけたという。それを聞いて、当初わたしは、ほっとした。床磨きもナイフ磨きもしないですむからだ。だが、昼食の時間が過ぎても、誰も戻ってこない。もしかしたら見捨てられてしまったのではないかと、だんだん心配になってきた。午後が深まるにつれ、わたしはみんなが恋しくてたまらなくなった。いったいどうしたんだろう？　部屋は薄気味悪く冷たく感じられ、その空っぽな感じがわたしをおびえさせた。そのうち腹も空《す》いてきたので、食料庫をのぞいたが、食べ物はなかった。ぽっかり空いたむなしさに耐えられなくなり、わたしは孤独のあまり外に出て、近くの市場で時間をつぶした。ランベス・ウォークやザ・カット（ウォータールー・ロードとブラックフライアーズ・ロードを結ぶ道〔原文のthe Catはthe Cutの誤植〕）をうろつき、お腹《なか》を空かせて料理屋《クックショップ》の窓をのぞき込み、おいしそうに湯気を立てるローストビーフやローストポーク、グレイヴィーがかかった黄金色《こがねいろ》のローストポテトなどをじっと見つめた。また、偽《にせ》医師がいんちき薬を売りつける口上も長いこと聞いた。そうした気晴らしは心をなだめてくれ、しばらくのあいだは自分の境遇や空腹感を忘れることができた。

家に戻ったときには、すでに夜になっていた。ドアをノックしたが、答えがない。家は空っぽだった。疲れた足を引きずりながらケニントン・クロスの角まで歩いて行き、家の方角が見える縁石に座って、誰かが帰ってくるところを見つけようと目を光らせた。疲れ果てて寂しい思いでいっぱいになり、シドニーはどこにいるのだろうかと思いを巡らせた。時刻は零時近くになり、ケニントン・クロスは、ひと気なく静まりかえって、家に帰る人がたまに通り過ぎるだけだった。店の灯りも薬屋とパブを除いて消え始め、わたしはたまらなくわびしい気分になった。

すると、突然音楽が聞こえてきた。なんと嬉しかったことだろう！　それは角のパブ《白鹿亭》の前庭のほうからきこえてきて、空っぽの広場に鮮やかに鳴り響いた。

曲は『スイカズラとミツバチ（The Honeysuckle and the Bee）』で、ハーモニウム（足踏みオルガン）とクラリネットによる、晴れやかで見事な演奏だった。わたしはそれまでメロディーというものを意識したことがなかったのだが、この曲は美しくて抒情《じょじょう》的なだけでなく、快活で楽しく心が温まるような頼もしいメロディーだったので、わたしは絶望的な思いをすっかり忘れて道を渡り、楽師がいるところまで歩いて行った。ハーモニウムを演奏していた男は盲目で、目があったところには傷ついたくぼみしかなく、クラリネット奏者は、苦々しい顔つきの酔っ払いだった。

演奏はあっという間に終わり、彼らがいなくなったあとの夜の寂しさは前にも増して深まった。力なく疲れ果てたわたしは道を横切って家に向かった。もう、家に誰か戻っているかなどどうでもよく、ただ早く寝たいという思いでいっぱいだった。そのとき、前庭の通路を家に向かう人影がぼんやり見えた。ルイーズだ。彼女の幼い息子も、その前を走っている。ルイーズは片足を引きずり、体を大きくかしげながら歩いていた。その姿にわたしは驚いて、事故にあって足をけがしたのではないかと心配になったが、やがて、彼女がひどく酔っていることに気がついた。バランスを崩して歩く酔っ払いを見たのは、それが初めてである。そんな状態のルイーズには出くわさないほうが得策だと思い、彼女が家の中に入るまで待っていたら、そのすぐあと家主のおばさんも帰って来たので、彼女といっしょに家に入った。暗くなった階段を見つからないようにこっそり上がったつもりだったが、ルイーズがふらつきながら踊り場に出てきた。

「いったいぜんたい、どこへ行くつもりだい?」と彼女は言った。「ここはあんたの家じゃないよ」

わたしはそこに立ち尽くした。

「今夜はここで寝るんじゃないよ。お前たちには愛想が尽きた。とっととここから出ておいき! あんたも、あんたの兄貴もね! あんたの父親に面倒見てもらうがいい」

わたしは一瞬も躊躇《ちゅうちょ》せずにきびすを返すと、一階に降りて家を後にした。もう疲れてなどおらず、すっかり活力が戻ってきていた。父が八〇〇メートルほど離れたプリンスィズ・ロードにあるパブ《女王の頭像《ザ・クィーンズ・ヘッド》》を贔屓《ひいき》にしていると聞いていたので、見つけられることを願って、その方角に歩き出した。しかしほどなくして、街灯を背にし、わたしに向かって歩いてくる父のシルエットが目に入った。

「あの人が中に入れてくれないんだよ。それに酔っ払ってるみたいなんだ」とわたしは父に訴えた。

しかし、いっしょに家に向かって歩く父も千鳥足だった。「わたしも、しらふじゃないんだよ」と父は言った。

わたしは、そんなことはないと言って、父を元気づけようとした。

「いや、酔ってる」と父は申し訳なさそうに答えた。

居間のドアを開けた父は、黙ったままそこに立ってルイーズを睨みつけた。彼女は暖炉の横に立ち、マントルピースをつかんで、体を揺らしていた。

「なぜ、この子を家に入れなかったんだ」と父が詰問《きつもん》した。

ルイーズは混乱した目つきで彼を見やると、ブツブツつぶやいた。「あんたも地獄へ落ちればいいんだ。みんないっしょくたに！」

突然、父はずっしり重い洋服ブラシを戸棚から手に取ると、彼女に向かってすばやく放り投げた。ブラシの背はルイーズの頬を直撃し、彼女は目を閉じたかと思うと、まるですべてを忘れられるのを歓迎するかのように、気を失ってドサリと床に崩れ落ちた。

父がしたことはショックだった。そんな暴力行為は、父に対する尊敬の念を減じさせた。その後どうなったかは、よく覚えていない。おそらく、シドニーが夜遅く戻ってきて、父はわたしたちふたりを寝つかせたあと、また外出したのだと思う。

あとになってわかったことだが、その日の朝、父とルイーズは喧嘩《けんか》していたのだった。父が兄のスペンサー・チャップリンと一日過ごすために、ルイーズを家に置き去りにしたのである。父の兄はランベス界隈《かいわい》にいくつもパブを持っていた。自分の微妙な立場のせいで、ルイーズはこのスペンサー・チャップリンに会いたがらなかったのだが、父はそんなルイーズを無視して、ひとりで出かけてしまったのだった。ルイーズは、その報復として、ほっつき歩いて過ごしたというわけである。

ルイーズは父を愛していた。それは、幼かったわたしにも、あの晩、暖炉の横に立った彼女が父を見る目つきでよくわかった。その目つきには、父に自分の気持ちをなおざりにされたことに戸惑い、傷ついている様子がありありと表れていた。そして、父も彼女のことを愛していたのだと思う。そう思わせられることは何度もあった。ルイーズにとても優しくチャーミングな姿を見せることがあり、そんなときには、彼女におやすみのキスをしてから劇場に出かけていた。日曜日の朝には――前の晩に飲んでいなかった場合だが――家族といっしょに朝食をとり、劇場で他の演目をやっている芸人の話などをルイーズに聞かせるのだった。家族全員が、そうした話に夢中になり、わたしは父の一挙一動すべてを吸収しようとして、いつもその姿をタカのように追っていた。興が向いて頭にタオルをターバンのように巻きつけ、「朕《ちん》はトルコのルバーブ王なるぞ」などと呼ばわって、幼い息子を追いかけ回す姿を見たこともある。

父は夜八時ごろに、ポートワインに生卵を六個割り入れたものを一気に飲み干してから劇場に出かけていた。固形の食べ物はほとんどとらず、それだけで日々体を養っていた。家にはめったに帰らず、たまに帰ったとしても、それは酔いをさますためだった。

ある日ルイーズのところに、児童虐待《ぎゃくたい》防止協会のメンバーがやってきて、ルイーズをかんかんに怒らせたことがある。彼らがやってきた理由は、午前三時にシドニーとわたしが夜警の焚火《たきび》の横で寝ているところを警察に発見され、警察から同協会に連絡がいったためだった。それは、ルイーズがわたしたちを締め出した晩のことで、警察は彼女にドアを開けさせて、わたしたちを中に入れたのである。

ところが、その数日後、父が地方巡業に出かけているあいだに、ルイーズは、わたしたちの母が精神病院から退院したという手紙を受け取った。そして、その翌日から翌々日に、家主のおばさんが階段を上がって来た。表玄関にシドニーとチャーリーに会いにきた女性がいると言う。「あんたたちの母さんだろ」とルイーズが言った。一瞬、わたしたちは何のことだか理解できなかったが、次の瞬間、シドニーは階段を駆け下りて母の腕の中に飛び込んでいた。わたしもあとに続いた。そこにいたのは、いつものやさしい母で、笑みを浮かべて、わたしたちを抱きとめてくれた。

ルイーズと母は互いに顔を合わせるのが気まずかったので、シドニーとわたしが荷物をまとめるあいだ、母は表玄関で待っていた。ふたりの女性のあいだには、怒りも嫌悪感もなかった。実のところ、ルイーズの態度はとても立派で、別れの挨拶《あいさつ》をするときには、シドニーに対してさえ丁重にふるまった。

＊

母が借りていたケニントン・クロスの裏手通りの一間はヘイワードのピクルス工場に近く、毎日午後になると酸《す》っぱい臭《にお》いが漂ってきた。それでも、ともかく部屋は安かったし、ふたたび親子水入らずで暮らせるようになったことは嬉しかった。母の健康状態はとてもよく、病気だったことさえ、みな忘れてしまったほどだった。

その時期をどうやって切り抜けたのか、わたしはまったく覚えていない。とはいえ、ひどい困窮や解決できない問題などに襲われたようには記憶していない。週に一〇シリングの父からの養育費もほぼきちんと支払われていたし、母ももちろん針仕事を再開し、また教会に通うようになっていた。

その時期に起きた忘れられない出来事がひとつある。わたしたちが住んでいた道の端には屠畜場《とちくじょう》があり、そこで殺されることになるヒツジが、いつも家の前を引かれていっていた。ある日、そんなヒツジの一頭が列から逃げ出し、それを見ていた人たちがはやし立てた。ヒツジをつかまえようと追いかける人や、足がもつれて転んでしまう人なども出て、わたしはクスクス笑いながら、ヒツジがパニックに陥って跳ね回る姿を面白おかしく見ていた。その光景はとても滑稽《こっけい》だった。だが、ついにヒツジが捕まり、屠畜場に連れ戻されると、その出来事の本当の悲劇に気づいたわたしは、家に駆けこんで、涙ながらに母に訴えた。「あのヒツジ、殺されちゃうよ、殺されちゃうんだよお！」よく晴れて荒涼とした春の午後と、その喜劇的な追っかけについて、わたしはその後何日も考え続けた。もしかしたらこの一件こそ、のちのわたしの映画、つまり悲劇と滑稽さが組み合わさった映画の土台を築くきっかけになったものかもしれない。

そのころ学校はわたしにとって、歴史と詩と科学の新たな地平線を切り拓《ひら》いてくれる場所だった。しかし、中には単調で退屈な科目もあり、とりわけ算術はうんざりだった。加算と減算は事務員やレジのことしか連想させず、その効用は、よくても釣銭をごまかされないようになることぐらいにしか思えなかった。

母が退院後に住んだ家(突き当り)――隣は屠畜場とピクルス工場。

歴史は、まさに邪悪さと暴力の記録で、国王殺しや、その逆に妻や兄や甥《おい》たちを殺しまくる国王たちの話が連綿と繰り返された。地理はただ地図を見るだけ、詩は記憶力を鍛えるものでしかなかった。学校教育は少ししか興味を抱けない知識や事実で、わたしを混乱させただけだった。

もし誰かがセールスマンの売り込み術を活用し、それぞれの科目について、わたしの興味を刺激し、わたしの心を事実よりも空想で満たし、数の手品で魅了し、地図をロマンに満ちたものにし、歴史の見方を教え、詩の音楽性について手ほどきしてくれていたら、わたしは学者になっていたかもしれない。

母は、わたしたちのもとに戻って来て以来、芝居に対するわたしの関心を刺激し始め、わたしには才能があるという思いを植え付けた。しかし、母に教わったすべての演技テクニックを表現したいという思いに強くかられたのは、生徒たちがクリスマスに上演する『シンデレラ』のオペレッタのリハーサルがはじまったとき、つまりクリスマスの数週間前のことである。何らかの理由で、わたしはその劇の出演者に選ばれず、内心、選ばれた子がうらやましく、自分のほうがうまくやれるのに、と悔しく思った。少年たちがそれぞれの役をつまらない想像力の欠けた方法で演じるのはたまらなかった。とくに醜い姉妹の演じ方には、なんの面白みもなければ、喜劇の精神すら感じとれなかった。少年たちは、学生特有のぎこちない抑揚と気恥ずかしくなるようなわざとらしい裏声を使って、その役を衒学的《げんがく》に演じていた。どれほどわたしは、母の指導のもとに醜い姉妹を演じてみたいと思ったことだろう！　とはいえ、シンデレラ役の少女にはすっかり魅了されてしまった。洗練された、とても美しい一四歳ぐらいの少女で、わたしはひそかに恋に落ちた――社会的に言っても歳《とし》の差から言っても、手の届く存在ではなかったけれど。

　オペレッタが上演されたとき、主演の少女の美しさを除けば、それが見るに堪えない出来であったことに、わたしは少々落胆した。しかし、そのときはまだ、二カ月後に『ミス・プリシラの猫（Miss Priscilla's Cat）』の朗読を各クラスで披露して、輝かしい栄光を手にすることになるとは、夢にも思っていなかったのだ。そのユーモラスな詩は母が新聞販売店の店先で見かけてとても面白いと思い、窓をのぞきこんで写し取り、家に持ち帰って聞かせてくれたものだった。授業の休み時間に、わたしはそれを仲間のひとりに朗読してみせた。すると、何か仕事をしていた担任教師のライド先生がその手を止め、目を上げて聞き入った。そして大いに楽しんだ先生は、授業が再開したときに、みんなの前でやってみなさい、とわたしに言ったのである。やってみると、クラス中が笑いの渦に包まれた。こうしてわたしの評判は広まり、その翌日には、男子部だけでなく女子部も含めて、学校中の全クラスを回って朗読させられることになったのだった。

五歳のときに母の代役として聴衆の前で演じたことはあったものの、人気を集めることの快感に目覚めたのは、そのときが初めてだった。学校は刺激的な場所に変わった。目立たない、恥ずかしがり屋の少年から、わたしは教師と生徒の注目の的になったのである。それはわたしの成績を押し上げるという結果さえもたらした。だが、学校教育は中断されることになる。学校を中退して、クロッグダンス（木靴を鳴らしながら踊るダンス）の一座、「エイト・ランカシャー・ラッズ（ランカシャー州からやってきた八人の若者）」に加わることになったからだ。

第三章

父は「エイト・ランカシャー・ラッズ」の座長ジャクソンさんと顔なじみで、わたしがこの一座に加われば、役者になるための願ってもないスタートが切れるだけでなく、家計の足しにもなると母に説いた。わたしには食事と部屋が提供され、母には週に半クラウンが渡されると言う。母は当初、半信半疑だったが、ジャクソンさんとその家族に会ったあと、承諾することにした。

元々ランカシャーで教師をしていたジャクソンさんはそのとき五〇代半ばで、息子三人と娘ひとりを育て上げ、子どもたちはみな一座のメンバーになっていた。敬虔《けいけん》なカトリック教徒で、最初の妻が亡《な》くなったあと、再婚すべきかどうか、子どもたちに相談したという。その結果、娶《めと》ることになった二番目の妻は彼より少し年上で、彼女と所帯を持つに至った経緯をジャクソンさんは神妙な面持ちでよく聞かせてくれた。彼は新聞に「妻求む」という広告を出したのだという。すると三〇〇通を超える手紙が殺到した。そこで神のお導きを仰いだ後に、たった一通だけ開封した手紙が今のジャクソン夫人からのものだったそうだ。彼女も元教師で、彼の祈りが通じたのか、同じカトリック教徒だった。

ジャクソン夫人はありあまる美貌《びぼう》の持ち主というわけではなく、どこから見ても、贅沢《ぜいたく》や悦楽を好む官能的な女性ではなかった。むしろ、やせ衰えたガイコツのような顔つきで、その青白い顔にしわがたくさん走っていたのを覚えている。おそらく、かなり歳《とし》がいってからジャクソンさんに男の赤ちゃんを授けたせいだろう。とはいえ、とても誠実で義理堅い奥さんで、乳飲み子を抱えていたにもかかわらず、骨身を惜しまず一座の面倒をよくみていた。

ジャクソン夫人側の結婚に至った経緯の話は、ジャクソンさんのものとはいくぶん異なっていた。それによると、手紙こそ交換したものの、結婚式当日まで、実際に顔を合わせたことはなかったという。家族が控えの間で待つなか、居間で初めてふたりが出会ったとき、ジャクソンさんは「あなたは、わたしが望むすべてです」と言ったそうだ。そして、彼女も同じことを率直に伝えたという。そして、話の締めくくりとして、わたしを含めた子どもたちを前に、取り澄ました口調でこう言うのだった。

「それでも、すぐに八人もの子どもの母親になるとは、思ってもみませんでしたけどね」と。

ジャクソンさんの三人の息子の年齢は、一二歳から一六歳に及んでいた。娘は九歳で、一座の少年のひとりとして通すために髪を短く刈り上げていた。

日曜日になると、一座の面々は、わたしを残して、全員カトリック教会の礼拝に出かけた。わたしは唯一《ゆいいつ》のプロテスタントで、さみしさから、ときおり彼らについていくことがあった。もし母の信仰上のこだわりを尊重していなければ、容易にカトリック教徒に転向していただろう。カトリック教の神秘主義が好きだったし、石膏《せっこう》の聖母マリア像を花とろうそくで飾った、ジャクソン家お手製の祭壇も気に入っていたからだ。少年たちは寝室の隅にこの祭壇を飾り、前を通るたびに片ひざを曲げておじぎをしていた。

六週間の訓練を経て、ようやく一座のメンバーとして踊る日が訪れた。だがすでに八歳を超えていたわたしは、すっかりおじけづいてしまい、初めて聴衆の前に立ったときには舞台負けして足がほとんど動かなかった。ほかのメンバーと同じようにソロで踊れるようになるには、その後何週間もかかった。

わたしは、八人からなる木靴ダンサーの一員になることに熱中していたわけではなく、ほかのメンバーと同じように、いつかひとりで一幕演じるという野望をずっと抱いていた。というのも、そのほうが高い報酬を得られただけでなく、ただ踊るよりずっと満足のいくものであることが本能的にわかっていたからだ。できれば少年喜劇俳優になりたかったが、それには、たったひとりで舞台に立つ勇気がなければ無理だった。ともあれ、ダンス以外の何かをすることとして最初に思いついたのは、笑いをとることである。わたしが考えたのは、ふたりの少年が浮浪者の恰好《かっこう》で演じるダブルアクト。そこで、少年のひとりに話をもちかけてコンビを組んだ。それはわたしたちの見果てぬ夢になり、自分たちを「大金持ちの浮浪者コンビ、ブリストルとチャップリン」と呼んで、浮浪者のほおひげを付け、大きなイミテーションダイヤの指輪をはめた。それは、面白くて金になるとわたしたちが考えたすべてを詰め込んだ芝居だったが、残念なことに陽の目を見ることはなかった。

観客が「エイト・ランカシャー・ラッズ」を好んだ理由は、ジャクソンさんも言っていたように、ほかの演芸に登場する子どもたちとはまったく異なっていたからだ。舞台ドーランはいっさい使わず、バラ色の頬は本物だ、というのが彼の自慢だった。舞台に上がる前に青白い顔つきをしていると、頬をつねるように言われた。だが、ロンドンの興行で一晩に二〜三軒のミュージックホールを掛け持ちしなければならないようなときには、元気に見せることを忘れ、舞台の上でやや疲れて飽きたような姿をさらすこともある。すると、舞台の袖《そで》で、大げさな笑みを浮かべて自分の顔を指すジャクソンさんの姿が目に入る。それは瞬時に電撃的な効果を発揮し、少年たちの顔に突如満面の笑みが浮かぶのだった。

地方を巡業しているときには、それぞれの街で一週間ずつ学校に通ったが、わたしの教育を伸ばす足しにはほとんどならなかった。

クリスマス・シーズンには、ロンドンのヒポドローム劇場でかかっていたパントマイム劇『シンデレラ』の犬と猫の役を担当した（パントマイムはイギリスで発展した台詞のないバラエティ劇。歌や踊り、軽業、道化芸などが含まれる）。当時、ヒポドローム劇場はまだ新しく、寄席演芸とサーカスが見られ、内部の仕掛も凝っている話題の劇場だった。サーカスリングの床は、沈み込んで水が満ちる仕掛けになっていて、手の込んだ舞踏劇が考案されていた。きらめくよろいを身に付けた美しい少女たちが、いくつも列を作って行進し、プールの中に次々と姿を消していく。最後の列が水中に没すると、ダブダブの礼服と高帽子を身に付けた偉大なフランス人道化師のマルセリーヌ（スペイン人の誤り。一八七三または一八七四〜一九一六）が魚釣りの竿《さお》を持って登場し、折りたたみ式の椅子《いす》に腰かけると、大型の宝石箱を開ける。そして釣り竿にダイヤモンドのネックレスのエサをつけて、水の中に投げ込む。だが反応がないので、ブレスレットのようなもっと小物の装身具を「まき餌《え》」として投げ込みはじめ、ついに宝石箱を空にしてしまう。と、突然、糸がグイと引かれ、道化師は竿の扱いに手こずって、滑稽《こっけい》にぐるぐる振り回される。そしてついに水の中から現れ出たのは、よく訓練された小さなプードル犬だった、という落ちが来る。犬はマルセリーヌの一挙一動をそっくりまねし、彼が座れば犬も座り、彼が逆立ちすれば犬も逆立ちした。

　マルセリーヌのコメディーはとても滑稽でチャーミングだったので、ロンドン中が彼に夢中になった。キッチンのシーンで、わたしはちょっとしたコメディーをマルセリーヌとやることになった。わたしは猫役で、ミルクを飲んでいるときに、犬に出くわしたマルセリーヌが後ずさりしてきて、わたしの背中につまずいて倒れる、という場面である。彼はいつも、わたしの背中の丸め方が不じゅうぶんなために、倒れかかったとき、体をしっかり受け止めてもらえないと文句をこぼした。わたしは驚いた表情の猫のマスクをかぶり、子ども向けのマチネの初回に、犬のお尻《しり》のところに回って、クンクン嗅《か》ぐ仕草をした。観客が笑うと、わたしは観客に顔を向けて驚いたふりをし、ぎょろぎょろした目に付けてある紐《ひも》を引っぱって、ぱちくりウィンクした。クンクンとぱちくりを何度か繰り返すと、劇場支配人が舞台裏に大慌《おおあわ》てでやってきて、舞台の袖で狂ったように手を振りまわした。でも、わたしはかまわずやり続け、犬の尻を嗅いだあと、額縁舞台《プロセニアム・アーチ》の柱を嗅ぎ、そのあと片脚を上げて見せた。観客は大いに湧《わ》いた。おそらく、その猫らしからぬ仕草が面白かったのだろう。結局、ついに支配人と目が合い、わたしは割れんばかりの拍手のなか、飛び跳ねながら舞台をあとにしたのだった。「二度とやるんじゃないぞ！」と支配人は息を切らして言った。「あんなことをして、宮内長官に劇場を閉鎖されたらどうするんだ！」（当時、宮内長官には下品な演目を取り締まるために劇場を閉鎖する権限があった）『シンデレラ』は大好評で、筋書きにも物語にもほとんど関与していなかったにもかかわらず、その劇のスターはマルセリーヌだった。それから何年か経《た》って、彼はニューヨークのヒポドロームに移り、そこでも大人気を博した。けれどもヒポドロームがサーカスリングを廃止すると、すぐに忘れられてしまった。

一九一八年、あるいはその前後に（マルセリーヌは一九一六年に没しているので、一九一五年のことか）、リングリング・ブラザーズの「スリー・リング・サーカス」（同時に異なる三種類のパフォーマンスを行うサーカス）がロサンゼルスにやってきたとき、マルセリーヌもその一員として演技していた。当然彼は主役として大いに宣伝されると思いきや、巨大なリングを走り回る大勢のピエロのひとりであることを知ったわたしは、偉大なアーティストの才能が粗野で大掛かりなスリー・リング・サーカスに浪費させられていることにショックを受けた。

ショーが終わった後、わたしは楽屋へ赴いて、自分が誰であるか名乗った。そして、ロンドンのヒポドロームで猫役として彼と共演したときのことを思い出させようとしたのだが、マルセリーヌは無反応だった。ピエロの化粧をしていても、その顔は不機嫌で、憂鬱《ゆううつ》な倦怠感《けんたいかん》に囚《とら》われているように見えた。

その一年後、彼はニューヨークで自ら命を絶った。新聞に載った小さな記事によると、銃声を聞いた同じ家の住人が、ピストルを手に床に倒れているマルセリーヌを発見したのだという。『月光と薔薇《ばら》（Moonlight and Roses）』のレコードが回り続けていたそうだ。

イギリスの有名なコメディアンで自殺した者は少なくない。すばらしく滑稽だったT・E・ダンヴィル（一八六七〜一九二四）は、サロン・バーに足を踏み入れたときに、誰かが自分を指して「ヤツもおしまいだな」と言うのを聞いたらしい。その日、彼はテムズ川のほとりでピストル自殺した。

イギリスでも最高のコメディアンのひとりだったマーク・シェリダン（一八六四〜一九一八）も、グラスゴーの観客に受けなかったことを苦にして、グラスゴーの公共公園でピストル自殺している。

フランク・コイン（一八六七〜一九〇六）とは、同じ出し物で共演したことがあった。陽気で快活なコメディアンで、次の愉快な歌でよく知られていた。

お馬《ジージー》さんには、もう乗らない
だっておいらが乗れるのは、そんな種類の馬《ホース》じゃない

おいらが乗れるとわかってる馬は
かみさんが服を乾かす物干し台《ホース》！

舞台の外では、感じがよく、いつも微笑《ほほえ》みを絶やさなかった。ある日、ポニーにひかせた自家用の二輪馬車で奥さんといっしょに外出しようとした矢先、二階に忘れ物をしたから外で待っていてくれと奥さんに言ったという。二〇分たっても戻ってこないので、なにが起きているのか見に行った奥さんは、バスルームの床に倒れている彼を発見したのだった。床は一面血の海で、手にはカミソリが握られていた。フランクは自ら喉《のど》をかききったのである。切り傷は、もう少しで首が落ちるぐらい深かったそうだ。

子どものころに見た大勢のアーティストのなかで、とりわけわたしが感銘を受けたのは、必ずしも成功した者ばかりではない。舞台の外でユニークな人間性を見せた者にも大いに啓発された。コミカルな〝浮浪者ジャグラー〟のザルモ（一八六八〜一九四三）もそのひとりで、彼は自分に厳しく、劇場が開くとすぐにやってきては、何時間もジャグリングの練習をしていた。わたしたちは彼が舞台裏で玉突きのキューを顎《あご》に乗せ、球を放り投げてキューの先端で捉《とら》えると、もうひとつ球を投げて、すでにある球の上に載せるという技を何度も何度も練習する姿を見ていた。この技は難しく、ザルモはしょっちゅう失敗していたのだが、あるとき、四年間磨いてきたこの技をその週の終わりに観客の前で初めて試してみるつもりだ、とジャクソンさんに宣言した。いよいよその晩が訪れたとき、わたしたちはみな舞台の袖に集まり、息をひそめて彼の曲芸を見つめた。そして彼はやってのけたのである。完璧《かんぺき》に、しかも最初のトライで！　最初の球を投げてビリヤードのキューの先端で受け、次の球を投げて、その上に見事に載せたのだ。だが観客は気乗りのしない拍手をおくっただけだった。のちにジャクソンさんはその晩のことをよく話して聞かせた。彼はザルモに「あまりにも技を難なくこなしてしまうから受けないんだ。わざと何度か失敗してみせてからやったほうがインパクトがあるぞ」と助言したという。するとザルモは笑って、「わざと失敗できるほど、まだ熟練してないんでね」と答えたそうだ。ザルモは骨相学にも興味があって、みんなの性格を読み取って話してくれた。わたしには、どんな知識を身に着けても、それをずっと持ち続け、将来うまく生かすことができるだろう、と言ってくれた。

そして、滑稽で強烈な印象を残し、わたしの頭を混乱させたグリフィス・ブラザーズがいる。この兄弟は、面白おかしく空中ブランコをやる道化で、ブランコからぶらさがりながら、詰め物の入った大きな靴で、互いの顔を蹴《け》りあっていた。

「いたたっ！」と蹴られたほうが叫ぶ。「もう一度やってみろ！」

「そうかい？……バン！」

すると蹴られたほうが驚いてよろめきながら「こいつ、またやりやがったな！」と言う。

わたしには、そうしためちゃくちゃな暴力ネタがショックだった。だがいったん舞台を離れると、ふたりは物静かで真面目《まじめ》な仲のいい兄弟だった。

ダン・リーノ（一八六〇～一九〇四）は、わたしが思うに、伝説的なグリマルディ（パントマイムの道化役を発展させたコメディアン。一七七八～一八三七）以来の、英国最高のコメディアンだ。もっとも脂《あぶら》の乗り切ったときのリーノを見ることはできなかったものの、わたしにとって彼はコメディアンというより、むしろ性格俳優だった。ロンドンの下層階級に扮《ふん》した彼の滑稽な演技は人間的で心が惹《ひ》きつけられるものだった、と母は話していた。

有名なマリー・ロイド（一八七〇～一九二二）は軽薄だという評判だったが、ストランド街にあったティボリ劇場で共演したときには、彼女ほど真面目で良心のあるアーティストは、この世に存在しないのではないかと思われた。わたしは目を丸くして、この心配性のぽっちゃりした小さな婦人が舞台裏を神経質に行ったり来たりする姿を見つめたものだった。彼女はイライラして不安げに見えた。が、出番が来るやいなや、瞬時に陽気でリラックスした芸人に変身するのだった。

　そしてブランズビー・ウィリアムズ（一八七〇〜一九六一）がいる。彼はディケンズ作品の登場人物を演じて見せ、『デイヴィッド・コパフィールド』のユーライア・ヒープ、『オリヴァー・ツイスト』のビル・サイクス、そして『骨董《こっとう》屋』の老人などの演技でわたしを魅了した。このハンサムで威厳のある若者が、騒々しいグラスゴーの観客の目の前で扮装して、こうした魅力的な登場人物に変身していく芸は、演劇に新たな局面を拓《ひら》くものだった。彼はまた文学に関するわたしの興味を焚《た》き付けた。わたしは小説の中に隠された、この不可思議な魅力、あの奇妙なクルックシャンク（イギリスの挿絵・風刺画家。ディケンズの『オリヴァー・ツイスト』と『ボズのスケッチ集』の挿絵を担当した。一七九二〜一八七八）の挿絵の世界でうごめくセピア色のディケンズの登場人物の秘密が知りたくてたまらなくなった。そしてとうとう、ろくに字が読めなかったにもかかわらず『オリヴァー・ツイスト』を買い求めたのである。

　ディケンズの登場人物にすっかり心を奪われてしまったわたしは、ブランズビー・ウィリアムズの演技を真似《まね》するようになった。このような才能の芽吹きに人が気づかないはずはない。かくして、ある日、『骨董屋』の老人の真似をして少年たちを楽しませていたわたしを、ジャクソンさんが目に留めたのだった。わたしはその場で天才だと宣言され、ジャクソンさんは、何があってもそのことを世間に知らしめようと固く決心した。

その由々《ゆゆ》しき出来事は、イングランド北部にあるミドルズブラの劇場で起きた。木靴ダンスの終了後、ジャクソンさんが舞台の中央に歩み出て、若い救世主の到来を伝えるがごとき情熱を込めて、観客にこう宣言したのである。自分は、八人の少年のなかに天才子役を発見した。これからその子に、いたいけな少女ネルが死んでしまったことが理解できない『骨董屋』の老人の役に扮したブランズビー・ウィリアムズの物真似をさせてしんぜよう、と。

ひどくつまらないショーばかり見せられていた観客は気乗り薄だった。舞台に登場したときに、わたしが身に着けていたのは、白い麻のブラウス、レースの襟、フラシ天のニッカーボッカーズボン、赤いダンスシューズという、いつものダンスの衣装。ところが、そのうえに、九〇歳ぐらいの老人の化粧をしていたのである。さらに、どこかで手に入れた古いかつら（ジャクソンさんが購入したものだったかもしれない）まで頭にかぶっていた。だが、そのかつらはわたしの頭に合っていなかった。わたしの頭は大きいほうだったが、それでも、その禿《は》げ頭のかつらは、もっとずっと大きかったのだ。かつらには、頭のてっぺんの両脇《りょうわき》から長くて硬そうな灰色の毛が生えていた。そんなわけで、老人に扮して腰を曲げて舞台に登場したとき、わたしは地面に這《は》いつくばる甲虫みたいに見えたにちがいない。そして観客は忍び笑いによって、その疑念を裏付けたのだった。

こうなると、観客を落ち着かせるのはもう無理だった。抑えたひそひそ声で「シー、シー、静かにしないと、ネルが起きてしまう」というセリフを口にしたところ、「聞こえないぞ！　もっと大きな声で言え！」と観客は野次を飛ばした。

それでもわたしは性懲《しょうこ》りもなく、ひそひそ声の演技を続けた。わたしの声はあまりにもかすかだったので、観客はついに足踏みを始めた。こうして、チャールズ・ディケンズの登場人物を描写するというわたしのキャリアは、その時点で終わりを迎えたのであった。

「エイト・ランカシャー・ラッズ」の生活はつましかったものの、おおむね快適だった。が、ときおり、ちょっとした不満が口をつくこともあった。覚えているのは、ふたりの若い軽業師といっしょに出し物をやったときのことだ。このふたりは、わたしと同じぐらいの歳の見習い軽業師で、彼らの母親は一週間に七シリングと六ペンスももらっていて、自分たちも毎週月曜日の朝、ベーコン・エッグの皿の下に忍ばせた一シリングの小遣いをもらっている、と自慢げに話していた。「そうなのかあ」とわたしたちの一座の少年が言った。「ぼくらがもらえるのは二ペンスだけだし、朝食だってパンとジャムだけだよな」

　ジャクソンさんの息子のジョンは、わたしたちが不満を抱えていると聞きつけると、むせび泣いてしまった。そして、ロンドン近郊で単発の巡業を行っているようなとき、父親は一座全体で週七ポンドしか稼げず、日々をやりくりするのが精一杯なのだと打ち明けた。

　わたしたちが軽業師になる野望を抱いたのは、その見習い軽業師のぜいたくな暮らしぶりのせいだった。こうして週に何回か、劇場が開くや否《いな》や腰にロープを巻き付けて宙返りの練習をする子が出始めた。ロープは滑車に通され、その端をもうひとりの少年が握った。わたしは、この装置を使ってやる宙返りにすっかり熟達したが、それも落下して親指をくじくまでのことだった。こうしてわたしの曲芸師のキャリアも頓《とん》挫《ざ》してしまった。

　ダンスに加え、わたしたちはいつも何かほかの芸を極めようと努力していた。わたしはジャグリングができるお笑い芸人になりたかったので、ためたお金で、ゴムボール四個と錫《すず》の皿四枚を買い、ベッドの脇に立って、毎日何時間も練習した。

　ジャクソンさんは、根っから誠実な人だった。わたしが一座を去ることになる三カ月前、一座は、重い病に伏していたわたしの父のために催された慈善興行に参加した。

その機会には、数多くの寄席芸人《よせ》が無償で出演し、その中に「エイト・ランカシャー・ラッズ」も含まれていたわけである。慈善興行の夜、父は舞台に上がり、苦しい息をしながら、痛ましい努力を払ってスピーチを行った。わたしは舞台の端に立って父を見ていた。でも、父が死にかけているとは、思ってもいなかった。

ロンドンで興行しているときには、必ず週末に母を訪ねた。母はわたしの顔色が冴《さ》えずに痩《や》せてきたのは、ダンスが肺に悪影響をおよぼしているせいにちがいないと信じ込んだ。そして、心配に耐えられなくなった母は、その件についてジャクソンさんに手紙を書き送った。それはジャクソンさんをひどく立腹させるところとなり、そんな心配性の母親を我慢させるほどの価値は君にはないと言われて、わたしはクビになり、母の許《もと》に返されてしまった。

「エイト・ランカシャー・ラッズ」時代。

しかし、その数週間後、わたしは喘息《ぜんそく》を発病したのである。発作はとても重症だったので、母は結核を患《わずら》ったものと思い、ただちにわたしをブロンプトン病院に連れていって、徹底的に

ケニントン・ロード、パウナル・テラス３番地の屋根裏部屋（写真上部）。

検査を受けさせた。結局、肺にはまったく問題がなかったが、喘息を起こしており、その後何カ月も息ができずに苦しんだ。その苦しさは、ときに窓から飛び降りたくなるほどのものだった。頭から毛布をかぶって薬草の煙を吸入しても、何の効果もなかった。それでも、医師が言った通り、結局のところ、喘息の症状は成長するにつれて消えていった。

この時期の記憶は、はっきりしているものもあれば、ぼんやりしているものもある。際立《きわだ》って鮮明な印象は、みじめな状況に苦しんだことだ。シドニーがどこにいたかは思い出せない。わたしより四歳年上だったので、ほんのときたましか、わたしの意識にのぼらなかった。もしかしたら母のひどい困窮状態を少しでも楽にしようとして、祖父のところに居候《いそうろう》していたのかもしれない。わたしたちの住みかは転々と変わり、最終的に、パウナル・テラス三番地の狭い屋根裏部屋に落ち着いた。

幼かったわたしにも、わが家が瀕《ひん》していた極貧にまつわる社会的不名誉のことはよくわかっていた。どんなに貧しい家の子でも、日曜日には、家で調理したサンデーディナー（通常、正午過ぎの昼食に出される英国伝統の食事で、ロースト肉、ジャガイモ、ヨークシャープディング、野菜、グレイヴィーなどからなる）を食べたものだった。家で肉をローストすることは、いわば世間体を保つ手段で、貧困者の階級をさらに二分する儀式のようなものだった。つまり、家でつくるサンデーディナーにありつけない者は施しを受けている最貧層の階級であり、わが家は、まさにその階級に属していたのである。母はわたしを一番近いコーヒーショップにつかいにやり、六ペンスの食事（肉と二種類の野菜）を買ってこさせた。その恥ずかしさといったら！――とりわけ日曜日には、なおさらだった。家で料理をつくらないことを責めると、母は、家でつくると二倍も高くつくからと、むなしい言い訳をした。

しかし、ある幸運な金曜日に競馬で五シリング当てた母は、わたしを喜ばせるために、日曜日にディナーをつくることにした。手に入れたさまざまなおいしい食材のなかに、牛肉なのかそれとも脂身《スエット》なのか自分でも決めかねている、といった風情《ふぜい》のロースト用の肉の塊があった。重さは二キロ以上もあり、「ロースト用」と書かれた札が突き刺してあった。

母はオーブンを持っていなかったので、家主の奥さんのオーブンを借りることにした。そして、他人のキッチンに何度も足を踏み入れることに気が引けて、肉が焼き上がる時間を適当に推測してしまったのである。結果、その肉片は直径七センチほどのクリケットボール大に縮んでしまい、母とわたしを大いにがっかりさせた。それでも、いつもの六ペンスのディナーのほうがずっと簡単で味もいいという母の主張に反して、わたしはその日のディナーを楽しみ、世間に伍《ご》することの満足感を噛《か》みしめたのだった。

＊

そんなおり、毎日の生活にふいに変化が訪れた。きっかけは、とても羽振りのよくなった旧友に母が出会ったことだった。その女性は派手好みの堂々とした美人で、女優をやめて、ずっと年上の裕福な大佐の愛人になっていた。住まいはストックウェルのファッショナブルな区画で、母に再会した嬉《うれ》しさから、夏の間、いっしょに暮らさないかと誘ってきたのである。シドニーはホップ摘みの出稼ぎで田舎に行っていたので、母には断る理由などほとんどなかった。そこで母は裁縫の才を発揮して、自分が着るかなり見栄《みば》えのする衣装をつくり、わたしはエイト・ランカシャー・ラッズ時代の名残りの晴れ着を身に着けて、なんとか見苦しくない程度に、身づくろいすることができた。

こうして一晩のうちに、母とわたしの暮らしは、極貧生活から、ランズダウン・スクエアにある閑静な屋敷での暮らしに切り替わることになった。その屋敷はまさに豪華さの極みで、多くの使用人、ピンクやブルーの寝室、インド更紗《さらさ》のカーテンと白熊《しろくま》の毛皮の敷物などに満ちていた。それだけでなく、わたしたちはとびきり贅沢な暮らしをさせてもらった。ダイニングルームのサイドボードに飾ってあった、あの温室育ちの大きな紫色のブドウのこと、そしてその房の実がなぜか日を追うごとに減っていき、どんどんガイコツのような姿になっていく様子を見て罪悪感を抱いたことは、今でもはっきり覚えている。

屋敷の家事をとりしきっていたのは、料理人と三人のメイドからなる、四人の女性だった。そして、母とわたしのほかに、もうひとり客人がいた。それは神経を張りつめたハンサムな青年で、赤毛の口ひげを短く刈り込んでいた。彼はとてもチャーミングで紳士的な若者で、まるで屋敷に据えつけられた設備のように、常にそこにいるように思えた――ただし灰色のほおひげを生やした大佐がやってくるとき以外は、だが。大佐が現れると、このハンサムな青年はどこかに消えてしまうのだった。

大佐は、一週間に一度か二度、思い出したようにやってきた。彼がいるときには、屋敷中に謎《なぞ》が満ち、どこにいても出くわしてしまうように感じられた。わたしは母から、大佐には出会ったり見られたりしないように気を付けなさい、と言いふくめられていた。だが、ある日、ホールに駆け込んだとき、大佐が階段を下って来るところに、ばったり出くわしてしまったのである。大佐は背が高い立派な紳士で、フロックコートとシルクハットを身に着けていた。血色のよいピンク色の顔つきをして、灰色のもみあげを長く延ばしていたが、頭は禿げていた。大佐はわたしに向かって優しく微笑むと、そのまま行ってしまった。

わたしには、声を潜めたり、気をもんだりしなければならない理由もわからなかったし、なぜ大佐の到来がそんな緊張感を屋敷にもたらすのかもわからなかった。だが、大佐が長居することはけっしてなく、大佐がいなくなると、切り詰めた赤い口ひげの青年がまた戻って来て、屋敷の日々も正常に戻るのだった。

わたしはこの青年が大好きになり、よくいっしょに女主人の二匹の美しいグレイハウンド犬を連れて、クラパム・コモンまで遠出した。当時のクラパム・コモンは洒落《しゃれ》た雰囲気の公園で、ときどき買い物に立ち寄った薬屋でさえ、香水や石鹸《せっけん》や白粉《おしろい》が入り混じった、なじみ深いエレガントな香りを漂わせていた。それ以来、ある種の薬屋の香りをかぐと、いつも快いノスタルジアを覚える。彼は母に、わたしの喘息を治すには毎朝冷水浴をさせるといいと助言した。それは、ほんとうに効き目があるように思えた。朝の冷水浴は気分を爽快《そうかい》にしてくれ、水に漬かるたびに、わたしはそれが好きになった。

人がいかに易々《やすやす》と上流の生活に適応するかは驚くばかりだ。衣食住における良い趣味や快適さには、ほんとうにあっという間に慣れてしまう！　一週間もたたないうちに、わたしはすべてを当然のもののように受け取るようになっていた。それはなんという幸福感だったか――あの朝の儀式となった冷水浴を行い、新しい茶色の革紐を携えて犬の散歩に出かけ、使用人がたくさんいる美しい屋敷に戻り、銀の大皿にエレガントに盛られる昼食を心待ちにする生活……。

屋敷の裏庭は、隣の屋敷の裏庭に接していた。その屋敷にも、わたしの泊まっている屋敷と同じくらい多くの使用人がいた。家族は三人で、若夫婦と息子がひとり。その子の歳はわたしとほぼ同じで、子ども部屋は美しいおもちゃでいっぱいだった。わたしはその子の遊び相手として何度も屋敷に招かれ、よく夕食までご馳走《ちそう》になり、とても仲良くなった。彼の父親はロンドンの金融街《シティー》にある銀行の重要な地位にあるらしく、母親は若くてかなりの美人だった。

ある日、わたしの屋敷のメイドが、隣の少年の屋敷のメイドと話しているのが聞こえてきた。隣のメイドは、少年には家庭教師が必要だと言った。すると、それを聞いたわたしの屋敷のメイドが「うちの子もそうなのよ」と言ったのだ。わたしは、自分が裕福な家の子どもに見られたことが嬉しかった。とはいえ、なぜ彼女がわたしをそんな高い地位に据えたのかはわからない。もしかしたら、自分が世話をしている子は、隣の人たちと同じぐらい裕福で高い位にあると仄《ほの》めかすことによって、自分に箔《はく》をつけようとしていたのだろうか。それ以来、隣の屋敷の少年と食事をするたびに、自分が相手をだましているように思えてしかたなかった。

すばらしい屋敷を後にして、パウナル・テラス三番地に戻るのは悲しくはあったが、自分の気ままな生活に戻れることには、内心ほっとした。結局のところ、客だったわたしたちはある種の緊張感の中で暮らしていたのだ。そして、母が言うように、客とはいわばケーキのようなもので、日を置きすぎると硬くなって、まずくなってしまう。こうして、短期間の贅沢な経験をもたらしてくれたシルクの糸は、ぷつりと切れ、わたしたちはふたたび、いつもの貧乏暮らしに戻ったのだった。

第四章

一八九九年は〝ひげ〟の年だった。国王も政治家も兵士も水兵もみなひげをはやし、クリューガーひげ（ポール・クリューガーはトランスヴァール共和国大統領）、ソールズベリーひげ（第三代ソールズベリー侯爵ロバート・アーサー・タルボット・ガスコイン＝セシルは英国の保守党政治家）、キッチナーひげ（ホレイショ・ハーバート・キッチナーは英国陸軍軍人）、カイゼルひげ（カイゼルはドイツ帝国皇帝ヴィルヘルム二世のこと）、クリケット選手のひげ（ひげを生やしていた国民的クリケット選手W・G・グレースのこと）が大流行した。さらに当時のイギリスは、横柄《おうへい》さと愚かさがみなぎり、富と貧困の極端な格差があらゆるところで見られ、漫画と新聞が偏狭な政治的意見を書きたてた時代だった。こうしてイギリスは数多くのショックや憤《いきどお》りをこうむることになる。アフリカのトランスヴァール共和国では、ひとにぎりのボーア人農民が卑劣な闘いを繰り広げていた（入植オランダ人の子孫ボーア人がつくったトランスヴァール共和国とイギリスが戦ったボーア戦争。第一次一八八〇～一八八一、第二次一八九九～一九〇二）。ひどく目立つ真っ赤な上着を着ていた英国人兵士は恰好の標的になり、そんな兵士をボーア人たちが岩や大きな石の陰から狙《ねら》い撃ちにしていたのだ。英国陸軍省はようやくそのことに気づき、英国軍の赤い上着を急遽カーキ色に変えた――「そんな卑怯《ひきょう》な戦い方が続けられると思うのなら、やってみるがいい」とでもいわんばかりに。

このボーア戦争のことは、愛国的な歌や寄席《よせ》の寸劇、タバコのパッケージに印刷された将軍たちの肖像画などをとおして、わたしもなんとなくは知っていた。もちろん、敵は悪者中の悪者として描かれていた。レディスミスという町がボーア人に包囲された悲惨なニュースは嫌でも耳に入ってきたし、マフェキングという町が解放されたときには、英国中が狂喜した。そしてついに英国は勝利した――というより、ともかくなんとか泥沼の状況を切り抜けたのだった。こうした話をわたしはいろいろな人から聞かされたが、母だけは例外で、戦争のことは一切口にしなかった。母には戦うべき自分のいくさがあったのである。

一四歳になっていたシドニーは学校を去り、電報係としてストランド郵便局で働いていた。そしてシドニーの給料と母のミシン仕事の手間賃を併せれば、わたしたちの家計も、ほぼなんとか回りそうな程度にまではなっていた。とはいっても、母の貢献は気休め程度でしかなかった。搾取《さくしゅ》工場の下請けで出来高払いの仕事をしていた母は、ブラウスを一ダース縫って一シリング六ペンスを受け取っていた。布はすでに裁断された状態で届けられていたとはいえ、一ダースを縫い上げるのにかかる時間は十二時間。母の最高記録は一週間に五四着というものだったが、それでも六シリング九ペンスにしかならなかった。

夜には、屋根裏部屋で眠れぬまま、母がミシンの上に覆《おお》いかぶさるようにして仕事をする姿をよく見つめたものだ。そんなとき、母の頭の回りにはオイルランプの光で後光が射《さ》し、顔は柔和な影に包まれていた。高速で動くミシンの針から縫い目を外さないように緊張して、唇は半開きになっていた。そのうちミシンの単調な音に促されて、わたしは眠りに落ちていった。母がこうして夜なべ仕事をするのは、ふつう支払期限が迫っているときで、わが家は分割払いの問題にいつも悩まされていたのである。

そして今また、新たな危機が頭をもたげてきた。シドニーに新しいスーツが必要になったのだ。電報係の制服を一週間毎日毎日、日曜日にまで着ていたシドニーは、ついに友人たちにからかわれるようになってしまった。そして何週間も週末を家にこもってすごす姿を見かねて、ついに母が青いサージのスーツを買ってきたのだった。母はどうにかして代金の一八シリングを工面した。が、そのせいで家計は破綻《はたん》し、母は毎週月曜日に、シドニーが電報係の制服を着て仕事に出かけたあと、買ったばかりのスーツを質に入れることを余儀なくされた。この質草で七シリング借り、土曜日になると借りを払ってスーツを請け出し、シドニーが週末に着たのである。この毎週の習慣は一年あまりも続いたが、ついにスーツは見る影もなく擦り切れてしまった。そして衝撃の日がやってきたのだった！

ある月曜日の朝、いつもと同じように、母は質屋に出かけていった。だがその日、質屋は口ごもって言った。「申し訳ありませんが、ミセス・チャップリン、もう七シリングはお貸しできません」

驚いた母は尋ねた。「でも、どうして？」

「リスクが大きすぎるんですよ。ズボンはボロボロです。ほら見てください」と質屋は言って、尻《しり》の下から手を入れた。「透けて見えるでしょう？」

「でも、次の土曜日にはちゃんと請け出すわ」母は言った。

しかし質屋は首を横に振った。「コートとベストで三シリング。それ以上は出せません」

母はめったに泣かなかった。でも、その日の打撃はあまりにも大きかったので、目を泣きはらしながら帰ってきた。一週間生き延びるには、その七シリングがどうしても必要だったのだ。

一方、わたし自身の服も、どう控えめに言っても、標準以下としか言えなかった。かつてのエイト・ランカシャー・ラッズの舞台衣装はパッチワークのようになり、肘《ひじ》にもズボンにも靴にもストッキングにも、継ぎがあたっていた。ところがある日、こんな服を着ている状態で、例のストックウェルのお屋敷で知り合いになった感じのいい少年にばったり出くわしてしまったのである。ケニントンで彼が何をしていたのかは見当もつかなかったが、あまりにも決まり悪くて、それを確かめるのもはばかられた。彼は愛想よく挨拶《あいさつ》してくれたが、嘆かわしいわたしの身なりから目を離せないでいることははっきり見てとれた。気まずさをごまかすために、わたしはくつろいだ雰囲気を装《よそお》い、できるだけ上品な口調を使って、ボロを着ているのは、気のすすまない木工のレッスンを受けてきたところだからだ、と言いつくろった。

しかし、わたしの釈明も、少年の関心を惹《ひ》きはしなかった。彼は落胆した表情で視線を外し、気まずさを隠そうとした。そして、わたしの母について尋ねた。

母は田舎に出かけていると短く答えたあと、わたしは彼のことに話を戻した。「今も、同じところに住んでるの？」

「うん」と答えながら、彼は、まるで大罪を犯した犯人を見るように、わたしをじろじろ見つめた。

「じゃあ、もう行かなくちゃ」と、わたしはだしぬけに言った。

少年はうっすら笑みを浮かべて「さよなら」と言い、わたしたちは別れた。彼は悠然と歩みを進め、憤りと恥ずかしさでいっぱいになったわたしは、大慌《おおあわ》てで反対方向に走っていったのだった。

＊

母は「下ばかり見て歩いていたって、いい物が手に入るとは限らないわよ」というのが口癖だった。そのくせ母自身がこの格言を守っていなかったので、腹立たしく思わされることもよくあった。ある日、ブロンプトン病院から帰る途中、グロテスクなボロに身を包んだ汚いホームレスの女をいじめる少年たちを見た母は、叱《しか》ろうとして足を止めた。その女性の髪は、当時にしては珍しくザンギリ頭に切り詰められており、少年たちは笑い声を立てながら、まるで触れたら病気が移るとでもいわんばかりに、お互いを女のほうに押し合ってふざけていた。そしてその気の毒な女が、追い詰められた雄ジカのように立ちすくんでいたところに、母が止めに入ったのである。そのとたん、女の顔が母をみとめてパッと明るくなった。「リル」と彼女は弱々しく言った。母のむかしの芸名だ。「わかるだろ、イーヴァ・レストックだよ」

母はすぐに彼女がわかった。寄席演芸をやっていたときのかつての友人だった。

わたしはとても恥ずかしかったので、ひとりで先に行って、角で母を待った。少年たちは、にやにや、くすくす笑いながら、わたしの横を通りすぎていく。わたしは、ものすごく腹が立った。母は何をしているのかと振りかえると、なんと、ホームレスの女といっしょに歩いてくるではないか。

母が女に訊《き》いた。「覚えてる？　チャーリーよ」

「もちろんさ！」と悲しげに女が答えた。「赤ん坊だったとき、何度もこの腕に抱いたもんだよ」

そのイメージは、考えるだけで不快だった。その女はそれほど不潔で気持ち悪かったのである。三人で歩いて行くと、人々が振りかえって、わたしたちを見やることも、いたたまれなかった。

寄席演芸界にいた頃の彼女は、「威勢《ダッシング》のいいイーヴァ・レストック」という名で通っていたそうだ。当時はかわいくて元気な女性だったと母は言っていた。だが本人によると、病を得て病院暮らしになり、そこを追い出されたあとは、軒下や救世軍のシェルターなどで寝泊まりしていたという。

母はまず彼女を公衆浴場に行かせたあと——わたしが縮みあがったことに——狭い屋根裏部屋のわが家に連れてきた。彼女がそんな境遇に陥ったのは病気のせいだけだったのかどうかは定かではない。ともかく、わたしにとってもっとも腹立たしかったのは、彼女がシドニーの肘掛け椅子《いす》のベッドを使って寝たことだ。しかし母は、そんな彼女に乏しい服を分け与え、なけなしの数シリングを貸してやった。三日後に彼女は出て行った。そしてそれきり、「威勢のいい《ダッシング》イーヴァ・レストック」については、その姿を見ることも、その名を聞くことも二度となかったのだった！

＊

父が死ぬ前、母はパウナル・テラスを引き払って、テイラー家の一間を借りていた。母の友人だった奥さんは教会のメンバーで敬虔《けいけん》なクリスチャンだった。背の低い、がっしりしたつくりの女性で、年の頃は五〇代半ば。角ばった顎《あご》と、血色の悪い、しわだらけの顔をしていた。教会で彼女を見ていたとき、わたしは、彼女が入れ歯をはめていることに気がついた。讃美歌《さんびか》を歌うと、上の歯ぐきから入れ歯が舌の上に落ちるのである。その様子にわたしは釘《くぎ》づけになった。

奥さんは、毅然《きぜん》とした態度と、ありあまるエネルギーの持ち主だった。墓地の横に建っていた広い自宅の二階のフロントルームをとても良心的な値段で貸してくれたのも、母の境遇をキリスト教の精神からあわれみ、庇護《ひご》の手を差し伸べてくれたためである。

ディケンズの『ピクウィック・ペーパーズ』に出てくるピクウィック氏（メガネをかけた丸顔で小太りの優しい男性）にそっくりのご主人は、精密測定用の定規を作る職人で、最上階に工房を持っていた。屋根には明り取りの天窓があった。そこはとても落ち着ける場所で、わたしには天国のように思えた。レンズに大きな拡大鏡の付いたメガネごしに息をつめて作業をするご主人を、夢中になってよく見つめたものである。彼はそうやって、一インチの五〇分の一（約〇・五ミリ）の目盛りを鋼鉄製の定規に刻んでいた。ひとりきりで働いていたご主人のために、わたしはよく使い走りを買って出た。

テイラーさんの奥さんの願いは、ご主人に自分の教義を実践させることだった。その教義に基づくと、ご主人は罪びとだったからである。夫婦には娘がいたが、顔色がさほど悪くなくて、そしてもちろんずっと若いことを除けば、彼女は母親によく似ていた。尊大で不愉快な態度がなければ魅力的だとさえ言えたかもしれない。彼女も父親同様に、教会にはまったく行かなかった。それでも奥さんはふたりをまっとうなキリスト教徒にする努力を決してあきらめてはいなかった。母親にとってその娘は目に入れても痛くないほどいとおしい存在だったのだ——が、わたしの母の目にはそうではなかったらしい。

ある日の午後、最上階でご主人の仕事を眺めていると、階下で母とテイラーさんの娘が言い争う声が聞こえてきた。奥さんは外出していていなかった。きっかけが何だったのかはわからない。けれども、ふたりとも大声で怒鳴り合っていた。わたしが二階の踊り場に下りたとき、母は手すりの上に身を乗り出して、こう叫んでいた。「あんた、いったい何様だと思ってんだい？ クソ卿夫人《レイディー・シット》かい？」

「まあ！」と娘が叫んだ。「クリスチャンにしては、お下品な言葉だこと！」

「ご心配にはおよばないよ」と母は畳みかけた。「ちゃんと聖書に書いてあるんだからね、お嬢ちゃん。申命記、二八章、三七節。ただ違う言葉を使ってるだけだよ。とはいえ、クソっていったほうが、あんたにはぴったりだけどね」

この一件のあと、わたしたちはパウナル・テラスに戻った。

*

ケニントン・ロードにある《三鹿亭《ザ・スリー・スタッグズ》》は、父の行きつけのパブではなかったが、ある晩そこを通りかかったとき、なんとなく父がいるかもしれないという予感がして、中を覗《のぞ》いてみたくなった。ラウンジバーのドアをほんの少し開けて覗くと、はたせるかな、隅の椅子に父が座っていた！ わたしはそのまま去ろうとしたが、わたしをみとめた父の顔がパッと明るくなり、こっちに来なさいと手招きした。ふだん愛情を態度で示す人ではなかったので、その歓迎ぶりには驚いた。父はとても具合が悪そうだった。目は落ち込み、体はむくんで膨れ上がっている。片手をナポレオンのようにベストにかけていたが、それは息苦しさを和らげるためだったのだろう。その晩の父はとても心細やかで、母やシドニーのことを尋ね、わたしが帰るときには、腕に抱いて初めてキスをしてくれた。生きている父の姿を見るのは、それが最後になった。

三週間後、父は聖トマス病院に担《かつ》ぎ込まれた。泥酔《でいすい》させてやっと運び込んだのだという。病院に連れてこられたことに気づくと、父はやみくもに暴れたが、しょせん死にゆく病人だった。まだ三七歳と、とても若かったものの、水腫《すいしゅ》が原因で死にかけていたのである。膝《ひざ》からは一八リットルもの体液が抜かれた。

母は何度も父を見舞いに行ったが、そのたびに、悲しみにくれて戻ってきた。父は、母ともう一度いっしょになって、アフリカで人生をやり直したいと言ったという。けれども、そんな明るい将来の見通しにわたしが目を輝かせると、わたしより物事がわかっていた母は首を横に振るのだった。「父さんは、わたしを喜ばせようとして、そう言っただけよ」と母は言った。

ある日母は、憤慨しながら病院から帰って来た。福音伝道師のジョン・マクニール牧師が、父の病床にやってきて、こう言ったという。「やあ、チャーリー、君を見ていると『まいた種は刈らねばならぬ』という古い諺《ことわざ》を思い出すよ」と。

「まったく、死にかけている人にぴったりの言葉じゃないの」と母は苦々しく言った。

その数日後、父は息を引きとった。

病院は、父の埋葬費を誰が出すのかと尋ねてきた。埋葬費など、どこをはたいてもなかった母は、演劇人の福祉団体である「寄席芸人共済基金」の名を挙げたのだが、このことはチャップリン側の親戚《しんせき》を大いに憤らせることになった。彼らにとって、身内を共済金によって埋葬するなどということは、考えただけでも不快になるような恥だったのだ。結局、アフリカに住んでいた一番下の弟で、当時ロンドンに滞在していたアルバート叔父が埋葬費用をまかなうことになった。

葬儀の当日、わたしたちは聖トマス病院で落ち合うことになっていた。そこでチャップリン家の親類と合流し、トゥーティング墓地に馬車で向かう手筈《てはず》だったのだ。シドニーは仕事があって来られなかった。棺《ひつぎ》の蓋《ふた》が閉められる前に父に会いたがった母とわたしは、予定より数時間早く病院に着いた。

棺の内部は白いサテンの布で覆われていて、父の顔を取り巻くように小さな白いデイジーの花が置かれていた。その花の素朴さといじらしさに感激した母は、誰が置いたのか知ろうとした。付添人によると、その日の朝早く、幼い子を連れた女性がやってきたという。それはルイーズだった。

先頭の馬車に乗ったのは、母、アルバート叔父、そしてわたしの三人だった。母はアルバート叔父にそれまで会ったことがなかったので、トゥーティングまでの道のりはぎこちないものになった。叔父はかなりの洒落者《しゃれもの》で、教養のあるアクセントで話し、礼儀正しくはあったが、態度は冷ややかだった。叔父は金持ちだとみなが言っていた。トランスヴァール共和国に馬の大牧場を持っていて、ボーア戦争の際、英国政府に供給したらしい。

葬儀は大雨にたたられ、墓掘り人夫が墓穴に放る土塊《つちくれ》は、棺の上でドサリ、ドサリと残忍な音を立てた。それは気味の悪い、ゾッとするような光景で、わたしは思わず泣き出してしまった。そのあと親戚が花輪や花束を投げ込んだ。何も投げ入れるものがなかった母は、わたしが大事にしていた、黒い縁のついたハンカチを手にとった。「ほら、いい子ね」と母は囁《ささや》いた。「これが二人分の役目を果たしてくれるわ」葬儀のあと、チャップリン家の面々は所有しているパブのひとつで昼食をとることになっていた。そして、墓地を去る前に、母とわたしに、道中、どこで降ろしてほしいかと礼儀正しく尋ねてきた。そんなわけで、わたしたちは馬車で家まで送ってもらえることになった。

　家に戻ると、戸棚の中にはビーフ・ドリッピングが入った平皿を除いて、何ひとつ食べ物がなかった。最後に残っていた二ペンスは、昼食代としてシドニーに渡してしまっていたので、母は一文無しだった。父が病気になってからというもの、母はほとんど仕事をせず、一週間も終わりに近づいていたその日は、電報係としてのシドニーの週給七シリングもほぼ底をついていた。葬儀のあとのことで、わたしたちは空腹だった。だが、そのとき、ちょうど廃品業者《ラグ・アンド・ボーン・マン》が通りかかった。古い石油調理器があったので、しぶしぶそれを半ペニーで売り、ドリッピングといっしょに食べるパンを半ペニー分買った。

　父の正式な未亡人だった母は、その翌日病院を訪れて、遺品を回収するように告げられた。遺品は、血の付いた黒いスーツ、下着、シャツ、黒いネクタイ、古いドレッシングガウン、そしてつま先にオレンジが詰まった格子縞《こうしじま》のスリッパだった。スリッパからオレンジを取り出すと、半ポンド金貨が転がり落ちてきた。天の恵みとはまさにこのことだった！

　それからの数週間は、クレープ織の喪章を腕に巻いたのだが、この悲しみの記章は、土曜の午後に花売りの商売をするときに大いに役立った。母に一シリング貸してくれるように頼み、花市場に出かけて、ラッパ水仙を二束買い、学校が引けたあと、それを一ペニーの花束につくり変えるのである。うまく全部売れれば、一〇〇パーセントの儲《もう》けになった。

わたしは憂《うれ》いに満ちた顔つきでラウンジバーに入り「水仙はいかが、お嬢さん！」「水仙はいかがです、奥さん？」と小声で言って回った。すると女の人は必ず「誰だったの、坊や？」と訊いてくる。すかさずわたしは声をひそめて「父です」となげく。するとチップをはずんでくれるという寸法だった。家に帰ると、たった半日の仕事で五シリング以上も稼いだことに母は驚いた。だが、ある日パブから出てきたときに、母にばったり出くわしてしまい、それが花売り稼業《かぎょう》の終わりになった。息子が酒場で花を売り歩くなどということは、彼女のキリスト教の信念とは相容《あいい》れないものだったのである。「あんたの父さんは、お酒に殺されたんだよ。そんなところで稼いだ金は、悪運しかもたらさないに決まってる」母はその売上を無駄にはしなかったが、花売りは二度と許可しなかった。

わたしには商売っ気があり、金が儲かる計画を立てることに常に心を奪われていた。空き店舗を見つけるたびに、フィッシュ・アンド・チップスの店から八百屋まで、そこでどんな儲かる商売ができるかと、いつも考えを巡らせた。空想する店はいつも必ず食べ物にかかわるものだった。必要なのは元手だけ。でも、どうやったら元手が手に入る？　結局、母を説得して学校をやめ、職につくことになった。

経験した職業は多岐にわたった。まず始めは、雑貨商の小僧だ。用事と用事の合間には、石鹼《せっけん》、洗濯用のり、ろうそく、甘いお菓子やビスケットなどが保管されていた地下貯蔵室に入り浸り、吐き気がするまで砂糖菓子の試食にいそしんだ。

お次は、スログモートン・アヴェニューにあった保険医のクリニック《フール・アンド・キンゼイ゠テイラー》の手伝いだった。これは、もともとシドニーがやっていた仕事を引き継いだもので、彼がわたしを推薦してくれたのである。受付係に加えて、医師が帰宅したあとに診察室の掃除をするという楽な仕事で、週に一二シリングももらえた。受付係のほうは大成功で、わたしは待合室の患者たちの人気者になった。だが、診察室の掃除については、それほど気合を入れることはできなかった。シドニーは、わたしよりも、ずっとうまくやっていたと思う。尿瓶《しびん》を空ける仕事はさほど気にならなかったが、三メートルもある診察室の窓ガラスの掃除は、わたしにとって、まさに途方もない大仕事だった。こうして診察室はどんどん薄暗く、ほこりっぽくなり、ついにわたしは、その仕事を手がけるには小さすぎるとやんわり告げられたのだった。

そう言われたとき、わたしはがっかりして泣きだしてしまった。すると、ランカスター・ゲイトに広大な屋敷を持つ裕福な女性と結婚していたドクター・キンゼイ゠テイラーが憐《あわ》れんで、屋敷のボーイとして雇う約束をしてくれた。それを聞いたとたん、わたしの心は軽くなった。個人のお屋敷のボーイ。それも、上流階級のお屋敷だ！

それはとても楽しい仕事だった。というのも、屋敷中のメイドから、ペットのようにかわいがられたのだ。みんながわたしのことを子ども扱いして、夜寝る前にはおやすみのキスをしてくれた。ことと次第によっては、わたしは執事になっていたかもしれない。あるとき女主人から、地下貯蔵庫を片付けるようにと言われた。そこには、荷造り用の箱やがらくたが山のように積み上げられていて、それらを分類し、きれいにして、整頓《せいとん》することが必要だった。だがわたしの注意は、二・五メートルほどの鉄パイプに惹きつけられ、それをスイスのホルンよろしく吹きならし、ちょうど興が乗ってきたところで、あいにく女主人に見つかってしまった。そして三日間の猶予《ゆうよ》つきで、ひまを言い渡されたのだった。

新聞販売店と本屋を兼ねた《W・H・スミス・アンド・サン商会》の仕事は楽しかったが、わたしが法定年齢に達していないことがわかると、すぐクビになった。その次は、たった一日だったたが、ガラス職人になった。ガラス吹きについて書かれたものを学校で読んでいて、ロマンティックな仕事だと思っていたのだ。だが、はなからものすごい熱気にあてられて意識を失い、仕事場から運び出されて砂の上に寝かされる羽目に陥った。もうそれ以上はごめんだった。その場でやめて、その日の給金を取りにいくことさえしなかった。それからまた、印刷業者兼文房具店の《ストレイカーズ》でも働いた。わたしは、六メートル以上もある巨大なワーフデール印刷機が操作できると、はったりをかました。その機械が動いているところを前に見たことがあったのだ。道端から地下室にある機械を覗いただけだったが、操作は簡単そうに見えた。求人広告には「ワーフデール印刷機に給紙する少年求む」とあった。職工長に機械の前に連れられていったとき、その機械は覆いかぶさる巨大な怪物のように見えた。操作するには、一・五メートルほどの高さの台の上に立たなければならない。まるでエッフェル塔の上に立ったみたいに思えた。

「ぶっ叩《たた》け！」と職工長が言った。

「ぶっ叩く？」

困惑するわたしを見て、職工長は笑った。「ワーフデールを使ったことなんか、ないんだろう」

「お願いです。チャンスをください。すぐ覚えますから」わたしは懇願した。

「ぶっ叩く」というのは、このモンスターを動かすためのレバーを引くことだった。

職工長はレバーの位置を示したあと、怪物を半分の速度で動かした。ドラムが回転し始め、きしんで、唸《うな》り声を上げた。わたしは、食べられてしまうのではないかと、恐怖におののいた。印刷用紙も巨大だった。わたしをすっぽり包んでしまうことだってできたろう。象牙《ぞうげ》製のヘラで用紙をさばき、一枚ずつ隅を持って持ち上げ、遅延なく正確に歯車に押し当てる。すると怪物は、それを捕え、貪《むさぼ》り食って、吐きだす。こうして紙が反対側から押し出されてくるのだ。初日は、給紙するより早く紙を貪り食おうとするこのハラペコの怪物との格闘で神経が参りそうになった。にもかかわらず、わたしはこの仕事を、週給一二シリングで手に入れることができたのだった。

日が昇る前の冷ややかな朝、家から出て仕事に向かうことには、どことなくロマンと冒険の雰囲気がある。朝食をとるために《ロックハーツ喫茶店》の灯りを目指して歩くぼんやりした影がひとつふたつちらつく以外、道はまだひと気なくひっそり静まりかえっている。長い一日の仕事を前にして、灯りと暖かさのもとで、ごく短い休息をとり、熱い紅茶をすする労働者の同胞には、誰しも温かい思いを抱くものだ。それに、印刷工の仕事は悪くはなかった。といっても、週末にやってくる重労働は別の話だった。それぞれ四五キロほどもある背が高くて重いゼラチン製版ローラーのインクを洗い流す作業がなければ、その仕事は耐えられるものだったろう。だが、仕事を始めて三週間後、わたしはインフルエンザで寝込んでしまい、母は、学校に戻るようにと、しつこく言い張った。

今や一六歳になっていたシドニーが、ある日、興奮の面持ちで家に帰ってきた。アフリカに出航するドノヴァン・アンド・カースル・ライン客船のラッパ手の仕事を手に入れたというのだ。彼の仕事は昼食などの時間をラッパで知らせることだった。シドニーはラッパの吹き方を『エクスマス号』で学んでいた。そのときの練習がようやく実を結んだわけである。給料は一カ月二ポンド一〇シリング、そして二等客室の食堂で三席のウェイターを担当するので、チップも期待できた。出航前に前払いされる三五シリングは、もちろん母に渡すつもりだという。このようなすばらしい将来の展望のもと、わたしたちはチェスター・ストリートの床屋の二階にある二間つづきの貸部屋に引っ越したのだった。

シドニーの最初の航海からの帰還は、祝うべき機会になった。三ポンド以上のチップを、それもすべて銀貨で集めてきたからだ。シドニーがポケットから銀貨を取り出し、ベッドの上にばらまく様子は、今でもはっきり覚えている。それまでの生涯で目にした金をすべて集めたものより多いように思え、銀貨に触らずにはいられなかった。わたしはそれをすくったり、落としたり、重ねたりして、ついに母とシドニーが、わたしは守銭奴だ、とからかいだすまで遊び続けた。

それはなんという贅沢《ぜいたく》だったろう！　なんと楽しんだことか！　季節は夏。わたしたちにとっては、ケーキとアイスクリームの時期だった。それ以外にも、さまざまなご馳《ち》走《そう》を味わった。ブローター、キッパー（開いた燻製ニシン）、ハドックとトーストしたティーケーキが朝食に並んだ時期、そして日曜の朝食にマフィンとクランペット（表面に気泡の穴がたくさん開いたスポンジ状のパン）を味わった時期でもあった。

シドニーは風邪をひいて数日間寝込む羽目になり、そのあいだ母とわたしは看病に回った。わたしたちがアイスクリームを楽しむことにしたのも、そのときである。イタリア人がやっているアイスクリーム店に容器を持って行くと一ペニーで入れてくれるのだが、わたしはとびきり大きなタンブラーを持って行って、店主の当惑をしり目に、たっぷり中身を入れてもらった。次にまたその店を訪れたときには、「今度は湯船を持ってくるんだな」と嫌味を言われてしまった。わたしたちの夏一番の飲み物は、「シャーベット・アンド・ミルク」。これは「シャーベット」という名の炭酸ジュースを作る粉をスキムミルクに混ぜるもので、炭酸でふわふわになったミルクの泡は、ほんとうにたまらなくおいしかった。

シドニーは航海中に起きた面白い出来事をいろいろ聞かせてくれた。出航前に初めて昼食のラッパを吹いたときには、もう少しでクビになるところだったという。乗船していた兵士たちが、ひどく練習不足だったシドニーのラッパに大憤慨したのだった。司厨長《しちゅうちょう》（賄いに関する責任者）がカンカンになってすっ飛んできて「あれは、いったい何なんだ？」と怒鳴った。「すみません、サー。唇が慣れてなかったんです」とシドニーが謝ると、「なら、出航する前に、いまいましい唇をさっさと慣らすんだな。さもないと、岸に置き去りにするぞ」と言われたという。

　食事の時間になると、厨房には客のオーダーを伝える給仕の長い列ができる。だがシドニーは、自分の順番が回ってくるころには、客の注文内容をすっかり忘れてしまい、もういちど列の最後に並び直さなければならなかったそうだ。最初の頃は、他の客がデザートをたいらげているとき、彼はまだスープを給仕しているという状態だったという。

　シドニーは稼いだ金がなくなるまで家にいた。とはいっても、二度目の航海はすでに決まっていて、またもや三五シリングが前払いされたので、シドニーはそれをすべて母に渡して出かけていった。しかし今度、その金は長くは持たなかった。三週間後には、すでに鍋《なべ》の底をこそげるような生活に陥っていたのだが、シドニーが戻るまでには、まだ三週間もあった。母はミシンの内職仕事を続けていたものの、そんな乏しい稼ぎでは、とてもやっていけない。そんなわけで、わたしたちはまたもや危機に直面したのだった。

けれども、わたしは抜け目なかった。母は古着をいくらか持っていて、たまたまその日は土曜日の午前中だったので、市場で売ってみたらどうだろうと、わたしは母に提案した。母はちょっとまごつき、売れるようなものではないと言った。それでも、わたしは古いシーツに古着を包んでニューイントン・バッツに出かけて行き、貧相な寄せ集めの品々を舗装道路に並べた。くすんだボロばかりの情けない光景だったが、それでも道路わきの溝に立って、呼び声を張り上げてみた。「そら、お客さん！」と言って、古いシャツとくたびれたコルセットを手に取る。「これにいくらくれるかね？　一シリング？　六ペンス？　三ペンス？　それがだめなら、二ペンスでどうだい？」　でも、一ペニーでも売れなかった。通行人は足を止めて、驚いた顔をするが、すぐに笑って行ってしまう。わたしは恥ずかしくなってきた。とりわけ、道路の反対側にある宝石店にいた人たちが、店の窓を通して、こちらをじろじろ見るようになってからは、ものすごく気まずくなった。それでも、わたしはひるまなかった。そしてついに、それほどくたびれていなかったゲイター（足の甲からくるぶし、またはひざ下までを覆う布または革製の衣類、スパッツとも言う）が六シリングで売れたのである。だが、そこに長くいればいるほど、居心地は悪くなった。しばらくして、宝石店から紳士が出てきて、ひどいロシアなまりで「どれだけ長いこと、この稼業をやっているのかね」と尋ねてきた。真面目《まじめ》な顔つきだったが、その質問にはユーモアが感じられ、わたしはまだ始めたばかりです、と白状した。彼は、窓越しにわたしを見つめてにやにや笑っている同僚のほうにゆっくりと歩いて戻っていった。もはやそれまでだった！　わたしは潮時だと判断して、荷物をまとめ、家に帰った。一組のゲイターが六シリングで売れたと伝えたら、母は憤慨して言った。

「もっと高値で売れたはずよ。とってもすてきなゲイターだったんだから！」

その時点に至っても、家賃の支払いについては、あまり心配していなかった。というのも、その問題を回避するのは簡単だったからだ。集金人が来る日に一日家を留守にすればいい。それに、わたしたちの持ち物には価値のあるものなどほとんどなかったから、たとえ差し押さえられたとしても、運び出す費用のほうが荷物より高くついただろう。それでも、わたしたちは家賃のもっと安いパウナル・テラス三番地に舞い戻ったのだった。

そのころわたしは、ケニントン・ロードの裏手にあった元馬小屋に住む老人とその息子と知り合いになった。グラスゴーから来ていた玩具《がんぐ》職人で、おもちゃを作っては、街から街へと売り歩いていた。自由気ままな身分のふたりが、どんなにうらやましく思えたことか。その稼業は、ほとんど元手がかからず、ほんの一シリングもあれば、すぐに商売が始められた。靴屋から靴箱をもらい（靴屋にしてみれば、じゃまな靴箱を持って行ってくれる人は大歓迎だ）、八百屋から、ぶどうの箱に詰めてあるコルクのおが屑《くず》を集める（これもタダだ）。当初の経費は、接着剤に使う一ペニー分の膠《にかわ》、同じく一ペニー分の木材、二ペンス分のより糸、一ペニー分のクリスマス色の紙、そして各二ペンスの色付き銀糸三巻きだけ。一シリング弱の材料費で、おもちゃの船を七ダースも作ることができて、それを一個一ペニーで売っていたのだ（一シリングは十二ペンス）。まず、靴箱から船体の両側を切り出して、段ボールの土台に縫い付ける。次に、滑らかな表面に膠を塗ったあと、コルクのおが屑をまぶす。マストに色付き銀糸を巻き付け、青、黄色、赤の旗をトップマスト、ブームの端、そして船首から船尾にかけて差し込む。こうしてできた百艘《そう》を超える小さな船は、色とりどりの銀糸や旗に飾られて楽しく華やいだ光景をかもしだし、客の目を惹きつけて、よく売れていた。

この親子と知り合いになったわたしは船を作る手伝いをするようになり、すぐに作り方のコツを覚えた。そしてふたりが街を去ったあと、自分でもこの商売をやってみることにした。こうして、六ペンスの元手と、段ボール紙を切って手にできたまめと引き換えに、一週間で三ダースもの船を作り上げることができたのだった。

けれども狭い屋根裏部屋で、母の内職とわたしの制作を共存させるには、スペースが足りなかった。それに、母は膠を煮るにおいが臭いと文句を言ったし、膠のなべは、母が作る麻のブラウス（部屋のほとんどの場所を占領していた）に絶えざる脅威を与えていた。結局、わたしの船の経済的貢献度は母のブラウスのそれより低かったので、母の内職が優先され、わたしの稼業はあきらめざるを得なくなった。

この時期には、祖父にはあまり会っていなかった。その一年ほど前から、祖父は体調を崩し、両手が痛風で腫《は》れあがって靴修理の仕事もままならなくなっていた。だが祖父はそうなる前には、可能なかぎり、いつも母に数シリングずつ工面してくれていた。ときには、クエーカーオーツとタマネギを牛乳で煮て、塩と胡椒《こしょう》で味付けしたすばらしくおいしい「バーグーシチュー」の夕食を作ってくれた。寒い冬の夜には、そうしたシチューが、厳しい寒さを耐える元気の素になった。

少年時代のわたしは、祖父のことを、いつもマナーか文法か、どちらかの誤りを正してばかりいる気難しく怒りっぽい老人だと思っていた。たまに会うときは、いつもそうだったので、祖父のことは好きではなかった。でも今、祖父はリウマチを患《わずら》って施療院《インファーマリー》に収容され、母は面会日が来ると、かならず父を見舞っていた。実は、そうした見舞いには見返りがあったのだ。面会に行った母は、いつも袋一杯の新鮮な卵を持ち帰ってきたのである。あの極貧時代、わたしたちにとって卵はかなりの贅沢品だった。母が自分で面会に行けないときには、代わりにわたしを行かせた。そんなときは、「おじいちゃん《グランパ》」が愛想よく歓迎してくれるたびに驚いたものである。祖父は看護師のあいだでも、とびきり人気があった。のちにわたしに聞かせてくれたことによると、リウマチで手足が不自由になっているとはいえ、まだピンピンしている部位だってあるんだぞ、などと言って、看護師をからかっていたらしい。看護師は、このたぐいのジョークを面白がった。リウマチの症状がひどくないときには、祖父は厨房《ちゅうぼう》で働いていた。かくして、卵の登場とあいなったわけである。祖父はふつう面会日にはベッドに寝ていた。でも、わたしが帰ろうとすると、ベッド際《ぎわ》の戸棚から卵でふくれた大きな袋をこっそり取り出すのだ。わたしは、大急ぎでそれをセーラー襟のついた上着の下に隠した。

卵は、ゆでたり、焼いたり、カスタードにしたりと、あらゆる料理法で調理し、わたしたちは卵だけで何週間も食いつないだ。祖父は、看護師たちは何が起きているのかうすうす知っているが、自分の友達だから心配にはおよばないと請け合ったが、病棟を出るときに、ビーズワックスでつるつるになった床ですべってしまうのではないかとか、腹部の異様なふくらみがみつかるのではないかとか、わたしはひやひやしたものだった。でも、不思議なことに、わたしが病棟を去ろうとすると、必ず看護師が姿を消してしまうように思えた。そんなわけで、祖父のリウマチが治って退院した日は、わが家にとって、いささか残念な日でもあった。

一方、出航してから六週間経《た》つのに、シドニーが戻って来る気配は一向になかった。当初は母も心配してはいなかったが、さらに一週間待っても音沙汰《おとさた》がなかったので、ドノヴァン・アンド・カースル・ラインの事務所に手紙を書いたところ、リウマチの治療のために、ケープタウンで上陸したという返事が戻ってきた。この知らせは母をひどく心配させ、母は体調を崩してしまった。それでもなんとか内職を続け、わたしも運よく、学校が引けた後に、ある一家に週五シリングでダンスを教える仕事を見つけた。

マッカーシー一家がケニントン・ロードに住みつくようになったのはその頃だった。母の友人だったマッカーシー夫人はアイルランド人の女性コメディアンで、公認会計士のウォルター・マッカーシーさんと結婚していた。けれども、母が舞台の仕事をあきらめなければならなくなると、マッカーシー夫妻とは疎遠《そえん》になり、彼らがケニントン・ロードの高級地区にあるウォルコット・マンションズに住むようになった今、七年ぶりに再会したのである。

夫妻の息子、ウォリー・マッカーシーとわたしは同い年で、幼かった頃、わたしたちはよく大人のまねごとをして遊んだ。ふたりとも寄席芸人になったつもりで、空想の葉巻をふかし、空想のポニーが引く二輪馬車でドライブした。そんなふたりの姿を親たちはほほえましく眺めていた。

マッカーシー一家がウォルコット・マンションズに暮らすようになっても、母はめったに会おうとしなかったが、ウォリーとわたしは旧交を温め、ふたりは切っても切れない仲になった。わたしは学校が引けるやいなや家に走って帰り、使い走りの用事があるかどうか母に尋ね、用事をすませたあと、マッカーシー家に飛んで行った。わたしたちは、ウォルコット・マンションズの裏手で芝居ごっこをして遊んだ。監督役のわたしは、いつも自分に悪役を割り振った。主役よりもっと面白みがあることを本能的に知っていたからだ。そうやって、ウォリーの夕食の時間が来るまで遊んだ。たいていは、わたしも夕食に招かれた。食事の時間になると愛嬌《あいきょう》を振りまいて、誘われるように努力したからである。けれども、ときには努力の甲斐《かい》もなく、しぶしぶ家に帰らなければならないこともあった。そんなとき、母はいつもわたしが帰って来たことを喜び、ドリッピングで揚げたパンや、祖父の卵一個と紅茶といったように、何かしら食べるものを用意してくれた。そして、本を読んでくれたり、いっしょに窓辺に座って、通り過ぎる通行人に関する話で、楽しませてくれたりするのだった。母は、そうした人たちについて空想のお話をつむぎ出した。飛び跳ねるように陽気に歩く若者が通りかかると「ほら、〝けんけん氏〟がやってきたわ。これから賭《か》けに出かけるところよ。きょう大穴を当てたら、好きな女の子と自分のために中古の二人用自転車を買うつもりなの」

落ち込んだ様子でのろのろ歩く男がやってきたら「ふーん、これから家に帰って、大嫌いなシチューとパースニップ（人参に似た根菜）を食べなきゃならないのね」

すると今度は、お高くとまった雰囲気の男性が通りかかる。「さて、お上品な若者がやってきました。でも、目下の心配事は、ズボンのお尻に空いちゃった穴のことよ」

男性が大股《おおまた》でさっさと通り過ぎると、「この紳士は、〝イーノ〟（胃腸薬《イーノのフルーツソルト》は下痢止めにも使われた）を飲んだばかりなの！」というふうに際限なく話を続け、わたしを大いに笑わせてくれた。

だが、さらに一週間が過ぎても、シドニーからは何の便りもなかった。もしわたしが、もう少し大人びていて、母の心痛にもっと敏感だったなら、それから起こることの予兆に気づいていたかもしれないし、何日間も母が窓辺に物憂《ものう》げに座り、部屋の整頓もおろそかになり、常になく口数が少なくなっていたことに気づいていたかもしれない。また、シャツ製造会社が母の仕事に落ち度を見いだすようになり、支払いが滞ったという理由でミシンが取り上げられたときや、ダンスのレッスン料としてわたしが稼いでいた五シリングが突然途絶えたときの母の反応のなさが、もっと気がかりになったかもしれない。こうしたさまざまな出来事が起きても、母が無関心、無感動になっていることに、わたしはまったく気づかなかった。

そんなおり、マッカーシーさんの奥さんが突然亡《な》くなった。しばらく前から療養中だったのだが、急激に病状が進んで亡くなってしまったのだった。とたんに、わたしの頭は、マッカーシーさんのご主人が母と結婚してくれたらどんなにかいいか、という考えでいっぱいになった。ウォリーとわたしはすごく仲がいい。それになにより、母の問題の願ってもない解決策になる。

葬儀が終わってすぐ、わたしはそうした考えを母に伝えた。「マッカーシーさんと会う機会をうんと増やすべきだよ。あの人、絶対お母さんと結婚したいと思うようになるよ」

母は弱々しく微笑《ほほえ》んで言った。「気の毒なマッカーシーさんを、そっとしておいてあげなさいな」

「むかしみたいに、おしゃれをして魅力的に見せれば、きっと結婚したいと思ってくれるよ。でも、なんにも努力をしなかったら、そうはならない。お母さんは今、このむさくるしい部屋に座って、どんどん見苦しくなってるだけじゃないか」

ああ、かわいそうな母。あんな言い方をしなければよかったと、どれほど悔やんだことか。母が栄養失調で弱っていることに、わたしは気づいてもいなかった。それでもその翌日、母は超人的な努力を払って部屋を片付けたのだった。

学校は夏休みに入っていたので、わたしはマッカーシー家に早目に行こうと考えた。みすぼらしい屋根裏部屋のわが家から逃れられることなら、何だってしただろう。遊んだあと、一家は昼食に誘ってくれた。けれども、なぜかその日は、家に帰って母といっしょにいなければならないと感じたのだった。パウナル・テラスに戻ったとき、わたしは門のところで、近所の子どもたちに足を止められた。

「あんたの母ちゃん、おかしくなっちゃったよ」と小さな女の子が言った。

わたしは、頰を平手打ちされたように感じた。

「どういうことだい?」わたしは口ごもって言った。

「ほんとだよ」とほかの子も言った。「一軒一軒ドアを叩いて、子どもたちの誕生日祝いだって言って、石炭を配ってるんだ。うちの母ちゃんに訊いてみろよ」

それ以上は聞かないで、わたしは家の前の通路を駆け抜け、開けっ放しの玄関ドアから中に飛び込み、階段を駆けあがって、屋根裏部屋のドアを開けた。そして一瞬、息を整えるために立ちつくして、母を探るように見つめた。それは夏の午後のことで、部屋には、ムッとした重苦しい空気がこもっていた。いつものように窓辺に座っていた母は、ゆっくりとわたしのほうに顔を向けた。その顔は青白く、苦悩の陰を宿していた。

「お母さん！」わたしの声は叫び声に近かった。

「なあに？」母は物憂げに答えた。

わたしは母に駆け寄り、膝に頭をうずめてつっぷした。涙がとめどなく出てきた。

「おや、おや」母はわたしの頭をなでながら優しく言った。「いったいどうしたの？」

「お母さんは病気なんだ」わたしはむせび泣きながら、なんとか声を出した。

母はわたしを安心させるように言った。「ぜんぜん、そんなことないわよ」

母はとてもぼんやりしていて、心がそこにないように見えた。

「そうなんだ！　そうなんだよ！　みんな言ってる。お母さんがみんなの家に行って

……」わたしは言い終えることができず、そのままむせび泣き続けた。

「シドニーを探してたの」母は弱々しく言った。「あの人たちが、わたしに会わせな

いようにしているから」

それでわかったのだった。子どもたちが言っていたことは本当だったと。

「ああ、お母さん、そんなふうに言わないで！　お願いだから、頼むから！」わたしはしゃくりあげた。「お医者さんを連れてこさせて」

母はわたしの頭をなでながら続けた。「マッカーシー家の人たちは、シドニーの居場所を知ってるのよ。それなのに、わたしに会わせないようにしてるの」

「お母さん、お願いだからお医者さんを呼ばせて」こう叫んで、わたしは立ち上がり、ドアまで歩いた。

母は苦悩に満ちた目つきで、わたしの姿を追った。「どこに行くの？」

「お医者様を呼びに。すぐ戻るよ」

母は答えを返さず、心配そうにわたしを眺めた。わたしは大急ぎで階段を下りて、家主のおばさんのところに言った。「すぐにお医者様を呼ばなくちゃ。お母さんが病気なんだ！」

「もう呼びにやったよ」とおばさんは言った。

教区の医師は不愛想な老人で、家主のおばさんの話を聴き取ったあと（それは、外にいた子どもたちの話とほぼ同じ内容だった）、母をおざなりに診察した。そして

「発狂だな。施療院行きだ」と診断を下した。

医師は診断書を書いた。さまざまな記載事項のなかに、「栄養失調症」というのがあり、医師はわたしに、それは栄養が足りないことだと説明した。

「あんたの母さんはそこに行けば、ちゃんと食べ物をもらえるようになるんだよ」と家主のおばさんは、わたしを安心させようとして言った。

おばさんは母の衣服を集めてまとめたあと、出かけるための身支度を手伝ってくれた。母は子どものように従順に、なすがままにさせていた。それほど弱っていたのだ。まるでもぬけの殻になってしまったようだった。家を出るときには、近所の人や子どもたちが、表玄関を遠巻きにして、恐るおそる見ていた。

施療院は一・六キロほど先のところにあった。そこまでゆっくり進むあいだ、母はまっすぐ歩く力もなく、酔っ払い女のように左右にふらついたので、わたしが支えなければならなかった。情け容赦なく照り付ける午後の日差しは、わたしたちのみじめさを無慈悲にあばこうとしているように思えた。すれ違った人には、母が酔っ払っているように見えたにちがいない。だがわたしには、そうした人たちも、夢に出てくる幻影のようにしか見えなかった。母は一言も口をきかなかったが、どこへ行こうとしているかはわかっているようで、早く着きたがっているように見えた。途中、安心させようとしたわたしに、母は微笑んでみせた。体が弱っていて、口をきくこともできなかったのだ。

ついに施療院に到着すると、母は若い医師に出迎えられた。記録に目を通した医師は優しく声をかけた。「わかりました。チャップリンさん、こちらへどうぞ」

母はおとなしく従った。けれども看護師たちに連れていかれようとしたとき、ふいに後ろを振りむいた。そのとき、わたしを置き去りにしなければならないという苦しい現実に気づいたからである。

「あしたまた来るね」すかさずわたしは、わざと陽気に言った。

母は心配そうに振りむきながら、看護師たちに連れて行かれた。母が行ってしまうと、医師が向き直って尋ねた。「さて、君はどうするのかい?」

救貧院の学校に行くのはもうこりごりだったので、わたしは礼儀正しく答えた。「はい、叔母と暮らすことになっています」と。

施療院から自宅に歩いて戻るあいだに感じていたのは、あらゆる感覚を麻痺《まひ》させるような深い悲しみだけだった。だがその半面、ほっとしてもいた。何も食べる物のない暗い部屋でただじっと座っているよりも、母にとってずっとよかったことがわかっていたからだ。とはいえ、看護師に連れて行かれるときの心が引き裂かれるような母のまなざしは、生涯忘れることはないだろう。わたしは物事に対する母の愛すべきやり方について、そして母の陽気さ、かわいらしさ、愛情の豊かさについて思いを馳《は》せた。疲れ果て、何かに気をとられたように通りの向こうからとぼとぼ歩いてくる小さな姿。けれども走り寄るわたしを見つけたとたんにその表情がパッと変わり、抱えている紙袋の中身をわたしが熱心に覗こうとすると、満面の笑みに輝いたものだった。母はいつもシドニーとわたしのために、ささやかな菓子を紙袋に入れてもって帰ってきてくれた。その日の朝でさえ、たくわえていたわずかな菓子を、わたしが膝につっぷして泣いたときに手渡ししてくれたのだった。

わたしは家にはまっすぐ帰らなかった。そうしようとしても、できなかった。そこで、ニューイントン・バッツの市場の方角に曲がって、午後の遅い時間まで、店のショーウィンドウを眺めて過ごした。屋根裏部屋に戻ると、その寒々とした空虚さが、わたしを非難しているように感じられた。椅子の上には、半分水のはられた洗濯物用のたらいが置かれていて、わたしのシャツ二枚と母のスリップが浸《つ》かったままになっていた。わたしは部屋を調べはじめた。戸棚にあったのは、半分中身の残った小さな紅茶の包みだけ。マントルピースの上に置き去りにされた母の財布には、半ペニー硬貨三枚、いくつかの鍵《かぎ》、それに数枚の質札が入っていた。テーブルの隅には、母がわたしにくれようとした菓子が残っていた。それを見たとたんに万感の思いがこみ上げ、わたしはまた涙にくれた。

精神的に疲れ果てていたせいか、その晩はぐっすり眠った。朝になって目を覚ますと、部屋にはぞっとするような虚無感が漂っていた。床に差し込む陽の光は、かえって母の不在を強調するように思えた。やがて家主のおばさんが屋根裏部屋にやってきて、部屋の借り手がみつかるまで、そのまま住み続けてかまわないし、食べ物が必要なときにはいつでも遠慮しないで言いなさいと言ってくれた。わたしは礼を述べ、シドニーが戻ってきたら、すべて借りを返します、と答えた。それでも、食べ物のことまでは、気が引けてとても言い出せなかった。

その日は、母に約束していたものの、見舞いには行かなかった。どうしてもできなかった。そんなことをしたら、また辛《つら》くなってしまっただろう。けれども、家主のおばさんが施療院に出かけて医師の話を聞いてきてくれた。それによると、母はすでにケイン・ヒル精神病院に送られたという。その知らせは憂鬱《ゆううつ》なものではあったものの、罪悪感を和らげてくれた。なぜかというと、ケイン・ヒルは三〇キロ以上も離れたところにあり、行こうとしたところで、わたしには行く手段がなかったからだ。シドニーはもうじき帰って来るだろう。そしたらふたりで見舞いにいける。わたしはそう考えることにした。こうして、母が入院してからの数日間というもの、知り合いにもいっさい会わず、誰とも口をきかずに過ごした。

わたしは朝早く家を抜け出して、一日中外で過ごした。食べ物はいつだって、なんとか手に入れることができた。それに、食事を抜くことはなんでもなかった。ある朝、階段を降りようとしているところを家主のおばさんに見つかり、朝食は食べたのかと訊《き》かれた。わたしが首を横にふると、おばさんは「じゃあ、来なさい」と、いつものぶっきらぼうな言い方でわたしを誘ってくれた。

母のことを知られたくなかったので、マッカーシー一家は避けて、行かないようにした。こうしてわたしは逃亡者のように人目を避けて暮らしたのだった。

*

母が行ってしまってから一週間経ち、わたしの暮らしぶりはまったく不安定なものだったが、べつにそれを悲しいとも嬉《うれ》しいとも思わなかった。目下最大の気がかりは家主のおばさんだった。というのも、もしシドニーが帰ってこなかったら、遅かれ早かれ、彼女は教区の担当者にわたしのことを連絡せざるをえなくなり、そうなればまたハンウェル校に送られてしまうのがわかっていたからだ。こうしてわたしはおばさんを避けるようになり、そのため夜を外でふかすこともあった。

そんなおり、ケニントン・ロードの裏の元馬小屋で働いていた薪割《まきわ》り人夫たちと知り合いになった。彼らは外見こそホームレスみたいに見えたが、小声で物柔らかに話し、薄暗い小屋で一日中、木を切り薪を割って一生懸命働き、半ペニーの束をつくっていた。わたしは開いたドアの前をうろつきながら、ふたりが働く姿を眺めていた。約三〇センチ四方の角材を二・五センチほどの厚さに割ってから、それらの薄片を重ねてふたたび棒状に割るのだ。あっという間に薪を割っていく様子にわたしはすっかり魅了されて、その仕事がとても魅力的に思えた。いくらもしないうちに、わたしは彼らを手伝うようになっていた。木材は解体業者から買い、それを小屋に運んで積み重ねる。それだけですくなくとも丸一日かかる。次の日は、木を切り揃《そろ》えるのにあて、その翌日は薪を割る、という具合だった。金曜日と土曜日には、完成した薪を売った。だが、わたしは薪を売る部分には興味がなかった。わたしが楽しんだのは、小屋の中で仲間といっしょに仕事をすることだったから。

ふたりは愛想のいい物静かな男たちで、年の頃は三〇代後半といったところだったが、見かけも身振りも、それよりずっと年取って見えた。「ボス」（わたしたちは、彼のことをそう呼んだ）は糖尿病患者特有の赤鼻をしていて、上の歯は、犬歯を一個残して、見事にみな抜け落ちていた。それでも彼の表情には穏やかな親しみやすさがあった。ばかばかしいほどにんまり微笑み、そうすると、一本残った歯がものすごく目立つのだ。紅茶の茶碗《ちゃわん》が足りないと、よく牛乳の空缶を手に取り、それを洗ってにっこり微笑みながら「これでどうだ？」と言った。もうひとりの男は、感じはよかったものの、口数は少なく、血色も悪く、分厚い唇をしていて、ゆっくりと話した。午後一時頃になると、ボスは仕事から目をあげ、わたしを見て、いつもこう訊いた。「おまえ、チーズの皮でつくったウェルシュ・レアビット（チーズトーストの一種）を食べたことがあるかね？」

「何度もあります」とわたしは答える。

　すると、嬉しそうな笑い声を立ててボスはにっこり笑い、わたしに二ペンス渡して、角にある、お茶と食料品の乾物屋《アッシュ》に、チーズの皮一ペニー分とパン一ペニー分を買いに行かせる。この店の店主はわたしのことが気に入っていて、いつも気前よく、たっぷり中身を入れてくれた。チーズを洗って削り、鍋に入れて、水と少量の塩と胡椒を加える。ときにはボスが、ベーコンの脂《あぶら》とスライスした玉ねぎを放り込むこともあり、これに熱い紅茶を組み合わせると、とてもおいしい食事になった。

わたしのほうから給金をねだるようなことはしなかったのだが、週の終わりが近づいたとき、ボスはわたしに六ペンスくれた。それは嬉しい驚きだった。

ジョーという名の血色の悪いほうの男には、てんかんの持病があり、発作が起きると、ボスはいつもジョーの鼻の下でハトロン紙を燃やして、意識を取り戻させていた。ときどきジョーは口から泡を吹き、舌を噛《か》んでしまうことがあり、正気に戻ると、恥じ入って、みじめな思いをしているように見えた。

薪割り人夫たちは朝七時から夜七時まで、ときにはそれより遅くまで働いたが、ふたりが倉庫に鍵をかけて家に戻ってしまう時間がくると、わたしはいつも寂しく思ったものだった。ある晩のこと、ボスがジョーとわたしをねぎらおうと、サウス・ロンドン・ミュージックホールの二ペンスの立見席チケットを買ってくれることになった。ジョーとわたしは、すでに顔と手を洗って身なりを整え、ボスを待っていた。わたしはワクワクしていた。というのも、その週の演目は、フレッド・カーノー（のちにわたしが参加することになる一座）の喜劇『早起き鳥《アーリーバーズ》』だったからだ。ジョーは馬小屋の壁によりかかり、わたしはその反対側に立ち、ふたりともその晩のことを考えて心を躍らせていた。と、突然ジョーがうめき声をあげ、壁から斜めにずり落ちた。てんかんの発作だった。お楽しみへの期待が大きすぎたのである。ボスは残ってジョーの世話をしたがったが、ジョーは、ボスとわたしとで観《み》に行くようにと言い張った。自分は朝になればだいじょうぶだからと言って。

学校に送られる恐怖には、いつもつきまとわれていた。薪割り人夫のふたりも、ときおり思い出したように学校のことを尋ねることがあった。休暇の期間が終わると、彼らは少し心配になってきていたから、わたしは学校が引ける午後四時半まで倉庫に近づかないことにした。有罪判決を下されかねない真昼間をやりすごし、わたしの秘密の避難所と薪割り人夫のもとに戻るまで、長く孤独な一日を過ごさなければならなかった。

ある晩、こっそりと階段を上って、屋根裏部屋のベッドに入り込もうとすると、家主のおばさんに呼び止められた。寝ないでわたしを待っていてくれたのだ。おばさんは興奮した面持ちで、わたしに電報を手渡した。それには「アスアサ一〇ジ　ウォータールーエキニツク　アイヲコメテ　シドニー」と書いてあった。

駅で兄を待っていたわたしの姿は、お世辞にも見栄《みば》えがするものではなかった。服には汚れや破れが目立ち、靴もあくびをするようにパックリ口を開けていて、帽子の内張りは垂れ下がった女性のペチコートみたいにはみだしていた。顔も薪割り小屋の蛇口で洗っただけだった。そこで顔を洗えば、三階までバケツを運ぶ手間が省けたし、家主のおばさんのキッチンを通り抜けなくてすんだからだ。でもそのおかげで、駅でシドニーに会ったとき、わたしの耳の中と首には、夜の闇《やみ》の色がまとわりついていた。

　わたしを見たシドニーは驚いて言った。「いったい、どうしたんだ？」

　わたしはニュースをやんわり伝えるようなことはできなかった。「お母さんの気が変になっちゃって、施療院に送らなきゃならなかったんだ」

　シドニーの顔は曇ったが、果敢に感情を押しとどめた。「おまえ、今、どこに住んでる？」

「同じとこだよ、パウナル・テラス」

　シドニーは体の向きを変えて荷物を集めた。その顔が青白く、体もやせてしまったことにわたしは気づいた。シドニーはブルーム型馬車（御者席が無蓋の小型軽量一頭立て四輪馬車）を呼び、ポーターが荷物をその上に積んだ。荷物のなかには、木箱に入ったバナナがあった！

「これ、ぼくらの？」わたしは期待を込めて訊いた。

　シドニーが頷《うなず》いた。「ああ、まだ青いけどね。食べられるようになるまで一日か二日、待たないと」

　家に向かう道中、シドニーは母についていろいろ質問した。わたしは興奮していたので、理路整然と説明することはできなかったが、それでもシドニーはだいたいの事情を把握した。続けて彼は、病気の治療のためにケープタウンの病院に置き去りにされたこと、そして、イギリスに帰る途中の航海で二〇ポンド稼いだことについて話し、それを母に渡すのが楽しみだと言った。その金は、兵士相手に掛け金総取りのくじや福引きなどを企画して稼いだという。

シドニーはこれからの計画についても口にした。船の仕事をやめて、俳優になるつもりだという。今回の稼ぎで二〇週間は暮らせるだろうから、そのあいだに劇場での仕事を探すつもりだと。

馬車にバナナの木箱を積んで到着したわたしたちは、近所の住民と家主のおばさんの双方を感心させた。おばさんはシドニーに母の件を伝えたが、痛ましい詳細については触れなかった。

その同じ日、シドニーは買い物に出かけ、わたしに新しい服を買ってくれた。そしてその晩、晴れ着に身を包んだわたしたちは、サウス・ロンドン・ミュージックホールで舞台にもっとも近い一階席に陣取ったのだった。出し物を見ながら、シドニーは何度もわたしに言った。「お母さんが今晩ここにいたら、どんなに喜んだことだろうね」と。

その週のうちに、わたしたちは母に会いにケイン・ヒルに出かけた。面会室に座りながら、母が現れるのをじりじり待ち続けるのは、とても辛かった。ついに鍵が回り、母が歩いてきたときのことは今でも忘れない。顔つきは青白く、唇は紫色で、わたしたちが誰であるかはわかったものの、表情に喜びは見られなかった。あのあふれんばかりの母の情熱は、もはや失われてしまっていた。母には看護師が付き添っていた。悪気はないがぺらぺらしゃべる女で、その場に立ち止まって、おしゃべりをしたがった。彼女は「こんな日に来たのは残念だったわね」とわたしたちに言ったあと、母に声をかけた。「わたしたち、きょうは本調子じゃないものねえ、そうでしょう?」

母は礼儀正しく看護師に目を向けたが、彼女にその場から立ち去ってほしいことを示すかのように、何も答えず、ただ弱々しい笑みを浮かべただけだった。

「わたしたちがもうちょっと元気なときに、またいらっしゃいな」と看護師は付け加えた。

ようやく看護師が立ち去り、親子水入らずになった。シドニーが、運に恵まれてたくさん稼いだこと、そして長いこと戻ってこられなかった理由を話して元気づけようとしたが、母はただぼんやり、何かに気を取られたようにじっと座って、ときおり頷きながら話を聞いているだけだった。わたしが、すぐによくなるよ、と言って励ますと、母は「もちろんよ」と悲し気に答えた。そして「あの日の午後、おまえが紅茶を一杯くれてさえいたら、病気になんかならなかったのにねえ」と付け加えた。

そのあとシドニーは医師から、母の精神は間違いなく栄養失調によって損なわれたもので、ちゃんとした治療が必要であること、そして正気に戻ることもときにはあるが、完全に回復するにはまだ何カ月もかかる、と説明を受けた。けれどもわたしのほうは、そのあと何日にもわたって母の言葉に苛《さいな》まれたのだった。「おまえが紅茶を一杯くれてさえいたら、病気になんかならなかったのにねえ」という一言に。

第五章

ジョウゼフ・コンラッド（ポーランド出身のイギリスの小説家。一八五七〜一九二四）は、こんな意味のことを記した手紙を友人に書き送っている――わたしにとって生きるということは、こん棒で殴り殺されるのを待つ、隅に追い詰められた盲目のネズミになるようなものだと。この比喩《ひゆ》はわたしたちみなが暮らしているひどい状況にぴったり当てはまるものかもしれない。それでも、なかには幸運に恵まれる人もいる。わたしにも、そんな幸運が巡ってきたのだった。

わたしは新聞売り、印刷工、おもちゃ職人、ガラス吹き、医者の下男など、さまざまな職業を経験した。だがそういった職業上の脱線のあいだも、シドニーと同じように、役者になるという究極の目標を見失ったことは一度もなかった。そんなわけで、仕事と仕事の合間には、靴を磨き、服にブラシをかけ、きれいな襟をつけて、ストランドに近いベッドフォード・ストリートにあるブラックモア俳優斡旋所《あっせんじょ》に出かけていた。この習慣は、服がボロボロになり、恥ずかしくてそれ以上足を向けられなくなるまで続いた。

初めて斡旋所を訪れたとき、そこは寸分の隙《すき》もなく晴れ着を着こなし、大げさな言葉遣いで立ち話をしている、きらびやかな男女の俳優でひしめいていた。わたしは不安を抱えながら部屋の隅にあるドアのそばに立った。風雨にさらされて傷んだスーツと、つま先がすこし花開き始めている靴を隠そうと必死で、痛いほど恥じ入り、怖気《おじけ》づいていた。事務室の中から若い事務員がときどき顔を出しては、鎌《かま》を振るうように、尊大な役者たちを簡潔な言葉で刈り取っていく。「あんたには何もないよ、あんたにも、あんたにもね」こうして、斡旋所は礼拝のあとの教会のように空になるのだった。あるとき、わたしは最後のひとりになってしまった。事務員がわたしに気づき、急に足を止めて言った。「なんの用かな？」

わたしは、もっとくださいと頼むオリヴァー・ツイストになったような気がして、ゴクリとつばを飲み込むと「子役はありませんか？」と訊《き》いた。

「登録はすんでるのかい？」

わたしは首を横に振った。

驚いたことに、事務員はわたしを隣の事務室に連れて行くと、氏名や住所などの情報を聞き取り、何かあったら知らせると言ってくれた。わたしは義務を果たしたようなすがすがしい気分で斡旋所を後にしたが、すぐに仕事が見つからなかったことにも、内心ほっとしていた。

　そして、シドニーが戻って来てから一カ月後に、一枚の葉書を受け取ったのである。

「ストランド、ベッドフォード・ストリートのブラックモア俳優斡旋所に来られたし」

　新調のスーツに身を包んだわたしは、ミスター・ブラックモア本人の前に通された。満面の笑みを浮かべたブラックモアさんは、とても感じのいい人だった。絶大な力を持っているので、さぞかし粗さがしされるのではないかと予想していたのだが、まったくそんなことはなく、とても親切にチャールズ・フローマンさん（アメリカ人の劇場主。ルシタニア号の沈没で命を落とす。一八五六〜一九一五）の事務所にいるC・E・ハミルトンさんに持って行く紹介状を書いてくれた。

　その紹介状を読んだハミルトンさんは、わたしの体が小さいことに驚き、それをまた面白く思ったようだった。もちろん、わたしは自分の年をごまかして、一四歳だと言ったのだが、実際にはまだ一二歳半にしかなっていなかった。わたしが演じることになるのは、四〇週にわたる巡業公演『シャーロック・ホームズ』の使い走り《ペイジ・ボーイ》の少年、ビリー役で、秋からスタートすることになっているという。

「それまでのあいだ」とハミルトンさんが言った。「H・A・セインツバリーさんが書いた『ジム――ある若いロンドンっ子のロマンス』という劇に、すばらしいボーイの役があるんだが。セインツバリーさんは、秋からはじまる『シャーロック・ホームズ』の主役を演じる役者でもあるんだよ」そして、『ジム』は、『ホームズ』の巡業前の試験興行として、キングストン＝アポン＝テムズ（ロンドン南西部の町）で上演されることになると説明してくれた。報酬は週給二ポンド一〇シリングで、『シャーロック・ホームズ』の出演料と同じだという。

それは思ってもみない大金だったが、わたしは驚いた様子を一切見せず、「条件については兄に相談することになっています」と重々しく言った。

ハミルトンさんは笑い声をあげ、とても愉快に思ったようで、わたしを見せるために事務所のスタッフを全員呼び寄せた。「この子がぼくらのビリーだよ！　どうかね？」そこにいた人はみな喜んで、わたしに微笑《ほほえ》んでくれた。いったい何が起きたのだろう？　世の中が突然変わって、わたしを温かく抱きしめ、仲間に入れてくれたみたいだった。そのあと、ハミルトンさんはセインツバリーさんに宛《あ》てた手紙をわたしに託し、彼はレスタースクエアのグリーン・ルーム・クラブにいるだろうと言った。わたしは雲の上を歩いている気分で事務所をあとにした。

グリーン・ルーム・クラブでも、同じことが起きた。セインツバリーさんがクラブの他の会員に声をかけて、わたしを見にくるように促したのだ。彼はその場ですぐ、わたしが演じるサミー役の台詞《せりふ》を抜き書きした台本を渡してくれ、サミーは自分が書いた劇の重要な登場人物のひとりだ、と説明した。わたしはそこで読んでみなさい、と言われるのではないかとドキドキした。ほとんど字が読めなかったので、そうなっていたらさぞかし恥ずかしい思いをしただろう。でも運よく、リハーサルが始まるのはまだ一週間先だから家に持って帰ってゆっくり読みなさいと言われた。

幸福感で放心状態になりながら乗合馬車に揺られて家に戻るあいだに、自分の身に起きたことの全体像がはっきり見えてきた。わたしは、突然貧乏暮らしから抜け出して、ずっとあこがれてきた夢の世界――母が大いに楽しみ、しょっちゅう話し聞かせてくれた世界――に足を踏み入れようとしていた。ほんとに俳優になるんだ！　すべてはあまりにも突然、あまりにも不意にやってきた。抜き書きを何度もぱらぱらとめくってみる。新しい褐色の紙表紙がついたその台本は、それまで手にしたどんな書類よりも大事なものになった。乗合馬車に乗っているあいだに、わたしは、とても重要な人生の敷居をまたいだことに気がついた。もう自分はスラム街に住む無名の人間じゃない。今や演劇界の一員なのだ。わたしは泣きたくなった。

起きたことを伝えたとき、シドニーの瞳《ひとみ》にも涙が浮かんだ。彼はベッドの端に腰かけ、考え込むように窓の外を見やって、首を振ったり、うなずいたりしていた。そして重々しく言った。「これはぼくらの人生の転換点だ。お母さんがここにいて、いっしょに喜んでくれたらなあ」

「考えてもごらんよ」とわたしは熱心に続けた。「四〇週ものあいだ、二ポンド一〇シリングがもらえるんだ。ハミルトンさんに、マネジメントはみな兄さんがやってる、って伝えた。だから」わたしは勢い込んで言った。「もっともらえるかもしれないよ。ともかく、今年は、六〇ポンド貯《た》められるね！」

興奮が冷めたあと、わたしたちは、週給二ポンド一〇シリングは、あれだけの大役には少なすぎるという結論に達した。そしてシドニーは報酬を釣り上げられるかどうか交渉しに出かけた。「試してみるだけなら損はないよ」とわたしも兄を促した。けれども、ハミルトンさんは一歩も譲らず「二ポンド一〇シリングだ。これ以上は出せない」と断言した。もちろんわたしたちは、ありがたくその額で折り合ったのだった。

台詞の暗記は、シドニーが台本を読み上げてくれたおかげで大いにはかどった。それはなかなかの大役で、抜き書きは三五ページもあったが、三日間ですべて暗記してしまった。

『ジム』のリハーサルは、ドルリーレーン劇場のロビーで行われた。シドニーの熱心な指導のおかげで、わたしは台詞をほぼ完璧《かんぺき》に覚えていたが、ひとつだけ、うまく言えない単語があった。その台詞は「いったい何様だと思ってるんだい——ピアポント・モーガンとでも？」（ジョン・ピアモント・モーガンはアメリカの銀行家で、モルガン財閥の創始者）というもので、わたしは何度やっても「パタピント・モーガン」と言ってしまった。でも、セインツバリーさんは、かえってそのほうが面白いと言い、わたしの言い間違いをそのまま使ってくれた。わたしにとって初めてのこうした舞台稽古《げいこ》はすばらしい体験で、新たなテクニックの世界を拓《ひら》いてくれるものだった。それまでは、タイミング、間の取り方、体の向きを変えたり座ったりすることを指示するキューといった演出技法があることさえ知らなかった。といっても、そういったものは、みな自然に身に着いていた。セインツバリーさんに直されたことはたった一つだけで、それは、台詞を話すときに、頭を動かして大げさな表情をしすぎる、というものだった。

　いくつかのシーンの舞台稽古を行ったあと、セインツバリーさんはすっかり驚き、前に演技をした経験があるのかと尋ねてきた。その言葉はどんなに嬉《うれ》しかったことか！　なにしろ、セインツバリーさんとほかのキャストを感心させられたのだから。それでもわたしは、なにくわぬ顔をして、当然のものでもあるかのように、賛辞を受け取ったのだった。

『ジム』は、キングストンで一週間、そしてさらにフラム（ロンドン中心部から西に六キロほどの地区）で一週間、試験興行として演じられることになっていた。これは、ヘンリー・アーサー・ジョーンズ（英国の劇作家。一八五一〜一九二九）の戯曲『シルヴァー・キング』を下敷きにしたメロドラマで、若い花売り娘と新聞売りの少年サミー（これがわたしの役）と屋根裏部屋で暮らす、健忘症の貴族を描いた話だ。道徳面についても、しごくまっとうな劇だった。というのも、娘は屋根裏部屋の物入れの中で寝て、〝公爵《デューク》〟（劇中で、娘とサミーにそう呼ばれる）は快適なソファで眠り、わたしは床で寝ているという設定だったからである。

第一幕は、ザ・テンプル（法学院があるロンドンの地区）のデヴロー・コート七A番地にある、裕福な弁護士ジェイムズ・シートン・ガトロックの事務所で幕を開ける。ボロに身を包んだ公爵《こうしゃく》が、病に倒れた恩人を助けるために金を無心しようと、恥を忍んでかつての恋敵のもとを訪れるシーンだ。この恩人とは花売り娘のことで、健忘症に襲われたときに支えてもらったのである。

しかし激しい口論になり、悪役の弁護士は公爵に叫ぶ。「出ていけ！　出て行って餓死するがいい。おまえもおまえの妾《めかけ》の物売りも！」

憤《いきどお》った公爵は、体がすっかり弱っているにもかかわらず、机の上のペーパーナイフを手に取って振り下ろそうとする。が、ナイフはその手から机に落ちてしまう。てんかんの発作に襲われたからだ。こうして公爵は気を失い、弁護士の足もとに崩れ落ちる。と、そのとき弁護士の元妻が登場する。彼女は以前、今やボロに包まれている公爵に思いをかけられていたことがあったのだ。彼女もまた公爵のために、元夫の弁護士に助けを乞《こ》う。「この人はわたしを手に入れることはできなかったわ。弁護士にもなれなかった！　せめて今、あなたが助けてあげたらどう？」

しかし弁護士は拒絶し、場面はクライマックスに達する。弁護士は元妻を、このホームレス公爵と浮気しただろうと言って激しく非難する。激高した元妻は、公爵の手から落ちた例のペーパーナイフを手に取ると、元夫を突き刺してしまう。弁護士は、足もとに気絶した公爵を残したまま、肘掛《ひじか》け椅子《いす》のなかで息絶える。元妻も舞台から消える。すると、意識を取りもどした公爵が、敵が死んでいることに気付くのだ。そして「なんということだ、わたしはいったい何をしてしまったのか？」と叫ぶ。

話はさらに先へと続く。公爵は死んだ男のポケットをまさぐって財布を見つけ、中から、数ポンド分の現金、ダイヤモンドの指輪と宝石を取り出す。そして、それらを全部自分のものにすると、窓から逃げる前に、振り向いて捨て台詞を残すのだ。「さらばだ、ガトロック。結局、助けてもらったな」ここで幕が下りる。

第二幕は、公爵が住んでいる屋根裏部屋の場面だ。幕が上がると、刑事がひとり戸棚を調べている。そこにわたしが口笛を吹きながら登場し、刑事に気づいて足を止める。

新聞売りの少年　おい、あんた、そこがレディの寝床だってわかってんのかい？
刑事　何だって？　この物入れがか？　こっちへ来い！
少年　なんて図々《ずうずう》しいやつだ！
刑事　黙れ。いいから中に入って、ドアを閉めろ。
少年〔刑事の方に歩み寄りながら〕　礼儀正しいこったな。人さまの家に入り込んで、持ち主を応接間に招待してくださるんだから。
刑事　おれは刑事だ。
少年　なに、おまわりなのか？　じゃ、あばよ！
刑事　おまえをしょっぴこうというわけじゃない。ちょっとした情報が欲しいだけだ。そうすれば、人助けになる。
少年　人助けだと？　ここに住んでる者をちっとでも助けてくれる者がいるとしたら、そいつは、おまわりじゃあないね！
刑事　ばかを言うんじゃない。最初から警察だと言って、脅しをかけたりはしなかったろう？
少年　ばらさなくたって同じだったね。ブーツを見ればバレバレさ。

刑事　ここには誰が住んでる？
少年　公爵だよ。
刑事　ああ、だが、本当の名前は？
少年　知らないよ。公爵ってのは〝ノムドゲール〟（偽名を意味するフランス語）だって本人は言ってる。って言ったって、おいらには何のことだか、さっぱりわかんないけどね。
刑事　で、見かけはどんな風だ？
少年　ガリガリに痩《や》せてる。髪は白くて、髭《ひげ》は剃《そ》ってて、シルクハットをかぶってて、片眼鏡をかけてる。あの眼鏡で見つめられたときの気分といったら！
刑事　それから、ジムなんだが。彼はどんなやつだ？
少年　彼だと？　彼女のことだろ！
刑事　そうか、じゃあ、彼女が例の――
少年　〔相手をさえぎって〕　物入れで寝てるレディだよ。だから、この部屋はね、おれたちが寝るのに使ってんだ。おれと公爵でね……。

わたしの台詞は、実際にはこれよりずっと多かった。そして、信じがたいかもしれないが、観客はとても面白がったのだ。おそらく、わたしが実際よりずっと幼く見えたせいだろう。わたしが一言しゃべるたびに、笑いがどっと巻き起こった。難しかったのは、機械的なことだけだった。舞台の上で本物の紅茶を淹《い》れるのだが、ポットに茶葉を入れるのが先だったか、お湯を入れるのが先だったか、いつもわからなくなってしまうのだ。逆説的に聞こえるだろうが、わたしにとっては、所作よりも、台詞を言う方がずっと簡単だった。

『ジム』は不評に終わり、批評家たちはこの劇を情け容赦なく酷評した。だが、わたしの演技だけは別で、好意的な評価が寄せられた。とりわけ、一座のメンバーのチャールズ・ロック（一八六六～一九一九）さんが見せてくれた批評は絶賛だった。ロックさんは、かつてアデルフィ劇場で演じていた高名な俳優で、わたしが出ていたほとんどの場面に、彼も出ていた。「おい君」とロックさんは重々しく切り出した。「これを見て、のぼせ上がるんじゃないぞ」そして、慎みと謙遜《けんそん》についてひとくさり説教を垂れてから、ようやく『ロンドン・トピカル・タイムズ』の劇評を見せてくれた。その評の内容は今でも一字一句はっきり覚えている。劇そのものについてこき下ろしたあと、評はこう続いていた。「しかし、ひとつだけ、欠点を埋め合わせる見どころがあった。それは、ロンドンの浮浪児、新聞売りのサミー役だ。同劇の喜劇的効果はほぼすべてこの役に

新聞売りの少年サミー役のチャップリン。1903年。

よって生みだされたと言ってもいい。サミーの設定自体はありきたりで古臭かったものの、聡明《そうめい》で活気あふれる名子役、チャールズ・チャップリン君のおかげで、すばらしく楽しめるものになった。この少年については初耳だったが、近い将来その活躍ぶりがもっと目にできるよう期待している」シドニーはこの記事が掲載された新聞を一ダース買ってきた。

『ジム』の公演を二週間行ったあと、『シャーロック・ホームズ』の舞台稽古が始まった。そのとき、シドニーとわたしはまだパウナル・テラスに住んでいた。将来の経済的基盤に、まだ不安が残っていたからだ。

舞台稽古が続いているあいだ、わたしはシドニーといっしょに、母に会いにケイン・ヒルに出かけた。当初、看護師は、母の状態があまりよくないので面会はできないと言った。そしてシドニーを脇《わき》に呼んで、わたしに聞こえないように何かを伝えたのだが、シドニーが「いいえ、あの子はそうしたくはないでしょう」と答える声が耳に入ってきた。シドニーはそのあとわたしのほうに向きなおって「拘束部屋でお母さんに会うようなことはしたくないよな」とわたしに訊いた。

「いやだ、いやだよ！　そんなこと耐えられないよ！」わたしはたじろいで言った。

けれどもシドニーが母に会うと、母もシドニーがわかって正気に戻ったようだった。その数分あとに看護師が、母は具合がよくなったから、もし会いたかったらそうしてもいいと言うので、わたしたちは拘束部屋で母といっしょに座って話すことができた。病院を去る際、母はわたしを脇に呼んで、わびしげにこう言った。「迷子になっちゃだめだよ、あの人たちが、ここに閉じ込めようとするかもしれないからね」結局母は、健康を取り戻すまで、ケイン・ヒルで一年半を過ごさなければならなかった。わたしが巡業に出かけているときは、シドニーが定期的に母を見舞っていた。

＊

巡業でシャーロック・ホームズを演じたH・A・セインツバリーさんは、まさにこの小説が『ストランド・マガジン』誌で連載されていたときのホームズの挿絵に生き

シャーロック・ホームズ役を演じたウィリアム・ジレット(左)とH.A.セインツバリー(右)。

写しだった。繊細な細長い顔立ちと見事な額をしていて、シャーロック・ホームズを演じた歴代の俳優のなかで、もっとも優れているとみなされており、元祖ホームズ役者で、劇場版『シャーロック・ホームズ』の作者だったウィリアム・ジレット（アメリカ出身の俳優・演出家で、ホームズのイメージを作り上げた。一八五三〜一九三七）でさえ、彼にはかなわないとされていた。

　最初の巡業のとき、劇団幹部は、わたしはグリーン夫妻と暮らすべきだと考えた。夫の方は一座の道具方で、妻は衣装係だった。だが、これはあまり豪勢な取り決めとは言えなかった。グリーン夫妻はときおり飲酒にふけったし、ふたりが食事をする時間とわたしが食べたい時間が合わないこともよくあった。さらには、

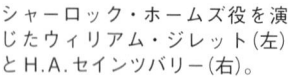

食べるものも、わたしの口にあうとは限らなかった。この同居は、わたしにとってよりも、夫婦にとって、もっと不都合な取り決めだったに違いない。そんなわけで、三週間たったとき、合意の上で同居を解消することにし、ほかの団員と暮らすにも幼すぎたので、わたしはひとりで暮らすことになった。こうして、見知らぬ土地に行っては、奥の部屋でひとりぼっちで暮らし、夕方の興行時間が訪れるまで誰とも話さず、独り言を話すときに自分の声を聞くだけというわびしい日々を過ごした。ときには、一座の団員が集うラウンジバーに足を向けて、ビリヤードに興じる姿を眺めたりしたこともある。けれども、わたしがいると会話が滞るような感じがいつもしたし、彼らもそれを隠そうとはしなかった。みんなの軽口にあわせて笑顔をつくると、かえって嫌な顔をされたのだった。

わたしは憂鬱《ゆううつ》になりはじめた。日曜日の晩に北部の街に到着し、暗くなった目抜き通り《ハイストリート》を歩きながら、憂《うれ》いに沈む教会の鐘の音を耳にしたりすると、孤独感はいやでもさらに深まった。平日は地元の市場を見物して買い物をし、宿の奥さんに調理してもらう肉と食料品を買った。ときには賄《まかな》い付きの下宿に住んで、キッチンでその家の家族といっしょに食事をとったこともある。こちらのほうは楽しい経験になった。というのは、磨き抜かれた火《ひ》格子《ごうし》とブルーの暖炉前のある英国北部の家のキッチンは清潔で健康的だったからだ。下宿のおかみさんがパンを焼く日に、寒く薄暗い戸外から赤い火が燃え盛るランカシャー地方のキッチンに足を踏み入れ、まだ焼かれていないパン種が入った焼き型がいくつも暖炉前に並んでいるなか、そこの家族といっしょに座って食事をするのは、とても楽しいひとときだった。オーブンから取り出されたばかりの熱々のパンに新鮮なバターを塗り、その味をおごそかに味わったものである。

　地方巡業は六カ月におよんだ。一方、シドニーの方は、劇場の仕事にほとんどつけなかったため、演劇で身を立てる野望をあきらめて、ストランドの《石炭置場《コール・ホール》》（サヴォイホテルの一角にあるパブ）のバーテンダーに身を落とすことを余儀なくされていた。一五〇人の応募者の中から選ばれたのではあったが、シドニーにとってみれば屈辱的な敗北だった。

　彼は定期的に手紙を寄越して母の様子を教えてくれたが、わたしから返事を出すことはほとんどなかった。ひとつには、綴《つづ》りがとても下手だったからだ。シドニーの手紙の中に、わたしの心の琴線に触れ、兄への愛着を強く感じさせたものがある。それは、わたしが手紙の返事を出さないことを非難したあと、ともに苦難を耐え忍んだことを思い出させ、ふたりの絆《きずな》はもっと強くあっていいと伝えてきたものだった。「お母さんが病気になってからというもの」とシドニーは書いていた。「この世で心のよりどころにできるのは、お互いだけじゃないか。だから、定期的に手紙を書いて、ぼくには弟がいるんだということを思い出させてくれ」深く心を動かされたわたしは、すぐに返事を書いた。わたしはシドニーを新たな目で見るようになった。その手紙は兄弟愛を不動のものにし、終生変わらぬ固い絆でわたしたちを結んだのである。

一人暮らしにはすっかり慣れた。が、人とふつうに会話を交わすことからあまりにも長く遠ざかっていたので、劇団のメンバーにふいに出くわしたようなときには、ひどく面食らってしまった。すっかりどぎまぎしてしまって、質問に知的に答えられないのだ。きっと相手は、なぜわたしがそんな態度をとるのかと不審に思い、心配になって、足を前に進めたにちがいない。たとえば、美しくチャーミングで、とても親切な一座の花形女優、ミス・グレタ・ハーンについてもそうだった。道の反対側からわたしのほうに来る彼女を認めると、わたしはあわてて彼女に背を向けて店のショーウィンドウを眺めているふりをするか、ほかの道に進んで出会いを避けたものだ。

わたしは身なりにかまわなくなり、生活の規律を守るのもおろそかになった。劇団と移動するときには、鉄道の駅の待ち合わせ時間にいつも遅れ、出発間際《まぎわ》になって、だらしない服装で襟もつけずに駆けつけるという始末で、叱《しか》られてばかりいた。

そんな自分をなぐさめるために、わたしはウサギを一羽買い、どこに泊まるときも、下宿のおかみさんに隠して、こっそり部屋に持ち込んだ。そのウサギは、小さくてとてもかわいらしかったが、ペット用に飼いならされてはいなかった。毛は見事な純白で汚れひとつなかったから、あれほどひどい悪臭がするとはとても信じられなかった。ウサギは木のケージに入れてベッドの下に隠した。そんなわけで、朝になると快活に朝食を部屋に運んでくれる下宿のおかみさんは、そのうち悪臭に気づいて当惑し、心配そうな顔つきで部屋を後にしたものだった。おかみさんが立ち去るやいなやケージから出してあげると、ウサギは喜んで部屋中を跳ねまわった。

そのうちわたしは、ドアがノックされるたびに、自分で箱に駆け込むようにウサギをしつけた。おかみさんにウサギが見つかってしまったときは、このトリックを見せれば、たいていはその愛らしさに魅了され、わたしが泊まる一週間のあいだ、ウサギのことを我慢してくれたものだった。

けれどもウェールズのトンアパンディでは、このトリックを見せた後でも、おかみさんは謎《なぞ》めいた笑みを浮かべただけで何も言わなかった。だが、その晩、劇場から戻ると、わたしのペットは消えていた。どうしたのかと尋ねると、おかみさんは、気の毒そうなそぶりも見せず、ただ首を横に振ってこう言うだけだった。「逃げちゃったか、誰かに盗まれちゃったかしたんでしょうよ」彼女は彼女なりのやり方で、効果的に問題を解決したというわけだ。

劇団はトンアパンディから、炭鉱町のエブブベールに移った。そこでは三晩の興行だったが、それ以上長居しなくてすんだのはありがたかった。というのも、当時のエブブベールはジメジメした醜い街で、オイルランプのわびしい灯りがともる四つの小部屋からなる家が連なる、ぶざまで画一的な長屋の列に埋め尽くされていたからだ。劇団員のほとんどは小さなホテルに泊まっていた。が、わたしは運よく炭鉱夫の家のフロントルームが借りられたので、狭くはあったが、心地よい清潔な部屋で寝られることになった。興行のあとにとる夕食は、暖炉の前に置かれて、温められていた。

その家のおかみさんは、背が高く威厳のある中年の女性で、どことなく悲劇的なオーラを放っていた。朝、わたしの朝食を持って部屋に入ってきても、ほとんど口をきかなかった。わたしは、キッチンのドアがいつもきっちり閉じられていることに気が付いた。何か欲しいとき、わたしはいつもノックをしなければならず、そうするとドアがほんの少しだけ開くのだ。

二日目の夜、わたしが夕飯をとっていると、おかみさんのご主人が部屋に入ってきた。年はおかみさんと同じぐらいだ。その晩、わたしが出ていた劇を観《み》て、大いに楽しんだという。これから寝ようとするところらしく、ろうそくを手に持ったまま、しばらくわたしと立ち話した。と、彼はふいに押し黙った。それから言おうとすることを、どう切り出したらいいか考えているようだった。「ちょっと聞きたいんだが、あんたの稼業《かぎょう》にぴったりくるかもしれないものがあるんだ。カエル人間を見たことがあるかい？　ほら、ろうそくを持ってくれ。ランプは俺が持って行くから」

おじさんはわたしをキッチンに連れて行き、ランプを食器棚に置いた。その棚の下部には、ドアがあるべきところにカーテンがかかっていた。「おい、ギルバート、出てこい！」おじさんはそう言って、カーテンを横に引いた。

そこから這《は》い出してきたのは、半分のサイズの人間だった。脚はなく、金髪の生えたぺちゃんこで大きな頭を持ち、顔色は気味が悪いほど青白く、鼻は落ちくぼみ、口は大きく、筋肉が力強く盛り上がった肩をしている。フランネルの下着を身に着けているが、ズボンの足は太腿《ふともも》のところで切り落とされている。そしてそこから、太くて短い一〇本の指が付き出している。このぞっとするような怪物は、二〇歳とも四〇歳ともとれた。わたしを見上げるとにんまり笑い、広く隙間のあいた黄色い歯並びを見せた。

「さあ、ギルバート、ジャンプしてみろ！」父親の命令に従い、このあわれな男は、ゆっくり体を低くしたかと思うと、わたしの頭の位置近くまで、腕力だけで跳び上がった。

「サーカスで成功すると思うかい？　カエル人間として！」

わたしは心底震え上がっていたので、まともな返事ができなかった。そこで、手紙を送ったらいいと思えたサーカス団の名前をいくつか教えた。

おじさんは、芸をもっと見せると言ってきかなかった。そして気の毒な息子は、跳び回ったり、よじ登ったり、ロッキングチェアの腕の部分で逆立ちをしたりして見せた。ついに芸の披露が終わったとき、わたしはとても感心したふりをして、その芸を褒めた。

「おやすみ、ギルバート」キッチンを去るときに声をかけると、悲しげな声で、舌をもつれさせながら、気の毒な息子は「おやすみなさい」と答えた。

その晩は何度も目が覚めてしまい、ちゃんと鍵《かぎ》がかかっているかどうか、そのつど確かめた。翌朝になると、おかみさんは愛想がよく、饒舌《じょうぜつ》だった。「昨日の夜、ギルバートに会ったんですってね」と彼女は言った。「もちろん、ギルバートが戸棚で寝るのは、劇団の人がうちに泊まっているときだけですよ」

これを聞いたときには、ゾッとした。わたしはギルバートのベッドで寝ていたのだ。

「そうでしょうね」とわたしは答え、ほどほどの熱意を見せながら、彼がサーカスに加わる可能性について話をした。

おかみさんは頷《うなず》いた。「わたしたちも、よくそのことを考えるんですよ」

わたしの熱意――だろうが何だろうが――は、おかみさんを喜ばせたようだった。

この家を去るとき、わたしはキッチンに行って、ギルバートに別れを告げた。何気ないふりを必死に装《よそお》いながら、皮膚の硬化した彼の大きな手を握ると、彼もわたしの手をやさしく握り返した。

*

四〇週におよぶ地方巡業ののち、劇団はロンドン郊外でさらに八週間の興行を行った。驚異的な大成功を収めた『シャーロック・ホームズ』は、最初の巡業を終えた三週間後に、二回目の地方巡業が始まることが決まっていた。

シドニーとわたしは、ついにパウナル・テラスの屋根裏部屋を脱出して、ケニントン・ロード沿いのもっと上品なところに居を構えることにした。ちょうどヘビが脱皮するように、過去の痕跡《こんせき》をすべて脱ぎ去ってしまいたかった。

劇団の幹部に、次の『ホームズ』の巡業でシドニーに端役《はやく》をもらえないかどうか尋ねてみたところ、運よくシドニーは役を手にいれることができた――しかも、週給三五シリングで！　こうして、わたしたちはいっしょに地方を回ることができるようになった。

シドニーは毎週、母に手紙を送っていた。そして二回目の巡業も終わりに近づいたころ、ケイン・ヒルの精神病院から母の健康が完全に回復したと知らせる手紙が届いた。これはほんとうに願ってもない知らせだった。わたしたちはすぐに退院の手続きをとり、レディング（ロンドンの西約六〇キロにある都市）でいっしょに暮らせるように手《て》筈《はず》を整えた。そしてお祝いに、寝室が二間とピアノ付きの居間がある豪華なアパートメントを借り、母の寝室を花で飾ったうえ、凝った夕食まで用意したのだった。

シドニーとわたしは、緊張と幸福感でいっぱいになりながら、駅で母の到着を待った。それでもわたしは、母がわたしたちとの生活にうまくなじめるかどうか、不安に感じないわけにはいかな

『シャーロック・ホームズ』でボーイのビリー役を演じるチャップリン。1903年。

17歳の兄シドニー。

かった。あの親密だった日々は、二度と戻らないことがわかっていたから。

ついに列車が到着した。興奮と不安の入り混じった気持ちを抱いて、わたしたちは客車から降りてくる乗客の中に母の顔を探した。そして、ようやく笑みを浮かべてゆっくりわたしたちの方に歩いてくるその姿を見つけた。だが、わたしたちが駆け寄っても、母はほとばしるような感情は表さず、愛情がこもってはいたものの、しゃちこばってわたしたちを迎えた。きっと母も成長してしまった息子たちへの接し方を模索していたのだろう。

馬車でアパートメントに向かう短い道中、わたしたちは、脈絡もなく、ありとあらゆることについて話した。

母にアパートメントの中を案内し、花で飾られた寝室を見せるという最初の興奮が収まると、三人で居間に座り、息をひそめて、互いを見つめ合った。それはよく晴れた日のことで、アパートメントは静かな道に面していたが、その静けさがかえって居心地悪く感じられ、幸せな気分になりたかったのに、わたしは湧《わ》き上がって来る憂鬱な気持ちを必死に押しとどめようとしていた。気の毒な母。陽気で快活な人生を送るために人生に求めたのは、ほんの少しのことだけだったのに、それすら手にできなかった母。そう考えると、辛《つら》かった過去の記憶が一度によみがえってきた。母こそ、世界で一番、わたしをこんな気持ちにさせたいとは思わない人だったろうに。それでもわたしは努力して、そんな気持ちを押し隠そうとした。母は少し老《ふ》け、体重も増えていた。わたしはいつも母の美貌《びぼう》と身だしなみが自慢で、劇団にも母の最高の姿を見せたいと思っていたのだが、今、母は野暮ったく見えた。母もわたしのそんな思いを察知したのか、何かを問うようにわたしを見た。

わたしははにかんで、母のほつれ毛を直しながら、「劇団の人たちに会う前に、とびきりきれいになってほしいな」と笑みを浮かべて言った。

すると母はわたしを見て、おしろい用のパフを取り出し、顔をパタパタはたき始めた。そして「わたしはね、生きているだけで嬉しいんだよ」と楽しげに言った。

それからほどなくして、わたしたち母子《おやこ》三人は完全にしっくりいくようになり、わたしの失望感も消散した。シドニーもわたしも、幼いときに母と築いていた親密な関係をもはや卒業してしまったという事実については、母のほうがずっとよく理解していた。そしてそのことは、かえって母をいとしく思わせた。巡業に出ているときには、母が買い物と食事の世話をし、果物や珍味、そして常に花を買ってきてくれた。もとから、どんなに貧しかったときでも、土曜日の夜に買い物に出かけたときには、必ず一ペニー分のニオイアラセイトウの花を買ってきてくれたものだった。だが今、ときおり母は口数少なく自分の殻に閉じこもることがあり、そんなよそよそしい態度に接すると悲しかった。総じて母は、わたしたちの母親というよりも、客人のようにふるまっていた。

一カ月も過ぎると、母はロンドンに帰りたがるようになった。早くロンドンに落ち着いて、息子たちの巡業が終わった後に帰って来る家を整えたかったからだ。それに、母自身が言ったように、地方巡業についていって余分な旅費を払うより、そのほうが安くついた。

母はわたしたちが前に住んだことのある、チェスター・ストリートの床屋の二階にあるフラットを借り、一〇ポンド支払って、分割払いで家具を購入した。そのフラットはベルサイユ宮殿の広大さや優雅さこそなかったものの、母はすばらしい才覚を発揮し、オレンジの木箱をクレトン更紗《さらさ》で覆《おお》って、整理ダンスをこしらえた。そのときシドニーとわたしは、二人合わせて週に四ポンド五シリング稼いでいて、毎週母に一ポンド五シリングを送金していた。

　二回目の地方巡業からロンドンに戻ったシドニーとわたしは、数週間母とともに過ごした。母とまた暮らせることは嬉しかったものの、わたしたちは内心、ふたたび地方巡業にでかけられることにほっとしていた。というのも、チェスター・ストリートの家には、地方のアパートメントにつきものの、手放せない心地よさ——シドニーとわたしがすっかりなじむようになった、ちょっとした快適さ——がなかったからである。母にしても、そのことはわかっていたにちがいない。駅でわたしたちを見送る母はつとめて快活そうにしていたが、列車が駅を離れてもプラットホームでハンカチを振りつづける姿を見たわたしたちには、母が悲しんでいるように見えたのだった。

　三回目の地方巡業のあいだに母から手紙が届き、ケニントン・ロードでシドニーとわたしがしばらくいっしょに暮らしたルイーズが亡《な》くなったと知らせてきた。皮肉にも、亡くなった場所は、わたしたちもかつて収容されていたランベスの救貧院だった。ルイーズは、たった四年で父のあとを追い、幼い息子は孤児になって、これまたシドニーとわたしが送られたハンウェル校に収容されたという。

　母はこの少年に会いに行ったそうだ。その子に、自分が誰であるかを伝え、ケニントン・ロードの家で、シドニーとわたしが、かつてその子と彼の両親と一緒に暮らしたと話したのだが、当時四歳だったその子は、ほとんど何も覚えていなかったという。父親については、まったく記憶になかったそうだ。その子は今、一〇歳になっていた。出生証明書はルイーズの旧姓で登録され、その苗字《みょうじ》を名乗っていたが、母が調べた限りでは親戚《しんせき》はいないようだという。ハンサムだが、とても物静かで内気な子で、何かに気をとられているようにぼんやりしていた、と母は書いていた。お菓子一袋とオレンジとりんごを持って行った母は、定期的に会いに来てあげると約束したそうだ。きっと母はそうし続けたことだろう。けれども、そのうち母自身がまた病気になり、ケイン・ヒル精神病院に送り返されてしまったのだった。

母の病がぶり返したという知らせを聞いたときには、ナイフで心臓がえぐられるような気がした。シドニーもわたしも、詳細については一切わからなかった。ただ当局からそっけない通知が届き、支離滅裂なことをつぶやきながら道をふらふら歩いていたところを保護されたと書かれていただけである。もはや、かわいそうな母の運命をそのまま受け入れるしかなかった。母が完全に正気を取りもどすことは二度となかった。こうして、わたしたちが私立の精神病院に入所させられるようになるまで、母はケイン・ヒル精神病院で少しずつ衰えていったのである。

しかし、人間の不幸せを司る神々が、ときおりお遊びに飽きて慈悲を垂れることがある。母の場合もそうだった。最晩年の七年間、母は、さんさんと降り注ぐ陽の光と花々に囲まれて快適な暮らしを送り、成長した息子たちが、自分には想像もできなかった名声と富に恵まれる姿を見届けることになる。

*

カリフォルニアに移住した、老後の母ハナ。

『シャーロック・ホームズ』の巡業中だったため、シドニーとわたしが母に会えたのは、それから何週間も経《た》ってからだった。フローマン一座の巡業は完全に終りを迎えた。そのあと、ブラックバーンにあるシアター・ロイヤルの所有者ハリー・ヨーク氏が『ホームズ』の上演権をフローマンから買い取り、今度はもっと小さな街で上演することになった。シドニーとわたしは、この新しい劇団と契約したが、それぞれ週給三五シリングと、報酬は大きく減額された。

　それは憂鬱な降格だった。英国北部の小さな町々を訪れては、二流の劇団で演じなければならなかったのだから。それでもそのおかげで、ついその前まで所属していた劇団のすばらしさがはっきりと認識できた。この格差については極力隠そうとしたのだが、舞台稽古のときに、わたしに演出やキューや所作などについて尋ねてくる新しい演出家を助けたい一心から、フローマン一座ではこうこうやっていたと、熱心に説明する羽目に陥ってしまった。もちろん、そんなことをしたら、ほかの団員によく思われるはずもなく、わたしは小生意気なガキだとみなされるようになった。後にそれを根に持った新しい舞台監督から、制服のボタンがとれているという理由で、一〇シリングの罰金を科された。何度も注意を受けたあとのことではあったが。

　そのころ、舞台版『シャーロック・ホームズ』の脚本を書いたウィリアム・ジレットが、自作の『クラリッサ』という劇を上演するため、主演女優のマリー・ドロ（アメリカの女優。一八八二〜一九五六）を連れてロンドンにやってきていた。だが批評家は劇そのものの批判ではこと足りず、アメリカ英語のアクセントが残るジレットの台詞回しまでこきおろしたので、腹を立てたジレットは、自分自身が演じる主役の台詞が一言もない『窮地に立たされたシャーロック・ホームズ』という一幕ものの開幕劇を書きおろした。キャストは、狂った女、ホームズ、そしてボーイの三人だけ。そして、わたしは、ジレットの舞台監督だったポスタンスさんから、ロンドンの開幕劇でウィリアム・ジレットと共演するボーイ役のビリー少年を演じられないかと問い合わせる電報を受け取ったのである。それはまさに、天から差し伸べられた救いの手だった。

わたしは心配で体が震えてしまった。というのは、今いる劇団が、そんな短期間で、しかもこんな田舎で、ビリーの代役を探せるとは思えなかったからだ。数日間、わたしは緊張の中で過ごした。だが、ありがたいことに、代役は見つかったのである。

ロンドンに戻ってウェストエンドの劇場で演じることは、まさにわたしにとって、ルネッサンスにほかならなかった。わたしの脳は、あらゆるスリリングな出来事で回り続けた。夕刻デューク・オブ・

マリー・ドロ(『シャーロック・ホームズ』)。

ヨーク劇場に到着して、舞台監督のポスタンスさんに会ったこと。彼にジレットさんの楽屋に案内されたこと。そして紹介されたあとに、ジレットさんがかけてくれた『シャーロック・ホームズ』で共演してくれるかな？」という言葉。それに対するわたしの熱い答え。「ええ、もちろんですとも、ジレットさん！」そして、翌日の朝、リハーサルが始まるのを舞台で待っていたときに、こよなく美しい純白のサマードレスに身を包んだマリー・ドロを初めて見たこと。あれほど美しい人を、そんな時間に見たことのショックといったら！　彼女は洒落《しゃれ》た二輪馬車に乗っていたのだが、ドレスにインクのしみを見つけて、小道具方に、何かしみをとるものがないかと尋ねた。そして彼が「たぶんないね」というような返事をすると、とてもかわいらしく不快感を表したのだった。「まあ、それって、ひどすぎなくって？」と。

彼女の美しさは恨めしいほど圧倒的だった。すねて突き出した繊細な唇、きれいに揃《そろ》った白い歯、かわいらしいあご、漆黒の髪、そして暗褐色の瞳のすべてが恨めしく思えた。また、腹を立てたふりをし、そのことを通して魅力を振りまいたことも恨めしかった。この小道具方とのやりとりのあいだ、彼女はわたしの存在など気にもとめていなかった。すぐそばにいて、その美しさに釘《くぎ》づけになって彼女を凝視していたにもかかわらず。わたしは一六歳になったばかりで、これほど近くで見た美しい女性の輝きに、虜《とりこ》にならないようにしなければ、と自分に固く言い聞かせていた。だが、ああ、なんと彼女は美しかったことか！　まさに一目《ひとめ》惚《ぼ》れだった。

『窮地に立たされたシャーロック・ホームズ』では、非常に才能豊かな女優のミス・アイリーン・ヴァンブルー（英国の大女優。一八七二〜一九四九）が狂女を演じ、ひとりで台詞をしゃべり続けた。ホームズは、ただ座って彼女の言葉を聞いているだけで、これは批評家たちに対するジレット流のジョークだった。わたしの台詞は、幕開けからただちに始まった。まず、わたしがホームズのアパートメントに駆け込み、観音扉を必死で押さえる。外には狂った女がいて、部屋に入ろうとして扉を叩《たた》いている。そしてわたしが興奮しながらホームズに状況を知らせているうちに、女が押し入ってしまう！　そのあと二〇分間にわたり、彼女はホームズに解決してもらいたい何らかの事件について支離滅裂にしゃべりまくる。ホームズは彼女に気づかれないようにこっそりメモを書き、ベルを鳴らしてわたしを呼ぶと、メモを渡す。やがて屈強な男がふたり現れて女を連れて行き、あとにホームズとわたしが残される。そしてわたしの台詞が来る――「あなたの推理は見事に当たっていました。メモに書かれたとおりの精神病院でした」

　批評家たちはこのジョークを楽しんだが、ジレットがマリー・ドロのために書き下ろした『クラリッサ』は不評に終わった。マリーの美しさは絶賛されたものの、だからと言って感傷的な劇が救われるわけではないと評された。そんなわけでジレットは、そのシーズンを『シャーロック・ホームズ』の再演にあてることにし、わたしはビリー役として、そのまま雇われることになった。

高名なウィリアム・ジレットと共演できるという事実に舞い上がっていたわたしは、条件について話し合うのをすっかり忘れていた。そんな折、その週の終わりにポスタンスさんが申し訳なさそうな顔をしてやってきた。そして、こう言いながら給料袋を手渡したのである。「これしか渡せなくて、ほんとうに恥ずかしいんだが、フローマンの事務所から、前と同じ額を支払うように言われたのでね。二ポンド一〇シリングなんだが」それはわたしにとっては、嬉しい驚きだった。

『ホームズ』の舞台稽古で、わたしはふたたびマリー・ドロに出会った——彼女は前にもまして美しかった！——そして、その魅力の虜になるまいと決心したにもかかわらず、望みのない密《ひそ》かな恋のぬかるみにはまっていったのである。わたしは自分の意志の弱さに辟易《へきえき》し、人格の欠如に腹が立った。わたしは相反する感情を抱いていたのだった。彼女を憎むと同時に愛していたのである。さらにくやしいことに、彼女はチャーミングで親切だった。

『ホームズ』で、マリーはアリス・フォークナーを演じていたが、劇中でわたしたちが出会うことはなかった。それでもわたしは、階段ですれ違うことができるタイミングを計らって彼女を待ち、すれ違いざま、「こんばんは」と口ごもって言った。すると彼女は快活に「こんばんは」と答えてくれた。それが、わたしたちふたりの間に起きたすべてだった。

『ホームズ』はただちに大反響をよんだ。興行には、アレグザンドラ王妃（英国王エドワード七世の妃。一八四四〜一九二五）がお出ましになった。王妃とともにロイヤルボックスに座られたのは、ギリシア国王ゲオルギオス一世（王妃の実弟。一八四五〜一九一三）と、その息子のクリストフォロス殿下（一八八八〜一九四〇）だった（原文には「クリスチャン殿下」とあるが記憶違いかと思われる）。クリストフォロス殿下は劇の筋をギリシア国王陛下に説明なさっていたようで、舞台にホームズとわたしだけが残り、劇が最高潮に達して緊張感あふれる沈黙がみなぎった瞬間に、「その先は言うな、言わんでくれ！」という外国なまりの大声が響き渡った。

ディオン・ブシコー（俳優でアイリーン・ヴァンブルーの夫。一八五九〜一九二九）は、デューク・オブ・ヨーク劇場にオフィスを持っていて、わたしがそばを通り過ぎると、励ますように頭をポンポンと叩いてくれた。そうしてくれたのは、ジレットに会いに楽屋によくきていたホール・ケイン（イギリスの作家。一八五三〜一九三一）も同じだった。キッチナー卿《きょう》（前出、英国陸軍軍人。一八五〇〜一九一六）に笑顔を向けてもらったこともある。

『シャーロック・ホームズ』の興行中に、サー・ヘンリー・アーヴィング（イギリスの名優で、とくにシェイクスピア俳優として有名。一八三八〜一九〇五）が亡くなり、わたしもウェストミンスター寺院で執り行われる葬儀に参列することが許された。ウェストエンドの俳優ということで特別の入場許可証がもらえたもので、とても誇らしかった。わたしは、当時ロンドンのロマンティックなマチネのアイドルだった真面目《まじめ》なルーウィス・ウォラー（イギリスの俳優、劇場支配人。一八六〇〜一九一五）と、〝無血手術〟で有名で、のちにわたしが寄席《よせ》演芸の寸劇でパロディーを演じることになる〝ドクター〟・ウォルフォード・ボウディー（イギリスの催眠術師、マジシャン。一八六九〜一九三九）に挟まれて座った。ウォラーは葬儀にふさわしい毅然《きぜん》とした態度で、体を固くしてまっすぐ前を見ていた。しかし〝ドクター〟・ボウディーのほうは、納骨用の地下室に降ろされるサー・ヘンリーをよく見ようとして、仰向けになったどこかの公爵の像の胸のあたりを何度も平気で踏みつけ、ウォラー氏のひんしゅくと怒りを買っていた。わたしは見物をあきらめて腰を下ろし、目の前にいる人たちの背中を見るだけで満足することにした。

『シャーロック・ホームズ』興行最終日の二週間前には、ブシコーさんが高名なケンダル夫妻（それぞれ俳優で劇場の共同支配人だったウィリアム・ハンター・ケンダル〔一八四三〜一九一七〕とその妻マッジ〔一八四八〜一九三五〕）宛《あ》てに紹介状を書いてくれた。夫妻の新しい劇で役が得られるようにとの心遣いからだった。ケンダル夫妻は、セント・ジェームズ劇場でヒットを飛ばしていた興行を終了するところだった。約束では、朝一〇時に劇場のロビーでケンダル夫人に会うことになっていたのだが、彼女は二〇分遅れてきた。ついに道路からシルエットが近づいてきたと思うと、それがケンダル夫人だった。がっちりした体つきの横柄《おうへい》な女性で、わたしに会うなり、こう言ってきた。「まあ、あなたが例の子役ってわけね！　もうすぐ新しい劇の地方興行が始まるから、台詞《せりふ》を読んで聞かせてちょうだいな。でも、今はすごく忙しいから、あしたまた、同じ時間に来てくださらない？」

「申し訳ありませんが、マダム」と、わたしは冷ややかに答えた。「ロンドンを離れる仕事はお引き受けできません」この言葉とともに帽子を持ちあげて挨拶《あいさつ》し、ロビーを出ると、通りすがりの馬車に飛び乗った。そして、それからの一〇カ月、失業の憂き目を見ることになったのである。

デューク・オブ・ヨーク劇場での『シャーロック・ホームズ』の興行が終了し、マリー・ドロがアメリカに戻る日、わたしはひとりで飲みに出かけて泥酔《でいすい》した。しかしそれから二、三年後、フィラデルフィアで、彼女に再会することになる。彼女がオープニングを祝った新しい劇場のこけら落としが、わたしが出演していたカーノー喜劇一座の演目だったのだ。彼女は依然として美しいままだった。スピーチを行うその姿を、わたしは喜劇用のメーキャップをしたまま舞台の袖《そで》から眺めたが、気後れして、とても名乗り出ることはできなかった。

ロンドンでの『ホームズ』の幕引きに合わせるかのように、地方巡業のほうの『ホームズ』の興行も終了し、シドニーもわたしも失業してしまった。それでもシドニーは、すぐに仕事を見つけてきた。演劇関係の週刊新聞『時代《ジ・イアラ》』の広告を見て、チャーリー・メイノンのドタバタ喜劇一座に加わったのである。当時は、複数の喜劇一座がミュージックホールを巡回していた。たとえば、チャーリー・ボールドウィンの《銀行員《バンク・クラークス》》一座、ジョー・ボガニーの《気ちがいパン屋《ルーナティック・ベイカーズ》》一座、ボワセット一座などがあったが、それらはみなパントマイムを演じる一座だった。そして、ドタバタ喜劇ではあったものの、みな美しいバレエ風の音楽に合わせて演じられ、とても評判がよかった。とびぬけて優秀だったのはフレッド・カーノー一座で、幅広い喜劇のレパートリーがあり、演目には『前科鳥《ジェイルバーズ》』、『早起き鳥《アーリーバーズ》』、『唖鳥《マミングバーズ》』、というように〝鳥《バーズ》〟の名前が付けられていた。これら三つの寸劇から、カーノーは三〇以上のチームを擁する一大演芸事業を築き上げたのである。それらのレパートリーには、クリスマスのパントマイムから大仕掛けのコメディミュージカルまでが含まれ、これらを通してカーノーは、フレッド・キッチン、ジョージ・グレイヴス、ハリー・ウェルドン、

カーノー一座が公演中の劇場から出てくる労働者階級の観客たち。1905年。

ビリー・リーヴス、チャーリー・ベルをはじめとする優れた芸人やコメディアンを数多く育てた。

そんなおり、フレッド・カーノーがメイノン一座で演じていたシドニーに目をとめて、週給四ポンドで契約を結んだのである。シドニーより四歳年下だったわたしは、どのような演劇のスタイルにしても、いまだに得体のしれないものにすぎなかった。それでもロンドンの仕事で少し金を貯《た》めることができたので、シドニーが地方巡業に出かけたときにはロンドンに留まり、ビリヤード場などに出入りしていた。

第六章

その頃わたしは、思春期という、不恰好《ぶかっこう》でむずかしい年ごろを迎え、一〇代の荒々しい感情の言いなりになっていた。無鉄砲さと仰々しいふるまいの崇拝者、夢想家でふさぎ屋、人生に激怒すると同時に、それをとことん楽しみ、精神はまださなぎの中にあるけれども、ときおりほとばしるように成熟さが突然顔を出すといった矛盾――それがわたしだった。このゆがんだ鏡の迷宮のなかでは、さまざまな野心が突然現れては消え、わたしはそれらを常に追いかけていた。だが、〝芸術〟という言葉が脳裏をよぎったり、わたしの語彙《ごい》に加わったりしたことは一度もなかった。演劇はあくまでも生計を得る手段であり、それ以上の何ものでもなかった。

こんなもやもやと混乱のなかで、わたしはひとり暮らしをしていた。この時期のわたしの人生には娼婦《しょうふ》やふしだらな女が出入りし、ときおりやけ酒をあおることもあったが、ワインも女も、歌にしても、わたしの興味を長く惹《ひ》くことはなかった。ほんとうに求めていたのは、ロマンスと冒険だったのだ。

わたしは、エドワード七世（テディ）時代の細身のファッションをきめ込む〝テデイボーイ〟たち（本書執筆中の一九五〇～六〇年代に見られた、ロンドン下町のちょっと反抗的な青少年）の心理状態がよくわかる。彼らもまた、わたしたちみなと同じように、人生にロマンとドラマを求めているのだ。なぜ彼らも、人を揶揄《やゆ》して遊びほうける私立学校のお坊ちゃんたち同様に、自己顕示欲の塊になってバカ騒ぎにふけってはいけない？　いわゆる上流階級の若者たちがおしゃれを見せつけるのを見て、自分もそうしたいと思うのは当然ではないのか？

彼らには、階級にかまわず言うことをきく機械が、自分にも従うことがわかっている。ギアをシフトしたり、ボタンを押したりするのに、優秀な頭脳などいらないこともわかっている。この無感覚な時代、彼らはランスロット（アーサー王伝説に出てくる武勇の誉れ高い騎士）や、ほかのどんな貴族や学者と比べても、同じぐらい手ごわいと言えまいか？　彼らの指には、ナポレオンの軍隊と同じぐらい、都市を破壊する力が宿っているのではあるまいか？　テディボーイたちは、怠慢な支配階級の灰の中からよみがえった不死鳥なのでは？　彼らはおそらく、人間とは何世代にもわたって他人を欺瞞《ぎまん》、残忍性、暴力によって支配してきた、半分しか飼いならされていない動物に過ぎないという無意識の感情に駆られて、あんな態度をとっているにちがいない。ともあれ、バーナード・ショー（アイルランド出身の劇作家、社会主義者。一八五六～一九五〇）が言うように、どうやらわたしも「不満をかかえる者が必ずそうするように、本題から脱線」しつつあるようだ。

ケイシーズ・サーカスのメンバー。中央の山高帽がチャップリン。1906年。

ようやくわたしは、寄席《よせ》の寸劇の仕事を手に入れることができた。ケイシーズ・サーカスで、追いはぎのディック・ターピン（一八世紀の英国に実在した有名な追いはぎ）の風刺劇と、〝ドクター〟・ウォルフォード・ボウディーのパロディーをやることになったのだ。〝ドクター〟・ボウディーのほうは、まずまずの成功だった。というのも、単なる低俗喜劇ではなくて、専門知識のある学者肌の男に見えるように性格描写したパロディーだったからで、わたしは化粧によってそっくりに見せるという妙案を思いついたのだった。そしてその結果、一座の花形スターになり、週給三ポンドという高収入を手にすることができた。その劇には、路地裏の場面で子どもたちの一団が大人たちに扮《ふん》するという安っぽいギャグがあって、わたしには、ひどいショーとしか思えなかったのだが、それでも

“ドクター”・ウォルフォード・ボウディー（右）と、そのパロディーを演じるチャップリン（左）。

喜劇役者として研鑽《けんさん》を積む機会にはなった。

　ケイシーズ・サーカスがロンドンで興行を行っていたとき、わたしを含めた六人の団員は、ケニントン・ロードにあるフィールズ夫人の家に賄《まかな》いつきで間借りしていた。フィールズさんは六五歳（原文ママ）の未亡人で、フレデリーカ、セルマ、フィービーという三人の娘がいた。フレデリーカは結婚していて、夫はロシア人の家具職人だった。やさしい男だったが、ひどい醜男《ぶおとこ》で、タタール人特有の大きな顔、ブロンドの髪と髭《ひげ》を持ち、片目は斜視だった。わたしたち六人はキッチンで食事をとり、一家ととても親しくなった。シドニーもロンドンで仕事をしていると

フェイギンに扮した名優ビアボーム・ツリーの物真似（ケイシーズ・サーカスで）。

きには、この家に間借りした。

ケイシーズ・サーカスをやめたあとも、わたしはケニントン・ロードに戻って、フィールズ家に間借りしつづけた。老婦人は親切な辛抱強い働き者で、家賃収入で生計を立てていた。既婚者のフレデリーカは夫の稼ぎで養ってもらい、セルマとフィービーは家事を手伝っていた。フィービーは一五歳の美しい娘だった。顔立ちはほっそりしていて、鼻は鼻梁《びりょう》が高く、肉体的にも感情的にも、わたしは強く惹きつけられたが、後者のほうについては、深入りするのは踏みとどまった。というのも、わたしはまだ一七にもなっておらず、若い女性については、最悪の考えしか抱いていなかったからだ。けれども彼女はとても清い少女だったために、ふたりのあいだには何も起こらなかった。それでも、フィービーはわたしのことを好いてくれ、わたしたちはとても仲の良い友人になった。

フィールズ家の面々はものすごく感情的な人たちで、ときおり、熱をおびた口論が勃発《ぼっぱつ》することがあった。争点はたいがい家事当番の件だった。セルマは女主人気どりの怠惰な二〇歳前後の娘で、いつもフレデリーカかフィービーが家事をやる番だと言い張った。たいていの場合、いさかいは言い争いから大喧嘩《おおげんか》に発展し、ふだんは眠っていた過去の不満や家族の秘密までがえぐり出されて衆目にさらされた。フィールズさんは、かつてセルマが若いリバプールの弁護士と駆け落ちしたことを暴露し、セルマは自分のことを淑女《レディ》と勘違いして家事のような卑《いや》しい仕事はできないと思い込んでいる、と言って非難した。そしてクライマックスに至ると、こんなことを言うのだった。「そんなご立派なレディなら、とっとと出て行って、リバプールの弁護士のところに戻ったらどうなんだい――と言っても、相手はごめんこうむるだろうけどね」そしてとどめの一撃として、ティーカップを手に取り、床に叩《たた》きつけた。こうした最中もセルマのほうはまったく動じず、テーブルの前に淑女然として腰かけている。そして、落ち着いてカップを手に取ると、同じことをするのだ。とはいえ、叩きつけるのではなく、「わたしだって、醜態を演じることはできてよ」と言いながら、軽やかに床に落とすのである。一個だけでなく、二個、三個、と落としていき、ついに床は割れた瀬戸物でいっぱいになる。気の毒な母親と姉妹は、ぼう然と見やるばかり。「この子を見て！　何をしてるのか、見てやって！」と母親がうめく。そして「ほら！

これも壊したらどうなんだい？」と言いながら、セルマに砂糖壺《さとうつぼ》を渡す。するとセルマは、それを手に取って、何気ないそぶりで床に落とすのだ。

こういったとき、あいだに割って入って事態を収めるのはフィービーだった。公平で誠実な彼女は家族の信頼を集めており、いつも家事を自ら引き受けることで喧嘩を収めようとしたが、セルマはそうさせようとはしなかった。

わたしは三カ月近くも失業状態にあり、わたしの分の賄いと下宿代の一四シリングは、シドニーが払ってくれていた。彼は今やフレッド・カーノー一座の花形コメディアンになり、よくカーノーに〝才能豊かな弟〟のことを話してくれていたが、わたしが若すぎると思ったカーノーは取り合わなかった。

ちょうどそのころ、ユダヤ人のコメディアンたちがロンドンで大人気を博していた。そこでわたしは、つけ髭を付ければ、年の若さをごまかせると思った。シドニーが二ポンド都合してくれたので、わたしはそれを、歌を作るための楽譜とアメリカのジョーク本『マディソンの予算』に投資して、滑稽《こっけい》な会話のネタを仕込んだ。そして、何週間もフィールズ一家の面前で練習を積んだ。彼らは親身になって励ましてくれたものの、内容についてはさほど熱意は見られなかった。

そうこうするうちに、フォレスターズ・ミュージックホールで、無給ではあるが、一週間のトライアル期間を得ることができた。その劇場は、マイル・エンド・ロードを曲がったところにあるユダヤ人街の真ん中にあり、以前ケイシーズ・サーカスにいたときにそこで演じたことがあったので、経営者がわたしにチャンスをくれたのだ。わたしの夢と希望は、その一週間にかかっていた。フォレスターズで成功すれば、イギリス中のあらゆる主だったミュージックホールで演じられるようになるかもしれない。そうならないと誰が言えるだろう。一年もたたないうちに、寄席芸人界最高の花形スターになるかもしれないのだ。わたしはフィールズ家の人々に、その週の終わりまでには役に完全に慣れているだろうから、そのころチケットを手配すると約束した。

「成功したら、わたしたちの家になんか、もう住みたくなくなるでしょうね」とフィービーは言った。

「もちろん、そんなことないさ」とわたしは礼儀上、そう返事をした。

月曜の正午は、歌やキュー出しなどを確かめるバンドリハーサルで、それらについてはプロフェッショナルにやりこなすことができた。だが、舞台メイクについてはまだじゅうぶんには考え抜いていなかった。どんなふうな外見にするか決めかねていたのだ。夜の興行の時間が来るまで、何時間もかけて楽屋でさまざまなメーキャップを試してみたが、どれほど人造毛を付けても、若さを隠すことはできなかった。実は、まったく悪意はなかったのだが、わたしがやろうとしていたコメディーはとても反ユダヤ的で、そのジョークは古臭いだけでなく、わたしのユダヤ人訛《なま》りと同様に、まったくひどいものだった。なお悪いことに、ぜんぜん面白くなかったのである。

最初のいくつかのジョークのあと、早くも観客はブーイングを始めた。硬貨やオレンジの皮が舞台に飛んできて、客席の床が踏み鳴らされる。はじめは状況を把握していなかったものの、事態を理解したとたんに恐怖が襲ってきた。野次や、ブーイングや、投げ込まれるオレンジの皮やコインが増すにつれ、わたしはあわてだし、台詞《せりふ》はいっそう早口になった。舞台の袖《そで》に引き下がったときには、劇団の幹部からトライアルの結果を聞くまでもなく、まっすぐに楽屋に行き、メーキャップを落として劇場を後にすると、二度と戻らなかった。歌の本を取りに戻ることさえしなかった。

ケニントン・ロードの下宿に戻ったときには夜も遅く、フィールズ家の人々はみな寝床に入ってしまっていたので、わたしはほっと胸をなでおろした。翌朝、朝食の時間にフィールズさんは前の晩のショーがどうだったか聞きたがったが、わたしは何気ないふりを装《よそお》って「うまくいきましたよ。まだ直すところがありますけどね」と答えた。ところがフィールズさんは、フィービーは昨夜わたしの演技を見に劇場に出かけたのだと言う。でも何も報告せず、疲れているからと言って、早々に寝てしまったそうだ。あとでフィービーに会ったときにも、彼女はそのことについて何も触れず、わたしも黙っていた。実のところ、フィールズさんも娘たちも、二度とその話題を持ち出さなかったし、わたしがそれっきり劇場に行かなかったことについても驚いたそぶりは見せなかった。

シドニーが地方巡業に出ていたのはありがたかった。劇場で起きたことを伝えなくてすんだからだ。もっとも、シドニーはそのことを察したか、フィールズ家の人から聞いたにちがいない。彼はトライアルの結果について、まったく尋ねようとしなかったからだ。あの晩の恐怖は、記憶から消そうと努めたものの、わたしの自信に消えない傷を残すことになる。それでも、辛《つら》い経験によって得た教訓もあった。それは自分をより客観的に見られるようになったことだ。わたしは寄席芸人には向いていない。観客を虜《とりこ》にして沸かせるような、あのなれなれしさがないのだ。そこでわたしは、自分は性格喜劇の役者であると考えることで自らを慰めることにした。それでも、その線で役者として成功するには、まだいくつもの挫折《ざせつ》を経験しなければならなかったが。

一七歳になったわたしは『陽気な少佐《メリー・メイジャー》』という寸劇の若い立役者を務めることになった。だがそれは気の滅入《めい》るような安っぽい劇で、結局一週間しか続かなかった。妻役の女優は五〇歳で、毎晩ジンの臭《にお》いを漂わせながら、ふらふらと舞台に登場してきた。ところが、妻にぞっこんの夫役を演じるわたしは、そんな彼女を抱きとめて、キスしなければならない。この経験は、主役になりたいという野望を捨てさせるのにじゅうぶんだった。

次に試したのは脚本業で、『十二人の正義漢《トゥエルブ・ジャストメン》』という題のコメディータッチの寸劇を書いた。約束不履行の事件について陪審員が議論を交わすドタバタ喜劇である。陪審員のひとりは耳と口が不自由で、もうひとりは酔いどれ、もうひとりは偽《にせ》医者という設定だった。わたしはこのアイデアを催眠術師の寄席芸人チャーコートに売った。彼は、御者台に座っているボケ役に催眠術をかけて、目隠しさせたままランドー馬車で町中を走りまわらせ、自分は馬車の後ろに座って、その男に磁力を送り続ける、という奇妙な芸当を得意にしていた。チャーコートは、わたしが演出をするという条件で、この脚本を三ポンドで買い上げた。そしてわたしたちはキャストを配し、ケニントン・ロードの《角笛亭《ザ・ホーンズ》》の談話室でリハーサルを行った。なかに、不機嫌な老俳優がひとりいて、この寸劇は低級であるばかりか、馬鹿馬鹿《ばかばか》しいと言って批判した。

リハーサルの三日目、稽古をしている最中に、わたしはチャーコートから、その劇を中止することにしたという手紙を受け取った。気が小さいわたしは、その手紙をポケットにしまったままリハーサルを続けた。とてもキャストに伝える勇気が持てなかったのである。そのかわり、兄から話があるからと言って、キャスト全員を昼食の時間に間借りしている部屋に案内した。わたしはシドニーを寝室に連れて行き、手紙を見せた。読み終わったあと、シドニーは言った。「で、伝えたのかい？」

「いや、まだだ」わたしは小声で言った。

「じゃあ、伝えないと」

「できないよ」とわたしは言った。「三日間もタダでリハーサルにきてもらったのに、そんなこと、とても言えない」

「だけど、それはおまえのせいじゃないさ」シドニーが言った。「さあ、部屋に戻って、伝えるんだ」と兄は強く言った。

わたしはすっかり弱気になって、泣き始めた。「なんて言えばいい？」

「ばっかだなあ」シドニーは立ち上がって隣の部屋に行き、みんなにチャーコートの手紙を見せながら、事情を説明した。そしてそのあと、全員を角のパブに連れて行き、サンドイッチと飲み物をふるまった。

役者とは予想がつかない生き物である。もっとも冷静だったのは、あれほど文句を言っていた老俳優で、わたしがいかにうろたえたかというシドニーの話に声を上げて笑い、わたしの背中を叩きながら、こう言ってくれた。「あんたのせいじゃないさ。

悪いのは、あのおいぼれ悪党、チャーコートのやつだよ」

＊

フォレスターズ・ミュージックホールの失敗のあとは、やることなすこと、すべてが散々な結果に終わった。それでも、楽観主義のもっともすばらしい要素は若さである。というのも若者は、逆境は一時的《プロ・テム》なものであるにすぎず、不運つづきという状況は、品行方正な生き方と同じぐらい信じがたいものであることを本能的に知っているからだ。両方とも必ず潮目が変わる。

わたしの不運も幸運に転じた。ある日シドニーから、カーノーさんが会いたがっていると言われたのだ。どうやら、カーノー一座のもっとも当たっていた寸劇のひとつ『フットボールの試合《フットボールマッチ》』でハリー・ウェルドンの相手役を演じていた喜劇役者に不満があるらしかった。ウェルドンはとても人気があり、一九三〇年代に没するまで、ずっと人気を保ち続けた喜劇俳優である。

カーノーさんは、ずんぐりした小男で、よく日焼けし、その活《い》き活《い》きした輝く眼は、常に相手を見定めていた。彼は鉄棒の上でやるアクロバットの曲芸師としてキャリアをスタートさせたあと、三人のドタバタ喜劇役者とチームを組んだ。この四人組が彼のパントマイム喜劇のスキットの核になる。彼自身もすばらしいコメディアンで、数多くの喜劇のキャラクターを生み出し、自分の劇団のほかに五つの劇団を地方巡業させていたときにも、まだ舞台で演技し続けていた。

演技をやめたときのことについては、最初からいたメンバーのひとりが面白い話を聞かせてくれた。ある晩、マンチェスターでの興行のあと、カーノーさんのタイミングがズレたために笑いが台無しになったと、一団の団員たちが不満をぶつけたという。すると、所有する五つの劇団から五万ポンドもの大金を貯《た》めていたカーノーさんは、「そうか、おまえら。そんなふうにしか思えないなら、辞めてやる！」と言い放った。そしてかつらを脱ぐと、化粧台の上に落とし、にやりと笑って「これがわたしの辞表だと思うがいい」と言い放ったそうだ。

フレッド・カーノー。1920年。

『フットボールの試合』のポスター。1908年。

カーノーさんの自宅は、カンバーウェルのコールドハーバー・レーンにあった。その隣には倉庫があって、寸劇二〇本分の舞台装置が保管されており、事務所も併設されていた。わたしが訪ねて行くと、カーノーさんは愛想よく迎えてくれた。「シドニーから君がどんなにすばらしいか、ずっと聞かされていたよ。『フットボールの試合』でハリー・ウェルドンの相手役が務められると思うかね?」

ハリー・ウェルドンは、週給三四ポンドという破格の契約で雇われていた。

「チャンスさえくだされば、やってみせます」とわたしは自信たっぷりに答えた。

カーノーさんは微笑《ほほえ》んで言った。「一七歳とは、とても若い。だが君はそれよりもっと若く見える」

わたしは無造作に肩をすくめて答えた。「それはメーキャップの腕の問題でしょう」

カーノーさんは笑った。のちにシドニーは、あの肩すくめで決まった、と本人から打ち明けられたそうだ。

「そうか、そうか。じゃあ、君がどこまでやれるか見てみることにしよう」とカーノーさんは言った。

こうして、週給三ポンド一〇シリングで二週間のトライアル出演が決まり、カーノーさんに満足してもらえれば一年間の契約が手に入ることになったのだった。

*

ロンドン・コリシアム劇場でのオープニングまで、役を研究する余裕は一週間だった。わたしはカーノーさんから、シェパーズブッシュのエンパイア劇場で上演されている『フットボールの試合』を見に行って、これから演じることになる役をやっている役者の演技を見てくるといい、と言われた。行ってみると、その役者は退屈で自意識過剰、しかも見せかけだけの謙虚さが鼻につき、わたしはもっとうまくやれる確信を得た。その役には、もっとふざけたところが必要だった。わたしは直観したとおり演じることに決めた。

リハーサルは二回しかできなかった。ウェルドンが多忙だったせいだが、実のところ、この二回でさえ、予定していたゴルフをキャンセルしなければならなかったというので、当人はご機嫌斜めだった。

リハーサルでのわたしの演技は冴《さ》えなかった。字を読むのが遅いので、ウェルドンはわたしの能力に不安を抱いたらしかった。同じ役を演じたことがあるシドニーがロンドンにいたら、さぞかし大いに助けてくれただろうが、彼は地方巡業で、ほかの寸劇を演じていた。

『フットボールの試合』は滑稽なドタバタ喜劇だったにもかかわらず、ウェルドンが登場するまで、笑う場面はまったくなかった。すべてがウェルドンの登場にかかっていたのだ。そしてもちろん、すばらしいコメディアンだったウェルドンは、登場した瞬間から観客を虜にして、途切れない笑いの渦に巻き込んでいた。

コリシアム劇場でのオープニングの夜、わたしの緊張はきつく巻かれた時計のゼンマイのように張りつめていた。その晩こそ、自信をふたたび取り戻し、フォレスターズ・ミュージックホールでの汚名をそそぐ絶好の機会だった。恐怖感の上に不安が塗り重なり、心の中で祈りながら、わたしは巨大なステージの裏側を行ったり来たりしていた。

そして、ついに音楽が始まった！　カーテンが上がる！　舞台の上では、曲芸師たちが歌いながら演技している。やがて彼らは退場し、舞台は空になった。そしてわたしのキュー。さまざまな感情の渦に翻弄《ほんろう》されながら、わたしは舞台に足を運んだ。危機に瀕《ひん》すると人は底力を発揮するか自滅するかの、いずれかになる。舞台に上がった瞬間、わたしは救われた。迷いはなかった。わたしは観客に背を向けるかっこうで舞台に登場した。これは自分で考えたアイデアだった。フロックコート、トップハット、スパッツを身に着け、杖《つえ》を持ったわたしは、背後から見ると一分の隙《すき》もない典型的なエドワード朝の悪者に見える。そうした姿をたっぷり見せつけておいてから、観客に向きなおって、真っ赤に塗った鼻を見せる。思ったとおり、笑い声が上がった。これで観客の心をつかむことができた。わたしは大げさに肩をすくめ、指を鳴らして、舞台を斜めに横切ろうとするが、ダンベルに足をとられてつまずく。すると杖が、まっすぐ立っているパンチバッグにこんがらがり、バッグが大きく揺れて、わたしの顔をしたたか殴る。わたしはふんぞりかえってよろめき、今度は自分の杖で頭を叩いてしまう、という具合だ。またも笑い声が上がった。

こうなるとわたしもリラックスして、さまざまな芸を繰り出すことができた。一言も発せずに五分間まるまる観客の注意を惹きつけ、笑いっぱなしにさせることだってできただろう。悪者を気取って舞台を歩いていたとき、ズボンがずり落ち始めた。ボタンがとれてしまったのだ。わたしは舞台の上でボタンを探し始めた。何かを見つけて、手に取る。そのあと、憮然《ぶぜん》としてそれを放り投げた。「あのクソウサギのクソだ」と言いながら。ここでまた笑い声が上がった。

ハリー・ウェルドンの頭が、満月のように舞台の袖に現れた。自分が登場する前に観客が笑うことなど、それまで一度もなかったからだ。

彼が舞台に登場したとき、わたしはドラマティックに彼の手首をつかんで、囁《ささや》くふりをした。「急いでくれ！　ズボンが落ちる！　ピンをくれ！」と。これらはすべてアドリブで、リハーサルにはなかった。わたしが観客を笑わせておいたので、ハリーは笑いがとりやすくなった。その晩の興行でハリーの演技は大いに観客にうけ、わたしたちはふたりで笑いの場面をいくつも追加したのだった。カーテンが下りたとき、わたしはうまくやり遂げたことがわかった。一座のメンバーが何人も握手してきて、わたしの成功を祝ってくれたからだ。楽屋へ行く途中、ウェルドンは肩越しに振り返って素っ気なく言った「まあ、問題はなかったな――よかったよ！」

その夜、緊張をほぐすために、わたしは家まで歩いて帰った。ウェストミンスター・ブリッジに差し掛かったときには、足を止めて欄干にもたれ、その下を流れる暗くて滑らかな川面を見つめた。わたしは歓喜の涙を流したかったのだが、無理だった。

顔をゆがめたり、しかめ面《つら》をしたりしても、涙は出てこなかった。わたしは空っぽだったのだ。ウェストミンスター・ブリッジから、エレファント・アンド・カースルまで歩き、コーヒースタンドで紅茶を一杯買った。誰かと話したかった。でも、シドニーは地方巡業中でいない。その晩の成功が、とりわけフォレスターズ・ミュージックホールの失敗のあとで、どれほどの意味を持つことだったか、シドニーに話せたらどんなによかったろう。

わたしは眠れそうになかった。エレファント・アンド・カースルから、ケニントン・ゲートまで歩き、そこでもう一杯紅茶を飲んだ。そこへ行く途中、わたしはひとりごとを言い続け、ひとりで笑い続けた。家に戻ってベッドに入ったときは午前五時になっていた。心底疲れ果てていた。

カーノーさんは初日の晩には劇場にいなかったが、三日目にやってきた。その日の興行では、わたしが舞台に登場した瞬間に、観客は拍手で迎えてくれた。カーノーさんは劇のあとに満面の笑みを浮かべてやってきて、契約書にサインするために翌日の朝、事務所に来るようにと言った。

初日の夜のことをまだシドニーに知らせていなかったので、短い電報を送った。

「シュウキュウ4ポンドデ　イチネンケイヤクムスブ　アイヲコメテ　チャーリー」

『フットボールの試合』は一四週間ロンドンで興行したあと、地方巡業に出発した。

ウェルドンの役づくりは、とろいタイプでのんびり話す、ランカシャー地方（イングランド北西部にある）の間抜けな男というものだった。これはイングランド北部では大いにうけたが、南部ではあまり人気は出なかった。ブリストル（イングランド西部の港湾都市）、カーディフ（ウェールズ南部の港湾都市）、プリマス（イングランド南西部の港湾都市）、サウサンプトン（イングランド南部の港湾都市）は、ウェルドンにとってスランプの街で、そうした土地での巡業中は、イライラして演技もおざなりになり、よく憤《いきどお》りをわたしにぶつけた。寸劇では、わたしをひっぱたいたり、殴ったりするシーンがかなりあった。これは業界用語で「昼寝する《テイキング・ザ・ナップ》」と呼び、役者が相手の顔をなぐるふりをすると同時に、舞台の袖で誰かが手を叩いて、殴ったように思わせるテクニックだ。だが、ウェルドンはときどきわたしの顔をほんとうに強く殴ることがあった。おそらく嫉妬《しっと》にかられたからだろう。

事態は、ベルファースト（北アイルランドの首都）で頂点に達した。というのも、批評家がウェルドンをこてんぱんにこきおろした一方で、わたしの演技を褒めたからだ。まさにウェルドンにとっては腹に据えかねることである。その晩の舞台では、したたか殴られて、コメディーを演ずるどころではなくなり、鼻血まで出た。舞台がはねたあと、わたしはウェルドンに言ってやった。二度とそんなまねをしたら、舞台にあるダンベルで頭をかち割ってやると。そして、嫉妬しているにしても、わたしにぶつけるのはよせ、と付け加えた。

「おまえに嫉妬しているだと?」ウェルドンは、楽屋に向かう途中、せせら笑って言った。「おれのケツの穴にはな、おまえの体を全部あわせたものよりずっと多くの才能が詰まってるんだぞ!」

「そうか、あんたの才能はそこにあったのか!」わたしはこう言い返すと、急いで楽屋のドアを閉めた。

＊

シドニーがロンドンに戻ってきたとき、わたしたちはブリクストン・ロードにフラットを借りることに決め、四〇ポンドかけて家具調度を整えることにした。そこでニューイントン・バッツにある中古の家具屋に出かけて行って、店の主人に予算を告げ、内装を施す必要のある部屋が四部屋あると伝えた。この件に個人的な興味を抱いた主人は、よい掘り出し物が手に入れられるように、わたしたちに付き合って多くの時間を割いてくれた。フロントルームには絨毯《じゅうたん》を、残りの部屋にはリノリウムを敷き、長《なが》

駆け出しの頃。

椅子《いす》と肘掛《ひじか》け椅子二脚からなる布張りのソファセットを買った。居間の一隅にはムーア風の透かし細工のついたてを置き、黄色く着色された電球で背後から照らすことにした。その反対側には、金ピカのイーゼルに、これまた金ピカの額縁に入れられたパステル画を飾った。その絵は、台の上でこちらに背中を向けて立っているヌードモデルのもので、その尻《しり》にハエがとまっており、それを払おうとする髭の画家を、モデルが首をひねって見降ろしているという構図の代物《しろもの》だった。わたしは、この〝芸術作品《オブジェダール》〟とついたてのおかげで、部屋がとてもスタイリッシュなものになったと思った。最終的な部屋の雰囲気は、ムーア人のタバコ屋とフランスの淫売宿《いんばいやど》を足して二で割ったようなものになったが、わたしたちは大満足だった。さらにはアップライトのピアノも購入し、予算から一五ポンドも足が出てしまったものの、それだけの価値はじゅうぶんにあると思った。ブリクストン・ロード、グレンショー・マンションズ一五号のフラットは、ふたりの大切な憩《いこ》いの場所だった。それぞれ巡業を終えてそこに戻るのを、どれほど心待ちにしたことか！　祖父を援助する余裕も生まれ、一週間に一〇シリング渡すことができたし、部屋の掃除のために週二回メイドを雇うこともできた。とはいっても、それはほとんど必要なかった。部屋を散らかすことなど、めったになかったからだ。わたしたちは、まるで聖堂にでもいるように暮らした。シドニーとともに大型の肘掛け椅子にどっかり座って自己満足に浸ったり、赤い革張りの座面のついた真鍮《しんちゅう》製の暖炉囲いを買ってきて、肘掛け椅子から暖炉囲いに座を移し、座り心地を比べてみたりしたものである。

成功して——。

＊

一六歳のときのわたしのロマンスに対するイメージは、断崖《だんがい》に立って髪を風になびかせている少女を描いた劇場ポスターに感化されたものだった。わたしは彼女とゴルフをしているところを想像した——ゴルフは大嫌いだったのだが。その想像のなかで、うずくような感傷、健康、自然を手にして、露に濡《ぬ》れた丘をふたりで歩きまわるのである。それはロマンスだった。だが若者の恋というのは、ロマンスとは別物である。それはふつう、おきまりのパターンをたどる。一瞬出会った瞳《ひとみ》と瞳、初めて交わした二、三の言葉（たいていはバカげた言葉だが）のせいで、あっという間に、人生のすべての意味が変わり、あらゆる自然がふたりに慈悲深くなって、隠れていた喜びをふいに明かしてくれる。それこそわたしに起きたことだった。

わたしはもうじき一九歳になるところで、すでにカーノー一座の花形コメディアンとして活躍していたが、どこか物足りない思いを抱いていた。春が訪れて去り、夏が輝いても、わたしは虚《うつ》ろだった。日々の繰り返しは退屈で、自分の環境もつまらなかった。将来に何の希望も見出《みいだ》せず、退屈な凡人に囲まれて冴えない芸をしている自分しか思い浮かばない。生計を立てるために仕事をするだけでは飽き足らず、人生は単調で魅力に欠けるものになっていた。わたしはふさぐようになって人生に不満を抱き、日曜日にはひとりで散歩に出かけて、公園の音楽隊の演奏に耳を傾けた。ひとりでいても、ほかの誰かといても楽しくなかった。こうして、当然起こるべきことが起こったのだった。恋に落ちたのである。

カーノーの事務所の前に勢ぞろいした５組の所属劇団。

そのとき一座はストレッタム・エンパイア・ミュージックホールで興行中だった。わたしたちは毎晩、二、三のミュージックホールを掛け持ちしており、専用のバスでホールからホールへと移動していた。ストレッタムは最初の興行場所で、その後カンタベリー・ミュージックホール、そしてティボリへと行くことになっており、仕事を始めたときには、まだ日が高かった。うんざりするほどの暑さで、観客は半分も入っておらず、わたしの憂《ゆう》鬱《うつ》な気分は一向に晴れなかった。

わたしたちの出番の前に、「バート・クーツのヤンキー・ドゥードル・ガールズ」という歌とダンスの一座が演技していた。それまでは気にも留めていなかったのだが、二日目の晩、例によって無関心、無感覚のまま舞台の袖に立っていると、娘のひとりがダンス中に足を滑らせ、ほかの娘たちがクスクス笑い出した。そして、わたしの方を見たひとりの娘と視線が合った。彼女は、わたしも面白がっているかどうか確かめようとしたのだろう。突然わたしは、いたずらっぽく輝く大きな瞳に射すくめられた。その瞳の主は、形の良い卵形の顔、魅力的なふっくらした唇、そして見事に揃《そろ》った美しい歯並びを持つ、小鹿《こじか》のようにしなやかな娘だった。その美しさは電撃的だった。舞台を退場すると、彼女は髪を直すあいだ手鏡を持っていてくれないかと頼んできたので、そのあいだじっくり観察することができた。それが発端だった。水曜日までには、日曜日にデートしてくれるかどうか尋ねていた。彼女は笑って言った。「その赤い鼻をとっちゃったら、どんな顔をしているのかも知らないのに？」そのときわたしは『唖鳥《マミングバーズ》』の酔っ払いの役を演じていて、燕尾服《えんびふく》に白ネクタイという恰好だったのだ。

「ぼくのほんとの鼻はここまで赤くないと思うし、ここまで老いぼれてもいないさ。その証拠に、明日の晩、写真を持ってくるよ」とわたしは言った。

そして、ハンサムに撮れていると思った写真を差し出したのだった。それは、黒のアスコットタイを締めて憂《うれ》いに沈む若者を気取ったものだった。

「まあ、あなたって、ほんとはすごく若いのね」と彼女は言った。「もっとずっと年上かと思ってた」

「いくつぐらいだと思った？」

「すくなくとも三〇歳」

わたしは微笑んだ。「もうすぐ一九になるとこさ」

一座は毎日稽古をしていたのでウィークデーに会うのは無理だったが、彼女は日曜日の午後四時にケニントン・ゲートで会うと約束してくれた。

日曜日は、陽の光が降り注ぐすばらしい夏の日になった。わたしはウェストがスタイリッシュに引き締まった黒っぽい色のスーツを着て、同じく黒っぽいアスコットタイを締め、黒檀《こくたん》の杖をしゃれて抱えていくことにした。待ち合わせの場所に着いたのは四時一〇分前。わたしは緊張で全身ガチガチになって路面電車の到着を待ち、降りてくる乗客ひとりひとりに目を凝らした。

待っているあいだに、とあることに気がついた。化粧をしていない彼女の顔を見たことがなかったのだ。すると、どんな顔をしていたのかまったくわからなくなってきた。どんなに頑張っても顔の造作が思い出せない。じんわりとした恐怖が襲ってくる。彼女の美貌《びぼう》はまがいものだったのかもしれない！　幻影だったのかも！　凡庸な造作の若い娘が降りてくるたびに、わたしは絶望の淵《ふち》に追いやられた。結局、がっかりさせられることになるのだろうか？　わたしは自分の想像力にだまされてしまったのだろうか、それとも演劇のメーキャップにひっかけられたのか？

四時三分前に、路面電車から降りて、こちらに向かってきた女性がいた。わたしはがっかりしてしまった。彼女は美人ではなかったのだ。午後丸々いっしょに過ごし、そのあいだじゅう楽しんでいるふりをしなければならないと思っただけで、早くもみじめな気分になってきた。それでもわたしは帽子を軽く持ち上げて挨拶《あいさつ》し、にっこり微笑んで見せた。しかしその女性は憤然とした顔をして脇《わき》を通り過ぎてしまった。彼女じゃなくて、ほんとうによかった。

そしてきっかり四時一分過ぎに、若い娘が路面電車から降り立ち、こちらにやってくると、目の前で足を止めた。化粧はしていないが、えもいわれぬほど美しい。シンプルな水兵帽をかぶり、真鍮のボタンが付いたブルーのリーファーコート（合わせがダブルになったコート。ピーコートとも言う）を着て、両手をコートのポケットに深く差し込んでいる。「お待ちどおさま」と彼女は言った。

彼女がそこにいるという事実に圧倒されて、わたしはほとんど口がきけなくなってしまった。動揺して、頭が真っ白になり、言うことも、すべきことも、なにも思いつかない。「タクシーに乗ろう」かすれ声でようやく言うと、道の左右に目を走らせてタクシーを探し、ふいに向きなおって彼女に尋ねた。「どこに行きたい？」

　彼女は肩をすくめた。「どこへでも」

「じゃあ、ウェストエンドに行って食事をしよう」

「食事ならすませてきたわ」彼女の声は落ち着いていた。

「ともかくタクシーのなかで話そう」とわたしは答えた。

　彼女はわたしの感情の激しさに戸惑ったにちがいない。というのも、わたしはタクシーの中でずっとこんなふうに言い続けたからだ。「いずれ後悔するのはわかってるんだ――君は美しすぎる！」わたしは、彼女を楽しませて感心させようと、いたずらに骨を折った。前もって銀行から三ポンド降ろしておいたので、《トロカデロ》（ロンドンのシャフツベリー・アヴェニューにあった高級レストラン）に連れて行くつもりだった。そこの音楽とビロードをふんだんに使ったぜいたくな優美さは、わたしをロマンティックな人間に見せるにちがいないと踏んだからだ。わたしは彼女を夢中にさせたかった。けれども彼女は冷静なままで、わたしの言葉にどこか戸惑っているように見えた。とりわけ、覚えたての単語を使って「君はぼくの〝報復の女神《ネメシス》〟だ」などと言ったときには。

　そうしたことすべてが、どれほどわたしにとって意味のあることだったか、彼女はほとんど理解していなかっただろう。それは性的な感情とは、ほぼ無関係だった。彼女のような女性と関われることが重要だったのだ。わたしのような身分では、美しく優美な人に出会えることなど、めったになかったから。

その晩、トロカデロに着いたあと、わたしはちゃんとした食事をとるように彼女を説得したのだが、無駄に終わった。サンドイッチくらいならお付き合いしてもいいわ、と彼女は言った。けれどもわたしは、一流のレストランでテーブル席を独占した以上、豪華な料理を注文する義務があるように感じていた。といっても、わたしもほんとうのところは、そんなものは食べたくなかった。トロカデロのディナーは、儀式みたいに形式ばっていて大変だった。どのナイフやフォークを使って食べたらいいのかさえわからない。虚勢を張り、くつろいだ《デガージュ》ふりをして食事を進め、何気ないそぶりでフィンガーボウルを使ってみたりさえしたが、レストランを後にしたときには、ほっとした。彼女もきっとそうだったと思う。

トロカデロのあと、ヘティは歩いて家に戻りたいと言った。タクシーを使うように勧めたのだが、歩きたいと言ってきかない。彼女はカンバーウェルに住んでいたので、わたしにとっても都合がよかった。それだけいっしょに過ごす時間が増えたからだ。

そのときには、わたしの興奮も落ち着いていたので、彼女は気が楽になったようだった。あの晩わたしたちはテムズ川沿いの堤通《エンバンクメント》りを並んで歩いた。ヘティは女友達の話や冗談など、取るに足りないことをしゃべり続けたが、わたしの耳にはほとんど届いていなかった。感じていたのは、めくるめくような夜のことだけ。心の中で、えもいわれぬ幸せの高揚感を味わいながら、わたしは天国の中を歩いていた。

彼女と別れてから、わたしはエンバンクメントに戻った。完全に恋の虜になっていた！　そして、優しい光と熱い善意の情にほだされて、そこで寝ていた浮浪者たちに、三ポンドの残りすべてを施してしまったのだった。

初恋の相手、ヘティ・ケリー。

ヘティとは、翌朝七時にふたたび会う約束をした。シャフツベリー・アヴェニューのどこかで朝八時にリハーサルする予定になっていると聞いたからだ。彼女の自宅からウェストミンスター・ブリッジ・ロードにある地下鉄の駅までは二キロ半ほどの道のりだった。わたしは夜遅く仕事があり、午前二時前に寝るようなことは決してなかったにもかかわらず、翌日の明け方には、彼女に会うためにもう目を覚ましていた。

　今や、ヘティ・ケリーが暮らしているというだけで、カンバーウェル・ロードは、魔法がかかったように一変して見えた。地下鉄の駅まで手をつないで歩く朝の散歩は、困惑してしまうほどの熱望が入り混じった至福のときだった。以前は避けていた、みすぼらしく気の滅入るカンバーウェル・ロードは、朝霧の中にヘティの輪郭が近づいてくるのをドキドキして見つめるわたしの目に、とても魅力あふれる通りとして映った。こうした散歩のときに彼女が何を話したかはまったく覚えていない。神秘的な力がわたしたちふたりを出会わせ、この結びつきは運命によって定められていたものだという考えに、完全に囚《とら》われていた。

　ヘティを知るようになってから三日が経《た》った。つまり、朝いっしょに歩いた後、その日の残りを翌朝まで無意味なものにしてしまう短い逢引《あいび》きを、わたしは三回楽しんだのだ。だが四日目の朝、彼女の態度は急変した。冷淡で、嬉《うれ》しそうな顔もせず、わたしの手もとらなかった。わたしはそのことをなじって、ぼくを愛していないんだろう、と冗談っぽくとがめた。

「あなたは多くを望みすぎるわ」と彼女は言った。「それに、わたしはまだ一五歳なのよ。でも、あなたは四つも上だわ」

その言葉が意味することは考えたくなかった。それでも、彼女が突然よそよそしくなったことを無視するわけにはいかない。ヘティはまっすぐ前を向いて、両手をコートのポケットに突っこんだまま、女学生みたいな足取りで優雅に歩いていく。

「つまり、君はぼくを愛していないってことだね」とわたしは言った。

「わからないわ」とヘティ。

わたしはぼう然としてしまった。「わからないなら、愛してないってことだ」彼女は何も答えず、足を進めた。「ぼくがどんなに優秀な予言者か、これでわかったかな?」とわたしは軽い調子で続けた。「君と出会ったことをきっと後悔することになるって前に言っただろ?」

わたしは彼女の心を探って、どこまでわたしに好意があるのか突き止めようとしたが、どんな質問をしても、彼女は「わからないわ」の一点張りだった。

「ぼくと結婚してくれるかい?」わたしは彼女を問い詰めた。

「わたしは若すぎるわ」

「じゃあ、もし誰かと結婚しなくちゃならないとしたら、きみはぼくを選ぶかい、それとも誰かほかの人にする?」

しかし彼女ははっきりした答えは寄越さず、曖昧《あいまい》な答えを繰り返すだけだった。

「わからないわ……あなたのことは好きだけど……でも――」

「でも、愛してはいない、というわけだ」わたしはがっかりして、彼女が最後まで言う前に、言葉をはさんだ。

ヘティは肯定も否定もしなかった。その朝はどんより曇っていて、カンバーウェル・ロードは殺風景で気の滅入るところに見えた。

「困ったことに、ぼくはずいぶん深入りしてしまったよ」わたしはかすれ声で言った。地下鉄の入口は目の前だった。「おそらく一番いいのは、ここで別れて、二度と会わないことだろうね」わたしはこう言って、彼女の反応を見ようとした。

ヘティは重苦しい顔つきをしていた。

わたしは彼女の手をとり、愛情を込めて軽くたたいた。「さよなら。こうするのが一番いいんだ。君はすでに、ぼくを虜にしすぎているから」

「さよなら」と彼女は言った。「ごめんなさい」

彼女の謝罪の言葉は、とどめの一撃となった。地下鉄の駅の中に消えていく姿を目で追いながら、わたしは耐えがたい虚無感に苛《さいな》まれた。

わたしは何をしてしまったのだろう？　急ぎすぎたのだろうか？　彼女を問い詰める質問などしなければよかった。わたしは尊大な愚か者で、恥をさらさない限り二度と彼女に会えなくなるような状況に自分を追い込んでしまった。何をしたらいいんだろう？　いや、苦しむことしかできないだろう。次に会うときまで、この精神的な苦悩を眠りによって忘れられたらどんなにいいか。いずれにせよ、彼女が会いたいと言うまで、徹底的に避けなくては。もしかしたら、わたしは真剣すぎ、思い詰めすぎていたのかもしれない。次に会うときは、もっと軽薄で無関心なふりを装うことにしよう。でも、だいたい彼女はわたしに会いたいと思うだろうか？　そう思うに決まってる！　こんなに簡単にわたしを振ることなんかできるはずがない……。

その翌日、わたしはカンバーウェル・ロードに行きたくてたまらない気持ちを抑えられず、出かけて行った。ヘティには会えなかったが、その代わり、母親が出てきた。「いったい、あの子に何をしたの！」と母親は言った。「泣きながら帰ってきて、二度と会いたくないって言われたと言ってたわ」

わたしは肩をすくめ、皮肉な笑みを浮かべて答えた。「何かしたのは、ヘティのほうですよ」そう言ってから、おずおずと、彼女にもう一度会わせてほしいと頼んでみた。

母親は警戒して、首を横に振った。「だめよ、やめたほうがいいわ」

わたしは一杯おごろうと母親を誘った。そして角のパブに行って話し合い、もういちどヘティに会わせてくれと頼んだところ、彼女は折れて承諾した。

家に着いたとき、ドアを開けたのはヘティだった。わたしに気がつくと驚いて身を固くした。顔を《サンライト》石鹸《せっけん》で洗ったばかりらしく、とてもいい匂《にお》いがしている。そしてその大きな目で冷たく客観的にわたしを見つめながら、玄関のドアのところに立っていた。望みはない、とわたしは悟った。

「じゃあ」わざと冗談めかして、わたしは言った。「もう一度さよならを言いに来たんだ」

ヘティは何も言わなかった。が、一刻も早く立ち去ってもらいたがっていることは明らかだった。

わたしは手を差し出して微笑んだ。「じゃあ、もう一度、さよなら」

「さよなら」ヘティは冷ややかに答えた。

わたしは彼女に背を向けた。背後でドアが静かに閉まる音がした。

ヘティに会ったのは、たった五回だけで、日曜日のデートを除けば、そのどれについても、二〇分を超えることはほとんどなかったにもかかわらず、この短い恋のエピソードは、その後も長く影響をおよぼすことになる。

第七章

一九〇九年、わたしはパリに渡った。カーノー一座が、フォリー・ベルジェール（一八九〇年代から一九二〇年代にかけて絶大な人気を誇ったパリのミュージックホール）のムシュー・バーネルと契約を結び、一カ月だけ興行することになったためである。外国に行けることがわかったときには、どれほど心が湧《わ》き立ったことか！　フランスに出発する前の一週間は、ウリッジ（ロンドン東部の町）というジメジメした、みすぼらしい町でうんざりするような巡業を行っていたので、気分転換ができる日が待ち遠しくてしかたなかった。出発は日曜日の早朝で、すんでのところで列車に乗り遅れるところだった。プラットホームを走り、一番後ろの荷物専用車に飛び乗ったはいいが、ドーヴァーまで、ずっとその貨車に乗っていく羽目に陥った。そのころのわたしは、乗り遅れの天才だった。

英仏海峡《ザ・チャネル》を渡ったときは土砂降りに見舞われたが、霧の中にフランスの岸が見えてきたときには、忘れ得ぬ興奮を覚えた。「イギリスじゃないんだ」わたしは自分に何度も言い聞かせた。「ヨーロッパ大陸だ！　フランスなんだ！」その国はいつもわたしの想像を掻《か》き立ててやまなかった。実は、わたしの父にはフランス人の血が流れている。チャップリン家は、「ユグノー」（フランスにいたカルビン派のプロテスタント）が一七世紀末に迫害を受けてイギリスに逃げてきたときに、イギリスに移り住んできた一家だった。父のおじは、イギリスのチャップリン家の創設者はフランス人の将軍だった、とよく誇らしげに話していた。

季節は晩秋で、カレーからパリまでの道のりは殺風景だったが、それでもパリに近づくと、気分が高まってきた。寂しい荒涼とした田園風景を抜けると、暮れなずむ空に、徐々に光が浮かんでくる。「あれが」と、同じ客車に乗り合わせていたフランス人の男が言った。「パリの灯《ひ》ですよ」

パリはまさに、わたしが想像していたとおりのところだった。パリ北駅《ガール・デュ・ノール》からジョフロア＝マリー通りまでの道中、わたしはすっかり興奮して、じっとしていられなかった。角を曲がるたびに車を停めて、歩いてみたくてたまらなくなる。時刻は夕方の七時。カフェから金色の光が誘うように漏れ出し、歩道に並べられたテーブルが人生の喜びを語っている。まばらに走っている自動車という発明品を除けば、そこは当時もモネ、ピサロ、ルノワールの世界だった。その日は日曜日で、誰もが楽しみを追い求めているように見えた。陽気さと活気が、大気の中に満ちていた。わたしが「バスティーユ牢獄《ろうごく》」と名付けた、ジョフロア＝マリー通りの、石で床が敷いてある貸し部屋でさえ、わたしの熱気に水をさすようなことはなかった。何といっても、人々はビストロやカフェの店先のテーブルで人生を送っていたのだから。

日曜の夜は仕事がなかったので、翌日の月曜から興行を打つことになっていたフォリー・ベルジェールでショーを見ることができた。フォリー・ベルジェールは、金箔《きんぱく》、ビロード、鏡、大型のシャンデリアがふんだんに使われた豪華な劇場で、そこほど魅惑的な劇場は、ほかにないだろうとわたしには思われた。毛足の長い絨毯《じゅうたん》が敷き詰められた劇場ロビーとドレスサークル（二階の特等席）では、めくるめく世界が展開していた。宝石を身に着け、ピンク色のターバンを巻いたインドの貴公子たちと、羽根飾りつきの帽子をかぶったフランスやトルコの将校たちが、バーでコニャックのグラスを傾けている。正面入り口の広いロビーでは音楽が奏《かな》でられるなか、肩掛けや毛皮のコートをクロークに預ける淑女たちが白い肩をあらわにしている。彼女たちは、ロビーやドレスサークルをそぞろ歩いて目立たないように客を引く〝常連《アビテュエ》〟だった。当時は、そんな女性たちも美しく、洗練されていたのである。

フォリー・ベルジェールにはまた、プロの通訳がいて、帽子の上に「通訳」と書いた札を付けて劇場内を流していた。わたしは、彼らのまとめ役で数カ国語を操る男と親しくなった。

自分の出番が終わると、わたしは舞台衣装の夜会服を着こんで、〝そぞろ歩きの女性〟たちと言葉を交わした。あるとき、白鳥のように長く細い首と雪のように白い肌を持つ、ほっそりした美人がわたしの心をときめかせた。彼女は背の高い〝ギブソンガール〟（アメリカ人イラストレーター、チャールズ・ギブソンが描いた理想の女性像。端正な顔立ち、細い首筋、豊かな胸とくびれた腰が特徴）タイプの抜きん出た美女で、ツンと上を向いた鼻、濃く長いまつげを持ち、黒いベルベットのドレスを身に着けて白い長手袋をはめていた。その彼女が、ドレスサークルの階段を上がりながら、手袋をはらりと落としたのである。わたしはそれをすばやく拾った。

「ありがとう《メルシ》」彼女は言った。

「もう一度、落としていただきたいぐらいです」わたしはいたずらっぽく答えた。

「今なんと？《パルドン》」

この時点で、わたしは気づいた。彼女は英語を解さないし、わたしもフランス語ができないと。そこで、例の通訳の友人に助けを求めることにした。「ぼくの情欲をそそる女性がいるんだが、とても値が張りそうなんだ」

彼は肩をすくめて言った。「二ルイより高いなんてことはないさ」

「よし」とわたしは言ったものの、心の中では、〝二ルイ〟（二〇フラン）は、かなりの大金だと思った。実際そのとおりだったのだが。

わたしは通訳に頼んで、絵葉書の裏にフランス語のくどき文句《フラーゼ・ダムール》を書いてもらった。「あなたを愛しています《ジュ・ヴ・ザドール》」、「あなたを一目見た瞬間から恋してしまいました《ジュ・ヴ・ゼ・エメ・ラ・プルミエール・フォア・ク・ジュ・ヴ・ゼ・ヴュ》」などなど。こうしたフレーズは、適宜使うつもりだった。通訳に仲介の労をとってくれるように頼むと、彼はわたしと彼女のあいだを行きつ戻りつして段取りをつけてくれた。最終的に戻ってくると、彼は言った。「すべて話がついたよ。値段は一ルイだ。でも、彼女のアパートメントに行って帰ってくるタクシー代も払わなくちゃならないけどね」

わたしは一瞬、戸惑って尋ねた。「どこに住んでるんだい?」

「一〇フラン以上はかからないさ」

一〇フランは打撃だった。というのも、追加費用までは考えていなかったのだ。

「彼女、歩けないのかい?」わたしは冗談っぽく訊《き》いた。

「いいかい、この娘は一流なんだぜ。タクシー代ぐらい払わないと」通訳は答えた。

そこでわたしも、しぶしぶ了解したのだった。

取り決めが成立したあと、わたしはドレスサークルの階段で彼女とすれ違った。彼女は微笑《ほほえ》み、わたしは首を回して、その後ろ姿に声をかけた。「こんばんは《ス・ソワール》!」

「はじめまして《オンションテ》、ムシュー!」

わたしたち一座の出番はインターバルの前だったので、わたしは演技が終わった後に彼女と会う約束を取り付けた。通訳の友達が言った。「ぼくがあの娘をつかまえるあいだに、君は車を呼ぶといい。そうすりゃ時間の節約ができる」

「時間の節約？」

イタリアン大通り《ブールヴァール・デ・ジタリアン》を進むと、彼女の顔と長く白い首筋に光と影が踊り、えもいわれぬほど美しかった。わたしはこっそりと葉書の裏の虎《とら》の巻に目を滑らせた。

「あなたを愛しています《ジュ・ヴ・ザドール》」とまず一言。

彼女は完璧《かんぺき》な白い歯を見せながら笑って言った。「フランス語がお上手ね」

「あなたを一目見た瞬間から恋してしまいました《ジュ・ヴ・ゼ・エメ・ラ・プルミエール・フォア・ク・ジュ・ヴ・ゼ・ヴュ》」わたしは感情を込めて続けた。

彼女はまたもや笑って、もっと親しい「君《テュ》」という表現を使ったほうがいい、とわたしのフランス語を正した。彼女はそれについてちょっと考えてから、また笑い声をあげた。そして腕時計に目をやったのだが、あいにくそれは止まっていた。彼女は、時間が知りたいという意味のことを言った。一二時にとても大事な用事があるのだという。

「でも、今晩じゃなくても」とわたしは遠慮がちに言った。

「そうよ《ウィ》、今晩なの《ス・ソワール》」

「でも君は今晩ぼくとずっと過ごすことになってるんだよ、一晩中《トゥート・ラ・ニュイ》！」

彼女はふいに驚いた顔を見せた。

「まあ《オー》、ちがう《ノン》、ちがうわ《ノン》！　一晩中じゃないわ《パ・トゥート・ラ・ニュイ》！」

かくして、浅ましいやりとりが始まった。

「そんなちょっとの時間のために二〇フランもとるのかい《ヴァン・フラン・プール・ル・モマン》？」

「そうよ《セ・サ》！」彼女は語気を強めて答えた。

「残念だが、車を停めたほうがよさそうだ」わたしは言った。

そして運転手に金を払って彼女をフォリー・ベルジェールに戻すよう伝えてから、わたしは車を降りた。すっかり幻滅し、意気消沈した若者として。

わたしたちの一座はとても評判がよかったので、フォリー・ベルジェールで一〇週間ほど興行を続けることもできたのだが、カーノーさんは、すでに次のところと契約していた。わたしは週に六ポンドの給料を、すべて使い果たしてしまった。が、ちょうどそのとき、兄の親類、つまりシドニーの父親の親戚《しんせき》にあたる若者がわたしのところにやってきた。この青年は裕福で、いわゆる上流階級に属しており、パリ逗留《とうりゅう》中にわたしをとてもよくもてなしてくれた。芝居に夢中だった彼は、団員のふりをするために髭《ひげ》を剃《そ》り落とすことまでやってのけた。そうすれば、とがめられずに楽屋に来ることができたからだ。しかし残念ながら、彼はイギリスに戻らなければならなくなった。どうやらそのあと、いかめしい両親にたっぷり叱《しか》られて、南米に送られたらしい。

パリに来る前に、ヘティの一座もフォリー・ベルジェールで巡業していると聞いていたので、わたしはもういちど彼女に会おうと決心していた。パリに到着した夜、劇場の舞台裏に回って尋ねてみたのだが、そこにいたバレリーナによると、ヘティの一座は一週間前に、モスクワに旅立ってしまったという。この娘と話していると、荒々しい声が階段から聞こえてきた。

「すぐにこっちに来なさい！　知らない男と話なんかするんじゃないよ！」

それはバレリーナの母親だった。わたしは、友人の消息について尋ねただけだと説明しようとしたが、母親はわたしを無視して娘に言った。

「そんな男なんか放っといて、すぐに来なさい！」

わたしはその女のがさつさに腹が立った。けれども、わたしはそのあと彼女と昵懇《じっこん》になる。わたしが逗留していたホテルに、たまたま彼女も二人の娘といっしょに泊まっていたからだ。娘たちはフォリー・ベルジェールのバレエ団のメンバーだった。若い方の娘は一三歳で、プリマ・バレリーナ《プルミエール・ダンスーズ》を務めており、とても美しく、才能のある娘だった。が、一五歳の長女のほうは、才能も美貌《びぼう》も持ち合わせていなかった。四〇歳くらいの母親はフランス人で、豊満な胸を持ち、スコットランド人の夫はイングランドに暮らしていた。わたしたち一座の興行が始まると、彼女はわたしのところにやってきて、先のぶっきらぼうな態度を詫《わ》びた。それが、とても温かい友情の始まりとなり、わたしは寝室で供されるお茶にいつも呼ばれるようになった。

今振り返ると、わたしは信じられないほど、うぶだったに違いない。ある日の午後、娘たちが外出してしまって、〝ママ〟とふたりきりになったとき、彼女の態度が妙におかしくなって、お茶を注ぐ手が震えだした。わたしは将来の夢や希望、恋愛や失恋といった話をしていたのだが、彼女はその話にいたく心を動かされたようで、わたしが立ち上がってティーカップをテーブルに置くと、そばににじり寄ってきた。

彼女は「あんたはかわいいね」と言いながら、わたしの顔を両手ではさむと、瞳《ひとみ》をじっと覗《のぞ》き込んだ。「あんたみたいないい子が、傷つくなんて許せない」彼女の目つきは、ぼんやりして、催眠術にかかったような異様な感じになり、声も震え出した。「わかってるでしょ、あんたのこと愛してるって。息子みたいに」彼女はわたしの顔を両手ですっぽりつつんで、そう言った。そしてゆっくり顔を近づけると、わたしにキスしたのである。

「ありがとう」わたしは本心からそう言って、無邪気にキスを返した。そのあともしばらく彼女は唇を震わせ、瞳を涙で潤《うる》ませて、その奇妙なまなざしでわたしを釘付《くぎづ》けにしていたが、突然我に返ると、きびきびとお代わりの紅茶をいれだした。彼女の立ち居ふるまいは一変し、ある種のユーモアを口の回りに浮かべて、こう言った。「あんたは、ほんとうにかわいい子ね。大好きよ」

彼女は娘たちについて打ち明け話をした。「下の方はとってもいい子なんだけどね。でも、上の方は目をつけてないと。だんだん厄介なことになってきてるの」

彼女は、毎日ショーがはねたあと、下の娘と寝ている大きな寝室でとる夕飯に招いてくれた。そして、わたしは母親と下の娘におやすみのキスをしてから、自分の部屋に戻るのだった。でもそうするには、上の娘が寝ている寝室を通る必要があった。ある晩、上の娘の寝室を通り抜けようとしていたとき、その子が手招きして、わたしの耳にささやいた。「あんたの部屋のドアを開けといて。みんな寝ちゃったら行くから」信じられないかもしれないが、わたしは憤然と彼女をベッドに押し戻し、大股《おおまた》で部屋を後にしたのだった。あとで耳にしたことだが、フォリー・ベルジェールとの契約が終了したあと、上の娘（まだ一五歳だった）は、ずんぐりしたドイツ人のドッグ・トレーナーと駆け落ちしてしまったそうだ。その男は六〇歳だったという。

とは言っても、わたしは見かけほどうぶではなかった。ときには一座のメンバーといっしょに売春宿に繰り出して大酒をあおり、どんな若者でもするように、羽目をはずして大騒ぎすることがあった。ある晩、アブサンを何杯かあおったあと、わたしはアーニー・ストーンという元ライト級プロボクサーと殴り合いになった。喧嘩《けんか》が始まったのはレストランで、ウェイターと警官があいだに入ったあと、彼は「じゃあホテルで会おう」と言った。わたしたちは同じホテルに泊まっていたのだ。彼の部屋はわたしの部屋の真上にあり、わたしは午前四時に、足もとをふらつかせながらホテルに戻ると、彼の部屋のドアを蹴《け》った。

「入れ」と彼は元気よく言った。「靴を脱げ。音を立てないように」

わたしたちは無言で上半身裸になり、向かい合って身構えた。そして互いにパンチを繰り出し、身をかがめてかわし、果てしなく思われたほど、殴り合いを続けた。わたしは顎《あご》をまともに何度か殴られたが、なんの効果もなかった。「あんたはパンチが打てると思ってたけどね」とわたしは揶揄《やゆ》した。すると相手はとびかかってきたが、わたしが身をかわしたので、頭をもろに壁にぶつけ、もう少しで気絶するところだった。わたしは最後のとどめを刺そうとしたのだが、パンチ力が弱すぎた。ダメージをくらわずに相手を殴ることはできても、わたしのパンチには威力がなかった。突然、わたしは口にパンチをくらって前歯が折れそうになり、それで一気に目が覚めた。「もうじゅうぶんだ」とわたしは言った。「歯をなくしたくはないからな」アーニーは歩み寄って、わたしを抱きしめてから、鏡を見た。彼の顔はずたずたになっていた。一方、わたしの手もボクシングのグラブみたいに腫《は》れあがり、血しぶきが、天井にも、カーテンにも、壁にも飛び散っていた。いったいどうしてそんなところまで血が飛び散ったのか、今もってわからない。

わたしの口の端は片方が切れて夜中じゅう出血がとまらず、血が首筋に伝い落ちた。いつも朝になると紅茶を運んできてくれていた例の小さなプリマ・バレリーナは、わたしを見て金切り声を上げた。自殺したと思ったらしい。それ以来、わたしは殴り合いを封印することにした。

ある晩、通訳がやってきて、高名な音楽家がわたしに会いたいと言っているので、ボックス席に出向く気があるかと尋ねてきた。その誘いには、少々気がそそられた。というのも、ボックス席には、その音楽家の横に、こよなく美しい外国人風の女性が座っていたからだ。彼女はロシア・バレエ団《バレエ・リュス》（ロシア出身のセルゲイ・ディアギレフがパリで主宰したバレエ団）のバレリーナだった。通訳は、ふたりに向かってわたしを紹介した。音楽家の紳士は、わたしの演技をとても楽しんだと言い、わたしが若いことに驚いたと話した。こうした賛辞に、わたしは礼儀正しくおじぎをして応《こた》えた。ときおり彼の連れを盗み見ながら、ではあったが。「君は生まれながらの音楽家かつダンサーだ」と紳士は言った。

この褒め言葉には、感じよく笑みを浮かべるほかに応えようがないと感じたわたしは、通訳に目をやってから、また礼儀正しくおじぎをした。音楽家が立ち上がって手を差し出したので、わたしも立ち上がった。「そう、まさにそうだ」と彼はわたしの手を握って言った。「君は真の芸術家だ」ボックス席を辞してから、わたしは通訳に尋ねた。「彼といっしょにいた女性は誰だい？」

「彼女はロシア人のバレリーナで、マドモアゼル――」その名は、とても覚えられないほど長くて難しかった。

「で、あの紳士は？」わたしは訊いた。

「ドビュッシーだ」と彼は言った。「有名な作曲家だよ」

「聞いたことないな」わたしは答えた。

それは賑《にぎ》やかな年だった。まず、マダム・シュタインハイル（数々の愛人をつくり、夫としゅうとめ殺しの嫌疑で逮捕されたフランス人。その後英国貴族と結婚し、イギリスに暮らした。一八六九～一九五四）の有名なスキャンダルがあった。彼女は夫殺しの容疑で裁判にかけられたが無罪になった。また、みだらな姿をさらしながら男女が輪を描いて卑《ひ》猥《わい》な動きをする衝撃的な「ポンポン」ダンスも流行した。一ポンドにつき六ペンスという〝言語道断な〟個人所得税の法律案も議会を通過した。そしてドビュッシーの『牧神の午後への前奏曲』がイギリスで初めて演奏され、ブーイングの嵐《あらし》の中、聴衆が退場するという一件が起きたのも、その年だった。

＊

わたしは後ろ髪を引かれる思いでイギリスに戻り、地方巡業に出発した。そこはパリとなんという違いだったろう！　イングランド北部の町の陰気な日曜日には、店やらなにやらすべてが閉まり、人々を懲《こ》らしめようとして鳴らされる悲し気な教会の鐘の音が響くなか、酔っ払ってバカ騒ぎをする若者と忍び笑いの田舎娘たちが薄暗い町の本通りや裏道をうろついていた。彼らには、そんなことをするしか日曜の晩の気晴らしがなかったのだ。

イギリスに戻ってから六カ月が経《た》ち、わたしはいつもの平凡な生活にすっかり落ち着いていた。そんなとき、ロンドンの事務所から人生をワクワクさせてくれる知らせが届いた。カーノーさんが、『フットボールの試合』のセカンドシーズンで、ハリー・ウェルドンの代わりに主役を演じるようにと言ってきたのである。わたしは、自

カーノー一座のローラーホッケーチーム。前列左から２番目がチャップリン。後列左は「極楽コンビ」の片割れスタン・ローレル。

分の星がようやく登り始めてきたように感じた。これこそ、絶好のチャンスだった。『唖鳥《マミングバーズ》』と他のレパートリーの寸劇で人気が出ていたとはいえ、『フットボールの試合』の主役に比べたら、それらはマイナーな成功にすぎなかった。さらには、セカンドシーズンの開幕はロンドンでもっとも格の高いオックスフォード・ミュージックホール。しかも『フットボールの試合』はそこの目玉の呼び物で、わたしの名が、初めてポスターの最上部に記載されることになっていた。それはほんとうにかなりの出世だった。オックスフォード・ミュージックホールで人気が出たら、名声を不動のものにし、高額の報酬が要求できるようになり、最終的には自作の寸劇が演じられるようになるかもしれない。実際、それはあらゆる種類のすばらしい計画のきっかけになるはずだった。セカンドシーズンも、ほぼ同じキャストで演じられることになっていたので、リハーサル期間は一週間ですんだ。わたしはその役をどうやって演じようかと、大いに頭をひねった。ハリー・ウェルドンはランカシャー訛《なま》りで演じていた。そこで、わたしはコックニー（ロンドン下町の訛り）でやることにした。

しかし、最初のリハーサルの日、あいにく喉頭炎《こうとうえん》にかかってしまったのである。囁《ささや》くような声で話したり、蒸気を吸い込んだり、喉《のど》に薬をスプレーしたりして、なんとか声を温存しようとしたが、ついには不安が先に立って、その役の調子のよさや喜劇的な雰囲気が台無しになってしまった。

開幕の夜、わたしは、喉のあらゆる血管と靭帯《じんたい》を最大限まで緊張させて声を振り絞った。だが、観客には届かなかった。芝居がはねたあと、落胆と侮蔑《ぶべつ》の入り混じった顔つきのカーノーさんがやってきて、「まったく聞こえなかったぞ」とたしなめるように言った。わたしは次の晩までにはきっと声が出るようになりますと請け合ったが、残念ながら、そうはいかなかった。実のところ、喉の状態はもっと悪化していた。限界まで無理に声を振り絞ったので、まったく声が出なくなりかけていて、その次の夜は代役に演じてもらわなければならなかったのである。そんなわけで、興行は最初の一週間で幕を閉じることを余儀なくされた。オックスフォード・ミュージックホールにかけた夢や希望がすべてついえるなか、落胆のあまり、わたしはインフルエンザにかかってしまった。

＊

ヘティには一年以上会っていなかったが、インフルエンザで弱り、すっかり気落ちしていたわたしは、彼女のことをふたたび考えるようになっていた。そして、ある晩、彼女の家があるカンバーウェルに足を向けたのだが、その家は空っぽで、「貸家」という札が掛かっていた。

わたしはあてどなく、付近を歩き続けた。すると突然、闇《やみ》の中に人影が現れ、道を横切って、わたしのほうに近づいてきた。

「チャーリー！　ここで何してるの？」それはヘティだった。黒いシールスキンのコートを着て、同じくシールスキンの丸い帽子をかぶっている。

「君に会いにきたのさ」わたしは冗談めかして言った。

ヘティは微笑んだ。「ずいぶん痩《や》せちゃったわね」

わたしは、インフルエンザから回復したばかりだと説明した。彼女はいまや一七歳になり、とても美しくなって、おしゃれな装《よそお》いをしていた。

「でも、君のほうこそ、ここで何してるんだい？」わたしは訊いた。

「友達のところに来てたの。これから兄の家に行くところよ。あなたもいっしょに行かない？」ヘティはそう言って誘った。

道中彼女は、姉がアメリカ人の百万長者フランク・J・グールド（アメリカの鉄道開発家・投機家のジェイソン・〝ジェイ〟・グールドの四男。一八七七〜一九五六）と結婚して、ニースに住んでいること、そしてヘティ自身も翌朝ロンドンを発って姉夫婦に合流することになっていると説明した。

その晩、わたしはじっと立ったまま、ヘティがあだっぽく兄と踊る姿を眺めていた。彼女は兄にはすっぱな態度をとり、まるで妖婦《ようふ》のように振るまっていた。それを見たわたしは、われにもなく彼女への思いが冷めていくのを禁じえなかった。ヘティもほかの子と同じような、つまらない娘になってしまったのだろうか？　そう考えてがっかりしたわたしは、彼女を客観的に見つめはじめた。

ヘティの体つきは成長し、胸のふくらみも見てとることができたが、それはさほど豊かではなく、あまり魅惑的とは言えなかった。たとえ経済的にかなうとしても、彼女と結婚する気になれるだろうか？　いや、わたしは誰とも結婚などしたくなかった。

冷たく澄んだ夜の道をヘティといっしょに歩きながら、君はとてもすばらしく幸せな人生を送ることになるだろうと話したとき、わたしは悲しいほど現実的になっているように見えたにちがいない。「あなたはとても悲しそうだわ。わたし、泣きたくなってしまう」とヘティは言った。

その晩、わたしは勝ち誇った気分で家に戻った。というのも、ようやくわたしの悲しみがヘティの心の琴線に触れ、わたしの人格を理解させることができたと感じたからだ。

カーノーさんはわたしを『唖鳥』の寸劇に戻した。皮肉なことに、それから一カ月もしないうちに、わたしは完全に声を取りもどしていた。『フットボールの試合』で成功を収められなかったことにはがっかりしたが、努めてそのことは考えないようにした。けれども、心のどこかで、ウェルドンの代わりを演じるには力不足だったのではないかという思いが振り払えなかった。その根底にあったのは、やはりフォレスターズ・ミュージックホールでの失敗である。まだ完全に自信を取りもどしていなかったわたしは、新しいコメディーの寸劇で主役を任されるたびに、恐怖の試練を味わった。そしてついにカーノーさんに契約が満了したことを通知して、給料引き上げの交渉をするという、緊張の日がやってきた。

　カーノーさんは、嫌いな相手に対しては、ためらわず辛辣《しんらつ》で残酷になれた。わたしは気に入られていたので、そうした一面に触れることはなかったが、彼は確かにとても品のないやり方で相手を攻撃することがあった。たとえば、コメディーの上演中に、役者の演技が気に入らないようなときには、舞台の袖《そで》に立って鼻をつまみ、当人にはっきり聞こえるようにブーっと音を立てたりしていた。しかし、一度、これをあまりにもやりすぎたため、役者が腹を立てて舞台を放り出し、袖にいた彼に殴りかかってきたことがあり、以来、その下品な仕打ちは見られなくなった。とはいえ、今度はわたしが新たな契約の件で彼と対峙《たいじ》する番だった。

「さて」とカーノーさんは、皮肉な笑みを浮かべて言った。「君は給料を上げてもらいたいと言うが、演劇界は減給すべきだと言っている」ここで彼は肩をすくめた。「オックスフォード・ミュージックホールでの失態のあと、寄せられるのは苦情ばかりだ。あの一座は水準に達していないと言われている。シロウト芸人《スクラッチ・クラウド》の寄せ集めだとね（原注／カーノーは、少なくとも六カ月ともに演技しなければ一座団員の息はぴったり合わないと考え、そうなるまで、その一座を〝スクラッチ・クラウド〟と呼んでいた）」

「でも、それは、わたしのせいじゃないでしょう」とわたしは反論した。

「ところがどっこい、そうなんだ」とカーノーさんは、わたしをじっと見据えて言った。

「どんな苦情なんです？」わたしは尋ねた。

彼は咳《せき》ばらいをして、床に視線を落とした。「君は力不足だと言われている」

その言葉にはみぞおちを直撃されたものの、ふつふつと怒りも湧いてきた。だがわたしはつとめて冷静に答えた。「そうですか。そう思わない人たちもいますけどね。ここでいただいているより多いギャラを出すと言ってくれている人もいるんです」

これは嘘《うそ》だった。仕事のオファーなど、どこにもなかった。

「ショーはひどく、コメディアンは大根だと言われているのさ。ほら」と彼は言って、受話器をとった。「バーモンジー（ロンドン、タワーブリッジの近く）のスター・ミュージックホールに電話するから直接訊いてみるがいい……もしもし、先週の興行はさんざんだったと聞いたが？」カーノーさんは電話の相手に言った。

「ひどいもんだったさ！」と受話器の向こうから声がした。

カーノーさんがにやりと笑った。「原因は？」

「失敗作だったからだよ！」

「主役のコメディアン、チャップリンはどうだった？　いい役者かい？」

「クソだよ！」と電話の男が言った。

カーノーさんはにやりと笑って受話器を渡した。「自分で聞いてみるといい」

わたしは受話器をとって、言ってやった。「クソかもしれませんけどね、あなたの肥溜《こえだ》めみたいな劇場に比べれば、香水みたいなもんですよ！」

減給しようとしたカーノーさんのたくらみは見事にはずれてしまった。わたしは、そんなふうに思われているなら、契約を更新する必要はない、とまで言ってやったのだ。カーノーさんは多くの点で抜け目ない男だったが、人の心理に長《た》けているとは、とても言えなかった。たとえわたしがほんとうにクソ役者だったとしても、電話の相手の男にそう言わせるのは、得策ではなかったはずだ。当時わたしの週給は五ポンドで、自信も失いかけていたが、六ポンドほしいと要求したところ、驚いたことに、カーノーさんはその条件を飲み、わたしはふたたび彼のお気に入りになったのだった。

＊

アメリカで興行していたカーノー一座のマネージャー、アルフ・リーヴスが、イギリスに戻って来た。噂《うわさ》によると、アメリカに連れて行く主役級のコメディアンを探しに来たという。

オックスフォード・ミュージックホールでの挫折《ざせつ》以来、わたしの頭はアメリカに行く計画でいっぱいになっていた。スリルと冒険を求めただけではなく、新たな希望、新世界における新たな出発のきっかけになると思ったからだ。運のいいことに、そのときわたしが主役のコメディアンを務めていた新作寸劇『スケート』は、バーミンガムで大いにあたっていた。リーヴスさんが観《み》に来たとき、わたしは舞台で精一杯魅力を振りまいた。その結果、リーヴスさんは、アメリカに連れて行くコメディアンを見つけたと、早速カーノーさんに電報を送ったのである。だが、カーノーさんはわたしのためにほかの計画をいくつか温めていた。この不安な状況は何週間もわたしを宙ぶらりんのままにしたが、ついにカーノーさんは『ザ・ワウワウズ』という寸劇に興味を示した。それは、秘密結社への入会を茶化したバーレスクで、リーヴスさんとわたしには、バカらしく浅はかで、いいところなどまったくない寸劇に思えた。だがカーノーさんはこのアイデ

アルフ・リーヴス。

アに夢中になり、アメリカは秘密結社だらけだから、それを茶化したバーレスクはヒットするにきまっていると言い張った。そしてわたしは、アメリカ向けの『ザ・ワウワウズ』の主役に無事抜擢《ばってき》され、ほっと胸をなでおろし、期待で胸を膨らませたのだった。

アメリカ行きのこのチャンスこそ、まさにわたしが必要としていたものだった。イギリスでは、もう伸びしろが打ち止めになってしまったように感じていたし、何と言っても、わたしが手にできる将来のチャンスは限られていた。ほとんど教育を受けていないわたしが、もしミュージックホールのコメディアンの道を絶たれたら、それこそ単純労働者にでもなるしかなかったろう。それにひきかえ、アメリカでの見通しは、もっとずっと明るかった。

アメリカに出帆する前の日の夜は、ロンドンもこれが見納めだという物悲しい気分に浸って、ロンドンのウェストエンドを歩き回った。レスタースクエア、コヴェントリー・ストリート、ザ・マル、ピカデリー……。なぜかというと、アメリカに骨をうずめる覚悟でいたのだ。わたしは、ひと気のない道の詩的な雰囲気と自分自身の悲しみにひたりながら、午前二時まで歩き続けた。

別れを告げるのは大嫌いだった。たとえどんな別れであれ、身内や友人と別れるときに抱く感情は、見送られることによって、いっそう増すように思えたからだ。その朝は六時には起きていた。だからシドニーを起こすようなことはせず、テーブルに簡素なメモを残して家を出た。「アメリカに行ってくる。連絡するよ。愛をこめて、チャーリー」

第八章

わたしたちは大荒れの天候下、一二日間にわたって逆巻く波にもまれながらケベックに向かった。そのうち三日間は船の舵《かじ》が折れてしまい、進むことも戻ることもかなわないという状態だった。それでも、新しい土地に行くことを考えただけで、わたしの心は軽やかに浮き立った。乗っていた船はカナダ経由の畜牛運搬船で、牛こそ積んでいなかったものの、ドブネズミはたっぷりいて、二段ベッドの足もとにずうずうしく座りこみ、靴でも投げなければ、どこうともしなかった。

それは九月の初頭のことで、ニューファンドランド沖を通過するときには、深い霧が立ち込めていた。だが、ついにアメリカ大陸が目に入ってきた。その日は霧雨が降っていて、セント・ローレンス川の川岸は物寂しく見えた。船から眺めるケベックは、いかにもハムレットの父の亡霊が歩きそうな城壁みたいに見え、これから行くアメリカが思いやられた。

だがトロントまで進むと、田園風景は秋の紅葉に彩《いろど》られて美しさを増し、ふつふつと希望が湧《わ》いてきた。トロントでは列車を乗り換えて、アメリカ入国管理局を通過し

渡米中の船上で。左からアルフ・リーヴス夫妻、一座の女優ミュリエル・パーマー、チャップリン。

た。そして日曜日の朝一〇時、とうとうニューヨークに到着したのである。

しかし、タイムズスクエアで路面電車から降りたときには、少々失望してしまった。読み捨てられた新聞が風にあおられて道路や舗道のそこここに散らばり、ブロードウェーは、起き抜けのだらしない女性のような、みすぼらしい姿をさらしていたからだ。ほぼどこの街角にも、靴磨きスタンドがあった。これは、前面から靴型が突き出し、後部に高椅子《たかいす》がある台で、上着を脱いでその椅子に座り、くつろいだ様子を見せている人が靴を磨いてもらっていた。それを見ていると、家ですませるべき身支度の仕上げを路上で行っているような印象を受けた。多くの人は、どこかほかからやって来たよそ者に見えた。まるで列車の駅から出てきたばかりで、次の列車が来るまで時間をつぶしているとでもいうように、目的もなくただ舗道にたむろしているのだった。

とはいえ、それこそニューヨークだった。スリル満点で、めまいがしそうで、ちょっと怖いところもある大都会。それに比べるとパリはもっと親しみがあった。言葉が話せなかったにもかかわらず、パリは、どの街角にもあるビストロと舗道に並べられたカフェでわたしを温かく迎え入れてくれた。だがニューヨークは本質的に大企業の街だ。天にそびえる摩天楼は無慈悲な横柄《おうへい》さをただよわせ、市井《しせい》の人の都合など、気にもとめていないように見える。高級なバーでさえ、客は座ることも許されず、足を載せる長い真鍮《しんちゅう》製のレールがあるだけだ。大衆食堂も、清潔で、白い大理石の洒落《しゃれ》た内装が施されているものの、まるで病院にでもいるみたいに冷たくて味気ない感じがした。

わたしは四三丁目から少し入ったところにある、砂岩づくりの褐色の建物の奥部屋を借りた。今ではタイムズ・ビルディングが立っているところだ。それは陰鬱《いんうつ》で不潔な部屋で、ロンドンとそこにあるわたしの居心地のよい小さなフラットを思い出しては、ホームシックに陥ったものである。建物の地下にはクリーニング店があり、平日に立ち上ってくる、蒸気でプレスされた服の嫌な臭《にお》いが、不快さにいっそう拍車をかけた。

ニューヨークに着いた日、わたしは自分が劣っているように感じてしまった。レストランに行って何かを注文することさえ、わたしのイギリス式発音と、ゆっくりした話し方のせいで、とても苦労した。人々はものすごい早口で話す。わたしは口ごもって相手の時間を無駄にしてしまうのではないかと不安になり、どぎまぎした。

そんな素早いテンポにはまったく不慣れだった。ニューヨークでは、どんなにささやかな仕事の主も、やることがすばしこい。靴磨きは靴を磨く布をサササッと動かすし、バーテンダーもビールのグラスをつるつるに磨いたカウンターの上でシュッと滑らせて客に出す。ドラッグストアのソーダ水売り場の店員も、麻薬で興奮したジャグラーさながら卵入り麦芽ミルクを大急ぎで作り出す。ものすごいスピードでグラスをひっつかむと、材料を攻撃しはじめるのだ——バニラ風味、一すくいのアイスクリーム、スプーン二杯分の麦芽、片手で割る生卵、ミルク。それを一度にシェイクしたあとグラスに入れるのだが、これらすべてをやり終えるのに、一分とかからない。

最初の日、大通りで見かけた人たちの多くは、わたしと同じように孤独で寂しそうに見えた。一方、わがもの顔に肩で風を切って歩く者もいた。多くの人の態度は、まるで愛想よく礼儀正しくふるまったりしたら、自分の弱みをさらけだしてしまうとでもいうように、不機嫌か、無表情だった。だが、夕闇《ゆうやみ》が訪れ、夏服を着こんだ人たちに混じってブロードウェーを歩いたとき、わたしはほっと胸をなでおろした。イギリスを出発した九月の半ばは、肌寒いみじめな気候だったが、ニューヨークに着いたときには華氏八〇度（摂氏約二七度）もあった。そして、ブロードウェーを歩くにつれて無数の色付き電球が灯《とも》りはじめ、宝石のようにきらめきだした。暖かな夕べにわたしの心もほぐれ、アメリカにやってきた実感が湧いてきた。空を突く摩天楼、陽気に輝く美しい電飾、スタイリッシュな広告ディスプレーが、わたしの心に希望と冒険心を掻《か》き立てた。「ここなんだ！」とわたしはひとりつぶやいた。「ここそ、ぼくがいるべきところだ！」

ブロードウェーにいる人は、誰もかれもがショービジネスの関係者みたいに見えた。通りにも、レストランにも、ホテルにも、百貨店にも、あらゆるところに俳優、寄席《よせ》芸人、サーカス団員、芸能人がいて、みな仕事の話をしていた。劇場主の名前も聞こえてきた――リー・シューバート、マーティン・ベック、ウィリアム・モリス、パーシー・ウィリアムズ、クロー・アンド・アーランガー、フローマン、サリヴァン・アンド・コンシダイン、パンテージズ。雑役婦だろうがエレベーターボーイだろうが、ウェイター、路面電車の車掌、バーテンダー、牛乳配達人、はてはパン屋だろうが、みな興行師のような話し方をした。道では、人々のこんな会話の断片が耳に入ってきた。おっかさん風の、いかにも農家のおかみさん然とした老婦人が言う。「あの子はね、西部のパンテージズで、一日三回の巡業を終えたばかりなんだよ（原注　パンテージズ劇場チェーンのこと。一日三回ショーを上演していた）。いい作品に巡り合えさえすれば、寄席芸人として大成できるんだけどねえ」　そうかと思うと、門衛のこんな言葉も聞こえてくる。「ウィンターガーデン劇場で、アル・ジョルソン（二〇世紀のアメリカを代表する歌手、俳優。世界初の長編トーキー映画の主演を務めた。一八八六～一九五〇）を観《み》たかい？　確かに彼のおかげで、ジェイクのショーは救われたな（ジェイクとはウィンターガーデン劇場他を所有していたシューバート三兄弟のひとり）」

　新聞も、毎日一ページ全面を劇場欄にあて、ボードビルの演目を競馬の表さながら、人気と評判によって一番、二番、三番とランク付けしていた。わたしたちはまだそのレースに加わってはいなかったが、その表の何位に落ち着くことになるかと思うと気が気ではなかった。パーシー・ウィリアムズの興行系統で六週間興行することが決まっていただけで、そのあとは、何も予定がなかった。だから、その興行の成否に、どれだけアメリカに留まれるかがかかっていたのである。もし失敗したら、そのままイギリスに帰る手筈《てはず》になっていた。

　わたしたちはリハーサル用の部屋を借りて、『ザ・ワウワウズ』の舞台稽古《げいこ》を一週間行った。キャストのなかに、ドルリーレーンの有名な道化師〝気まぐれ《ウィムジカル》〟ウォーカーがいた。すでに齢《よわい》七〇を超えていたにもかかわらず、よく通る深い声をしていたが、台詞《せりふ》回しがまったくなっていないことがリハーサルで判明した。だが、彼の役どころは、芝居の筋を説明するという重要なもの。たとえば「抱腹絶倒、当意即妙《アド・リビタム》の芸をお目にかけます」という台詞では、どうやっても、「アド・リビタム」と言えず、ついに本番でも言えずじまいになった。興行最初の夜、彼は「アブリブラム」と言い、最終的に「アビリバム」（〝バム〟はお尻のこと）になったが、ついに正しい発音をすることはなかった。

アメリカでもカーノー一座の人気は高く、優れたアーティストが大勢登場する寄席のプログラムでも、わたしたちは目玉の一座になっていた。わたし自身は、演じている寸劇が好きになれなかったが、それでも当然のことに最善を尽くし、カーノーが言うとおり〝アメリカにぴったりの寸劇〟になることを願った。

ここでは、最初の興行の晩に至るまで抱いていた緊張感、苦悩、気がかりについて、そしてまた舞台の袖《そで》に立っているアメリカ人の芸人たちに凝視される決まり悪さについては省くことにしよう。ともかく、開口一番のジョークは、イギリスでは大いに受けたもので、アメリカでも、そのコメディーがどれだけ受けるかが予想できるバロメーターになると思われていた。幕開けは野営地のシーンで、わたしは空のティーカップを持って、テントから出てくる。

アーチー（わたし）　おはよう、ハドソン。ちょっとお湯をくれないかな？
ハドソン　もちろんんだ。何に使うんだい？
アーチー　風呂《ふろ》に入ろうと思ってね。
（観客はかすかに冷笑。そのあと完全に沈黙）
ハドソン　きのうはよく眠れたかい、アーチー？
アーチー　いや、ぜんぜん。イモムシに追いかけられる夢を見ちゃってね。

依然として死のような沈黙。わたしたちはダラダラと先を続けた。舞台の袖のアメリカ人たちは、どんどんつまらなそうな顔つきになり、わたしたちの寸劇が終わったときには、もうそこにはいなかった。

もともと『ザ・ワウワウズ』はバカげた面白みのない寸劇で、わたしはカーノーに、アメリカでの初演には、それをやらないようにと進言していた。わたしたちのレパートリーには、たとえば『スケート』や『ダンディーな泥棒たち』『郵便局』『代議士パーキンス氏』など、アメリカ人の観客にもっと受けそうな寸劇がほかにいくつもあったからだ。だが、カーノーは頑として聞き入れなかった。

控えめに言っても、外国興行で失敗することほど、みじめなことはない。快活で陽気なイギリス的コメディーを、笑い声も立てずに押し黙って聞くアメリカ人観客の前で毎晩演じなければならない苦痛は、まったくやりきれないものだった。わたしたちは六週間というもの、逃亡犯のように劇場にこそこそ出入りして、この屈辱を耐え忍んだ。他の出演者たちは、まるで伝染病患者に触れまいとでもするように、わたした

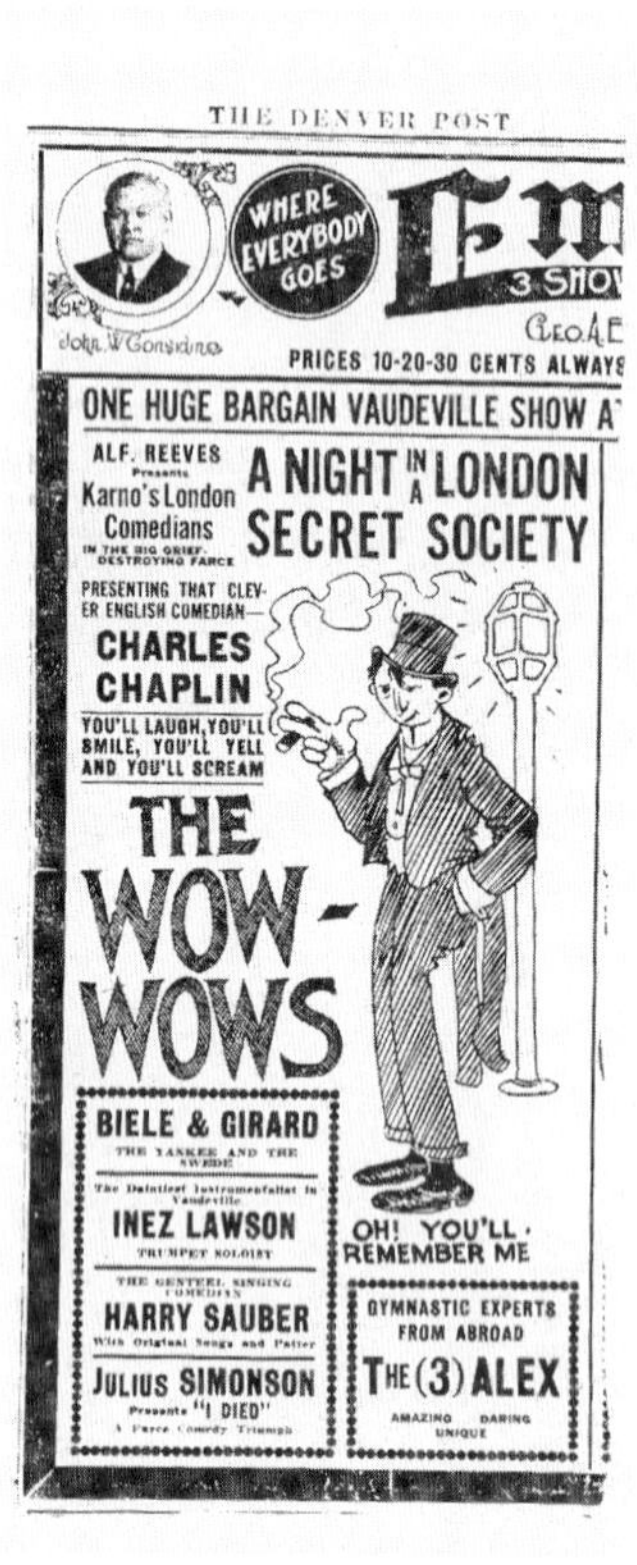

『ザ・ワウワウズ』のポスター。

ちに近づこうとしなかった。舞台に出る前に袖に集合するときには、全員が打ちひしがれて屈辱的な思いをしており、一列に並ばされて銃殺されにでも行くような気がした。

しかし、孤独でさびしかったとはいえ、わたしはひとり暮らしをしていたことに感謝した。すくなくとも、ほかの誰かに不名誉な状況を見せなくてすんだからだ。日中は、どこへ続くとも知れない長い道をあてどなく歩いたり、動物園や公園、水族館や博物館などを訪れたりして過ごした。興行が失敗した今、ニューヨークは恐ろしい場所に見えた。ビルは高すぎ、何事にも競争心むき出しの雰囲気にも潰《つぶ》されそうだった。五番街の壮麗な邸宅は住まいというよりも、成功を誇示するモニュメントに見えた。そびえ立つ豪勢なビルやファッショナブルな店舗も、場違いなところに来てしまったことを思い知らせる苛酷《かこく》な象徴としか思えなかった。

わたしは町を横切り、スラム街にも足を延ばした。マディソンスクエアの公園を抜けるときには、ガーゴイルのような路上生活者の老人たちが、絶望的な放心状態でベンチに座り、じっと足もとを見つめていた。そこからわたしは、三番街と二番街に向かった。そこでは貧困は、冷淡で苦々しいシニカルな姿をさらしていた。叫んだり笑ったり泣いたりしている数多くの貧しい人々が、戸口や非常階段にたむろしたり、道端でゲロを吐いたりしている。その光景にはとても気が滅入《めい》り、すぐにでもブロードウェーに戻りたくなった。

アメリカ人は、人をだまして金をかすめ取ることしか頭にない楽天家で、やめることを知らない不屈の挑戦者である。いつも考えているのはこんなことだ――あっという間に大儲けして（メイク・ア・クイック・キリング）、大当たりをとり（ヒット・ザ・ジャックポット）、状況を切り抜け（ゲット・アウト・フロム・アンダー）、売り尽くし（セル・アウト）、金をこさえてトンずらし（メイク・ザ・ドウ・アンド・ラン）、ほかのヤバイ商売に手を出そう（ゲット・イントゥー・アナザー・ラケット）！　しかし、このアメリカ人の極端な気質が、しだいにわたしの気分を明るくしはじめた。逆説的ではあるが、失敗したおかげで、心が軽くなり、束縛から解放されたのである。アメリカには、ほかにもたくさんの機会が転がっていた。ショービジネスにしがみつく必要などないし、わたしは芸術に魂を捧《ささ》げたわけでもない。ほかのヤバイ商売に手を出せばいい！　わたしは自信が戻って来るのを感じた。そして、たとえ何が起ころうと、アメリカに留まり続ける決心をしたのだった。

失敗から気をそらすために、わたしは独学して自分の精神を鍛えようと考えた。そこで、手始めに古本屋をあさり、教科書として、ケロッグの『修辞学《レトリック》』（修辞学と英文学の教授だったブレイナード・ケロッグの著作）、英文法の本、ラテン語の辞書を買った。もちろん勉強する気は満々だったのだが、わたしの決意は早々につまずいてしまった。本を開いたか開かないかのうちに、トランクの底にさっさとしまい込み、そのまま忘れてしまったのである。それらの本は、二度目にアメリカを訪れるまで、目にすることはなかった。

ニューヨーク興行の最初の週には、わたしたちの他に、子どもたちが演じる『ガス・エドワーズの学校生活』という演目が上演されていた。この一座に、ハンサムだが年に似合わぬほど世慣れた不良少年がいて、タバコのクーポン券を賭《か》けるギャンブルに入れ込んでいた。このクーポン券を集めてユナイテッド・シガー・ストアに持っていくと、ニッケルメッキのコーヒーポットからグランドピアノまで、さまざまな景品と交換することができたのである。少年は、舞台係だろうが何だろうが、誰でもいつでも相手にしてサイコロを振り、賭けようとしていた。少年の名はウォルター・ウインチェル（長じてアメリカの有名な芸能レポーターになる。一八九七～一九七二）と言い、ものすごい早口でしゃべりまくっていた。後年になっても、このマシンガントークは失われなかったが、真実を伝えることにおいては、正確さを欠くことが多くなっていた。

一座のショーは失敗だったとはいえ、わたし個人は、とてもよい評価をもらうことができた。『バラエティ』紙の評者サイム・シルヴァーマンなどは、わたしのことを、こう書いてくれた。「一座には、笑わせてくれるイギリス人が、すくなくともひとりはいた。彼ならアメリカでもやっていけるだろう」

　そのころまでには、一座の全員が、六週間経《た》った時点で荷物をまとめてイギリスに帰るしかないだろうと観念していた。だが、三週目にフィフス・アヴェニュー劇場で興行を行ったとき、観客の大部分がたまたまイギリス人の執事と従者だったのである。そんなわけで意外なことに、その劇場では、月曜日の夜のオープニングから大当たりをとることができた。観客はすべてのジョークに大笑いした。いつもの無関心な反応しか予想していなかった一座のメンバーは、わたしを含めて、みなびっくりしてしまった。おざなりの演技をやっていたために、かえってリラックスできていたのかもしれない。その結果、何をやってもうまくいったのだろう。

　その週、あるエージェントがわたしたちの演目を見にきていて、西部にあるサリヴァン・アンド・コンシダインの興行系統で二〇週間にわたって巡業する契約をとりつけてくれた。だがそれは安っぽいボードビルで、一日に三回ショーを演じなければならなかった。

　そのサリヴァン・アンド・コンシダイン興行系統での最初の巡業は、大成功というわけではなかったものの、ほかの劇団に比べれば、合格基準には達していた。そのころ、アメリカの中西部には魅力があった。生活のテンポはもっとゆっくりしていて、そこにはロマンがあった。どんなドラッグストアにも、どんな居酒屋にも、入口にサイコロを振る机が据えられていて、客は店の商品を賭けて、ギャンブルに興じたものである。日曜日の朝のメインストリートには、サイコロが転がる音が始終鳴り響いていた。それは人を温かく迎えてくれる心地よい音で、わたしは一〇セント払っただけで、一ドルの値打ちのある商品を何度も手に入れたものだった。

中西部の物価は安かった。小さなホテルでは、賄《まかな》い付きの部屋が一週間七ドルで借りられ、しかも食事はちゃんと三食ついていた。食べ物も驚くほど安かった。居酒屋の無料ランチのカウンターは、わが一座にとって命をつなぐ頼みの綱だったが、ニッケル硬貨一個（五セント）渡せば、ビール一杯と、デリカテッセンのカウンターから好きなものを選ぶことができた。そこに並んでいたのは、豚足、スライス・ハム、ポテトサラダ、サーディーン、マカロニチーズ、さまざまなスライス・ソーセージ、レバーソーセージ、サラミ、ホットドッグなどなど。一座の何人かは機に乗じて、皿に食べ物を満載し、バーマンに皮肉を言われたものである。「ヘイ！　そんなに山盛りにして、どこへ行こうってんだい？　クロンダイクにでも？（クロンダイクは、金鉱が発見されてゴールドラッシュが沸き起こっていたカナダの辺境地）」

一座にはメンバーが一五人以上いたが、全員がすくなくとも給料の半分は貯《た》めることができた。しかも、列車の寝台料金を支払ったあとでのことである。わたしは週に七五ドル稼いでいて、そのうちの五〇ドルを律儀《りちぎ》にマンハッタン銀行に預けていた。

巡業はわたしたちを西海岸に運んでいった。同じボードビルショーに出演していて、西に向かうわたしたちといっしょに旅していた者たちのなかに、テキサス出身のハンサムな空中ブランコ乗りの曲芸師がいた。彼は、曲芸師を続けるかプロのボクサーになるか決めかねていて、毎日朝になるとグローブをはめて、わたしとジャブの練習をした。相手はわたしより背が高くて、体重も重かったが、わたしは自由自在にパンチを食らわせることができた。わたしたちはとても仲の良い友人になり、ボクシングの勝負の後、いつもいっしょに昼食をとった。彼の両親は素朴なテキサスの農民だそうで、農家の暮らしについて、いろいろ話を聞かせてくれた。ほどなくして、わたしたちはショービジネスをやめて、養豚の共同経営者になる計画に夢中になった。

ふたりには、合わせて二〇〇〇ドルの資金と、大儲《おおもう》けの夢があった。計画はこうだった。まず、アーカンソーに一エーカー五〇セントで、二〇〇〇エーカーの土地を買う。そして残りはブタの購入資金と土地の改良資金に回す。すべてがうまくいけば、一年に平均五匹子を生むブタは、五年後に、ひとりあたり一〇万ドルをもたらしてく

アメリカ巡業中のチャップリン(右端)。

れるはずだった。

列車で移動するあいだ、わたしたちは窓の外の景色を見て、養豚農家を見つけては、えもいわれぬ興奮の発作に襲われた。食べるときも、寝るときも、ブタのことを考え、夢にさえ見た。養豚に関する科学的な本さえ買わなければ、わたしはショービジネスをあきらめて、養豚農家を営んでいたかもしれない。しかしその本には、ブタの去勢方法が図入りで載っていたために、わたしの養豚熱は一気に冷め、そのうち、事業計画についてもすっかり忘れてしまった。

この巡業には、バイオリンとチェロを持って行った。わたしは一六歳のときから毎日寝室で弦楽器を四時間から六時間練習してきた。劇場の指揮者あるいは彼に勧めてもらった音楽家から、毎週レッスンも受けていた。左利《ひだりき》きだったので、わたしのバイオリンは左利き用に調弦され、ベースバー（胴内に縦に膠付けされた細長い木片）と魂柱《こんちゅう》（表板と裏板を直接つなげる唯一の棒）もふつうとは反対側に取り付けられていた。わたしにはコンサートバイオリニストになるという壮大な野望があり、それが無理でもボードビルの寸劇にそれを生かしたいという夢があったのだが、時が経つうちに、決してじゅうぶんなスキルに達しないことがわかって断念することになった。

一九一〇年、シカゴは、その醜さのために魅力ある都市になっていた。残酷で汚いその街は依然としてフロンティア精神を宿しており、カール・サンドバーグ（シカゴを代表する詩人。一八七八～一九六七）が言うところの〝煤煙《ばいえん》と鋼鉄〟に生み出された繁栄を享受《きょうじゅ》する英雄的な大都市だった。シカゴに近づくにつれて、広大で平坦《へいたん》な草原が広がってきた。きっとロシアのステップも、そことよく似たところなのではないだろうか。シカゴには熱烈なパイオニア精神の陽気さが漂っていて五感を活気づけていたが、その下に脈打っているのは、マッチョな孤独感だった。この肉体的なフラストレーションを中和していたのが、国民的な気晴らしであるバーレスク・ショー、すなわち、しっちゃかめっちゃかなコメディアン仲間とそれを支える二〇人ばかりのコーラスガールからなるショーである。娘たちには、かわいい子もいれば、賞味期限の切れた年増《としま》もいた。コメディアンのなかには愉快な芸を繰り出す者もいたが、大部分のショーは、わいせつな〝ハーレム・コメディー〟といった、粗野でシニカルなショーだった。ショーのトーンは〝男っぽい男《ヒーマン》〟で、男と女が対立しあいながら官能的な駆け引きをするというものだったが、皮肉なことに、それは面白くないどころか、かえって観客に正常な性的欲望を抱かせなくなっていた。観客は、それを見て、すすり泣くような始末だったのである。シカゴでは、そんなシニカルなショーが山のように上演されていた。『ワトソンのデブデブ合唱団《ビーフトラスト》』というショーなどは、二〇人の巨体中年女性がタイツ姿をさらすという際物《きわもの》だった。〝合計体重は複数トン〟というのが宣伝文句で、劇場の外に貼《は》られた、はにかんだポーズをとる彼女たちの写真は、見るも無残で気が滅入った。

　シカゴでは、住宅地区のワバッシュ街にある小さなホテルに宿をとった。陰気でみすぼらしいホテルだったが、ロマンスを予感させる魅力もあった。というのは、バーレスクに出ていた娘たちの大部分も、そのホテルに泊まっていたのである。新しい街に着くたびに、わたしたちはいつもショーガールが滞在しているホテルを真っ先に探した。好色な下心あってのことだったが、そうした期待が実を結ぶことはまずなかった。夜には、高架線の上を走る列車が投げる光が、古風なビオスコープ（ドイツのスクラダノフスキー兄弟が一九世紀末に発明した映写機）のように、寝室の壁にちらついた。それでもわたしは、そのホテルが大好きだった——スリリングなことは何も起こらなかったとはいえ。

そんな娘たちのなかに、きれいで物静かな若い子がひとりいた。だが、なぜかいつもひとりぼっちで、歩くときも人目を気にしていた。ときどきホテルのロビーですれ違ったが、厚かましいことはしたくなかったので、近づきになろうとはしなかった。それに、彼女のほうから誘いをかけてくるようなことも一切なかった。

西海岸に向けてシカゴを後にしたとき、彼女も同じ列車に乗っていた。西に向かうバーレスクの一座は通常わたしたちと同じルートを辿《たど》り、興行も同じ街でやっていた。列車の中を移動していたあるとき、彼女がわたしの一座の団員と話をしているところを見かけた。あとでその男が隣に座ったので、わたしは「あの娘は、どんな子なんだい？」と訊《き》いてみた。

「とてもいい子だよ。かわいそうに。ほんとに気の毒だ」

「どうしてだい？」

ここで彼は体を近づけると、低い声で言った。「ショーをやっている女の子たちのなかに、梅毒持ちがいるって噂《うわさ》を覚えてるかい？　そう、あの子がそうなんだ」

その娘はシアトルで劇団を離れて病院に入院しなければならなかった。見舞金を集めたところ、巡業していた劇団すべてが募金に応じた。あわれなことに、彼女の境遇はすっかりみなに知れ渡っていたのである。それでも、その子は感謝して喜んだ。そして当時最新の特効薬だったサルバルサンの注射のおかげで全快し、劇団に戻ることができたのだった。

当時、赤線地区はアメリカ全土に広がっていた。シカゴはとりわけ、ふたりの中年の独身女性、エヴァーリー姉妹が営んでいた「ハウス・オブ・オール・ネーションズ」で有名だった。その娼館《しょうかん》はあらゆる国の女性を囲っていることで悪名高く、部屋はさまざまなスタイルと内装で飾られていた――トルコ風、日本風、ルイ一四世風、アラビア風のテントまであった。それは世界でもっとも豪勢な娼館で、そのためもっとも高価な施設でもあった。百万長者も産業界の重鎮も、政府の閣僚も上院議員も判事も、みなそこの常連客だった。会議の参加者はよく最終日に館《やかた》を一晩借り切って、そこで打ち上げをしたものである。ある裕福な道楽者などは、一度に三週間もそこに入りびたり、陽の目も見ずに暮らすことで有名だった。

わたしは、西へ行けばいくほど、アメリカが好きになった。列車の外に広がる広大な手つかずの自然は、殺風景で陰鬱《いんうつ》だったとはいえ、わたしを明るい見通しで満たしてくれた。広大な空間は魂を癒《いや》してくれる。視野を広げてくれるのだ。わたしの前途は洋々として見えた。クリーブランド、セントルイス、ミネアポリス、セントポール、カンザスシティ、デンバー、ビュート、ビリングズといった都市は、未来に向かうダイナミズムで脈打っており、その精神はわたしにも浸《し》み込んでいった。

　他のボードビル一座のメンバーの友人もたくさんできた。そして行く先々の街で六～七人寄り合っては、赤線地区に繰り出した。ときには、意気投合した売春宿のマダムが〝店《ジョイント》〟を一晩貸切りにしてくれるようなことや、そうしたところの娘が役者にほれ込んで、次の街まで追いかけてくるようなこともあった。

　モンタナ州ビュートの赤線地区は、長い一本道と複数の脇道《わきみち》からなり、そこに何百軒ものみすぼらしい売春宿が立ち並んでいた。それぞれに一六歳以上の娘たちがいて、一ドルでサービスを提供していたのだ。ビュートの赤線地区にいる娘たちは、中西部でもっとも美しいという評判で、それは実際、ほんとうだった。洒落た身なりの美人がいたら、赤線地区から買い物に出てきた娘であることは、ほぼ間違いなかった。仕事をしていないときの娘たちは客を品定めするようなことはせず、とても礼儀正しかった。何年もあとに、わたしはサマセット・モーム（イギリスの小説家、劇作家。一八七四～一九六五）が書いた短編小説『雨』の登場人物、セイディ・トンプソンについて、モーム自身と言い争ったことがある。この作品が舞台で上演されたとき、セイディ役のジーン・イーグルスは、わたしが正しく記憶している限り、スプリング・サイド・ブーツ（サイドに模様のある編み上げ靴）を履き、グロテスクな装《よそお》いをしていた。わたしは、モンタナのビュートにいる娼婦がそんな恰《かっ》好《こう》をしたら、まったく稼ぎにならなかっただろうと彼に言ってやったのだった。

一九一〇年のモンタナ州ビュートは、依然として〝ニック・カーター〟（アメリカで作家たちに書き継がれてきた架空の探偵、スパイ。別名は「キルマスター」）の街で、炭鉱夫がトップブーツ（上の端がめくり返されているブーツ）を履き、ツーガロンハットをかぶって、赤いネッカチーフを首に巻いて歩いているようなところだった。街中で銃の撃ち合いさえ見られた。太った年寄りのシェリフが、脱獄囚のかかとに向けて拳銃《けんじゅう》を撃ったのだが、脱獄囚は袋小路でつかまり、幸い怪我《けが》はなかった。

西に行くにつれ、わたしの心は軽くなっていった。街は東部より、ずっと清潔そうに見えた。劇団は、ウィニペグ、タコマ、シアトル、バンクーバー、ポートランドと辿っていった。ウィニペグとバンクーバーでは、観客は実質的にみなイギリス人で、すっかりアメリカびいきになったわたしでも、故郷の観客の前で演じるのは楽しかった。

そしてついにカリフォルニアに着いた！　陽光とオレンジ畑とぶどう園とヤシの木立が太平洋に沿って一六〇〇キロも続く天国だ。東洋に通じるゲートウェイのサンフランシスコは、おいしい食べ物と安い物価の都会だ。「カエル脚のプロヴァンス風《ア・ラ・プロヴァンサル》」、ストロベリー・ショートケーキ、アボカドを初めて味わったのもそこである。わたしたちが到着したのは一九一〇年のことで、サンフランシスコは一九〇六年に大震災

カリフォルニアのエクシター駅に貼られたポスターの前で。

（現地の人は大火事と呼ぶ方を好んだが）を経験していた。だが、起伏の多い道路に亀裂《きれつ》が残るところが一～二カ所はあったものの、震災を思い起こさせる傷跡は、もうほとんど消えていた。あらゆるものが真新しく輝いており、それはわたしが泊まっていた小さなホテルも同じだった。

わたしたちが公演を行ったのは、シッド・グローマンとその父親が所有していたエンプレス劇場で、グローマン親子は、感じのよい社交的な人たちだった。それはまた、わたしがプロの芸人として、カーノー劇団の名前抜きにポスターに名前が掲載された最初の機会でもあった。そして、そこの観客は、まさに役者冥利《みょうり》につきた！『ザ・ワウワウウズ』はあれほどつまらないショーだったにもかかわらず、上演のたびに大入り満員になり、観客は大声で笑い転げたのである。グローマンは熱心に「カーノーの劇団を去るときは、いつでも戻ってきてくれ。いっしょにショーをやろう」と言ってくれた。こんな熱意を感じたのは初めてのことだった。サンフランシスコには、楽観的な心意気と進取の気性がみなぎっていた。

それにひきかえ、ロサンゼルスは醜い都市だった。暑苦しくて息が詰まりそうで、人々は血色が悪く、貧血気味に見えた。サンフランシスコより暖かかったが、サンフランシスコの爽《さわ》やかさはなかった。自然は、ハリウッドがウィルシャー・ブールヴァード（ロサンゼルスのダウンタウンからサンタモニカまで続く大通り）にある先史時代からのタール坑（ラ・ブレア・タールピットのこと）に飲みこまれてしまっても、カリフォルニアは生き残って繁栄できるようにと、北部に天然資源を恵んだのだろう。

わたしたちの第一回目の西部巡業は、モルモン教徒の総本山、ソルトレイクシティで終わりを告げた。砂漠地帯のその土地は、イスラエルの子らを導いたモーセを思い起こさせた。ソルトレイクシティは、大地がぽっかり口を開けたようなだだっ広い都市で、街全体が蜃気《しんき》楼《ろう》のように太陽の熱で揺らいでいるみたいに感じられ、広大な平原を突っ切ってそこに辿りついた人しか考えつかないような幅広い道路が走っていた。モルモン教徒たちと同じように、街はよそよそしく禁欲的で、観客も同じだった。『ザ・ワウワウズ』をサリヴァン・アンド・コンシダインの興行系統で上演したあと、

酔っ払いを演じるチャップリン。

わたしたちはイギリスにそのまま帰るつもりでニューヨークに戻って来た。だが、当時、興行界を独占しようとしていた複数のボードビル・トラストと闘っていたウィリアム・モリス氏が、ニューヨークの四二番街にあった彼の劇場で、わたしたちのレパートリーを六週間にわたってすべて演じる機会を提供してくれた。オープニングは『英国ミュージックホールの夕べ』で、これは大当たりをとった。

その週、ある若者とその友人が、ふたりの若い娘と夜遅くデートの約束をしていた。そして、時間を潰すために出かけたモリス氏のアメリカン・ミュージックホールで、たまたまわたしたちのショーを見たのだった。そのうちのひとりが言った。「ぼくがいつか大物になるようなことがあったら、あの男と契約したいものだ」と。あの男とは、『英国ミュージックホールの夕べ』で酔っ払いを演じていたわたしのことだった。当時バイオグラフ・カンパニーで、D・W・グリフィス（「映画の父」と呼ばれるアメリカの映画監督。一八七五～一九四八）の映画のエキストラを一日五ドルでやっていたこの青年は、名前をマック・セネットと言い、のちにキーストン映画社を設立することになる。

ニューヨークのモリス氏の劇場で大評判に湧いた興行を六週間行ったあと、わたしたちはふたたび、サリヴァン・アンド・コンシダイン興行系統で二〇週間の巡業を行うことになった。

二度目のアメリカ国内巡業の終わりが近づくにつれ、わたしはとても寂しくなった。残りはあと三週間。サンフランシスコ、サンディエゴ、ソルトレイクシティで巡業を行ったあとは、イギリスに帰ることになっていた。

『英国ミュージックホールの夕べ』のポスターを背に。スポーカンで。

サンフランシスコを去る前日にマーケット・ストリートを散策していたとき、わたしはカーテンがかかった小さな店に出くわした。看板には、「手相占いとトランプ占い――一ドル」と書かれてある。やや気恥ずかしく思いながらも店

大監督D・W・グリフィス(左)と天才興行師シド・グローマン父子。

に入ると、それまで食事をしていたらしい太った四〇がらみの女が、口をもぐもぐさせながら奥から出てきた。そして、やる気のない調子で、ドアの正面の壁に押し付けるように置かれている小さなテーブルを指さすと、わたしのほうは見もしないで「そこに座って」と言った。彼女自身も反対側に座った。立ち居振る舞いもぶっきらぼうだった。「トランプをシャッフルして、三回カットしたら、手の平を上に向けて両手をテーブルの上に置いてちょうだい」彼女はトランプをひっくり返して広げ、それを調べてから、わたしの両手をじっと見た。「あんたは長旅をしようとしてるね。つまりアメリカを去るってことだ。でも、じきに戻って来る。そして、新しい仕事をすることになるよ。今やってることとは、何か違うこと」ここで彼女は口ごもり、混乱した様子を見せた。「いや、ほとんど同じだけど、ちょっと違うことだ。この新しい取り組みは大成功するって出ている。あんたの前途には、すごいキャリアが待っているよ。でも、わたしには、それが何かはわからない」彼女は、ここで初めて目をあげると、わたしの手をとった。「ああ、ここに、三回結婚するって出てる。最初の二回はあまりいい結婚じゃないけれど、あんたが死ぬときには、幸せな結婚をしていて、子どもも三人できてるよ」（この点は外れた！）そしてもう一度わたしの手相を見た。「うん、あんたは大金持ちになるね。これはもうかる手相だから」そのあと、わたしの顔をじっと見た。「あんたは気管支肺炎で、八二歳で死ぬ。これで一ドル。ほかになにか訊きたいことは？」

「いや」わたしは笑って言った。「余計なことはしないほうがいいだろう」

ソルトレイクシティに行くと、新聞の紙面は銃を使った追いはぎと銀行強盗の話でもちきりだった。ナイトクラブやカフェで、客が壁に沿って一列に並ばされ、ストッキングを顔にかぶった強盗に金品をとられていたのだ。強盗事件が一晩に三件も起こり、ソルトレイクシティの街は震え上がっていた。

ショーが終わると、わたしたちは通常、近場の酒場に一杯やりに出かけ、店の客と知り合いになることもあった。ある晩、酒場にいると、丸顔の太った陽気な男がふたりの連れといっしょに入ってきた。その太っちょは、三人のなかで一番年上で、わたしたちのほうにやってくると、こう言った。「あんたら、エンプレス劇場で、あのイギリスのコメディーをやってる役者だろ？」

わたしたちは笑顔で頷《うなず》いた。

「そうだと思ったよ！　おい、おまえら！　こっちへこい」彼は仲間を呼びつけ、ふたりを紹介してから、わたしたちに酒をおごると言った。

太っちょはイギリス人だった。と言っても、イギリスなまりはほとんど残っていなかった。年の頃は五〇くらいで、小さな輝く目と血色のいい顔をしている気のいい男だった。

夜もふけ、太っちょのふたりの仲間とわたしの一座のメンバーは、バーのほうに行ってしまい、わたしはこの〝デブ《ファット》〟（彼の仲間はそう呼んでいた）とふたりきりになった。

すると、彼は声を低くして打ち明け話をはじめたのである。「生まれ故郷に三年前に帰ったんだ。だが、すっかり変わっちまってたな——暮らすにゃ、こっちのほうがいい。三〇年も前に来たんだ。俺もウブだったよ。モンタナの銅鉱山でケツが抜けるほど猛烈に働いてね――そのあと気付いたんだ。自分に言ったさ、〝割に合わねえ〟って。今じゃ間抜けな手下どもが働いてくれる」デブは、巨大な札束を取り出して言った。「もう一杯やろうぜ」

「用心しないと」わたしは冗談めかして言った。「強盗にやられるぞ！」

するとかれは、邪悪な笑みを意味ありげに浮かべてウィンクした。

「それだけは心配ないさ！」

そのウィンクを見たあと、わたしはおそろしい考えにとらわれた。それは多くのことを示唆《しさ》していたからだ。太っちょはわたしから目を離さずに微笑《ほほえ》みつづけた。そして言ったのだった。「わかったかね？」と。

わたしは賢明にも頷いた。

すると、彼はわたしの耳元に口を寄せて、秘密を打ち明けるかのように話しはじめた。

「あのふたりが見えるかね？」と、連れを指す。

「あれが俺のギャング、ふたりの阿呆《あほう》さ。脳みそは空っぽだが、ガッツときたら見上げたもんだ」

わたしは用心深く人差し指を唇にあてた。まわりに聞こえるぞという意味だ。

「俺らなら大丈夫さ、相棒。今晩とんずらすることになってるからな」彼は続けた。「聞いてくれ、俺らイギリス人《ライミー》だろ――ロンドン《オールド・スモーク》から来たんだろ？　俺は、イズリントンのエンパイア劇場で、あんたがあの箱に落っこちちゃあ出てくるのを何度も見たさ」そう言って顔をしかめた。「あんたも、しんどい稼業《かぎょう》をしてるなあ、相棒」

わたしは笑った。

打ち明け話が進むにつれ、彼はわたしと死ぬまで親しく付き合いたいと言いだし、ニューヨークの住所をせがんだ。「昔のよしみで一筆書くよ」と言って。だが、ありがたいことに、彼から手紙が届くことはついになかった。

第九章

アメリカを去ることについては、さほどがっかりしていたわけでもなかった。時と手段はどうなるかわからなかったが、必ず戻ってこようと心に決めていたからだ。それでも、ロンドンに戻ってシドニーとわたしの居心地の良いささやかなフラットで暮らすことは、とても楽しみだった。アメリカ巡業中、そのフラットはわたしの心のなかで、一種の神殿のようなものになっていた。

シドニーからはずいぶん長いあいだ便りがなかった。最後にもらった手紙には、フラットには祖父が住んでいると書いてあった。だが、ロンドンに到着したときに出迎えてくれたシドニーは、今やあのフラットを手放し、結婚して、ブリクストン・ロードにある家具付きの貸し間に暮らしていると言うではないか。これは痛烈な打撃だった――生きることに楽しみを与えてくれ、家庭生活の誇りを持たせてくれた、あのささやかな楽しい安息所がなくなってしまったのだ……。わたしは帰るべきすみかを失ってしまった。しかたなく、ブリクストン・ロードにある奥部屋を借りたが、そこはうんざりするところで、できるだけ早くアメリカに戻ろうという決意をいっそう強くさせた。あの最初の晩、ロンドンは、コインを入れたのに商品が出てこない空の自動販売機と同じくらい、わたしの帰郷を黙殺しているように思えた。

シドニーは所帯を持ち、毎晩働いていたので、あまり会うことはなかった。それでも日曜日には、ふたりで連れだって母に会いに出かけた。だが、母の容態は思わしくなく、それは陰鬱《いんうつ》な一日になった。大声で讃美歌を歌うような騒々しいふるまいがようやくおさまったところで、それまで拘束部屋に入れられていたと、看護師が前もって教えてくれた。シドニーは母に会ったが、わたしはそんな姿の母を見る度胸がなかったので、ひとり待っていることにした。やがてシドニーは苦悩の面持ちで戻ってきて、母はショック療法を受け、氷のように冷たいシャワーを浴びせられて、すっかり青ざめていたと言う。この一件は、わたしたちに母を私立の施設に移す決心をさせた——今や、わたしたちにはそうできるだけの金銭的余裕があったのだ——イギリスの名コメディアン、故ダン・リーノがかつて入院していた施設に移すことにした。

日が経《た》つにつれ、わたしは名もない根無し草になってしまったように感じ始めた。あのささやかなフラットに戻ることができていたら、そんなふうには思わなかったかもしれない。とはいえ、当然のことに、憂鬱さに塗り込められるようなことにはならなかった。アメリカから戻って来た今、イギリスに対する親しみ、その習慣、そして母国との絆《きずな》は、わたしを深く感動させた。季節はまたとないイギリスの夏の盛りで、そのロマンに満ちた麗《うるわ》しさは、わたしの知る限り、他のどんな国にもないものだ。

ある週末に、わたしの〝ボス〟となったカーノーさんが、タグズ島の水上別荘に招待してくれた。それはマホガニーの羽目板で内装を凝らした豪華なつくりの船で、招待客には特別室が用意されていた。夜には色付き電球のイルミネーションが花綱《はなづな》のようにボートの周囲に張り巡らされ、わたしには、それがとても陽気でチャーミングなはからいに思えた。その日は、すばらしく暖かな夏の宵で、ディナーのあと、わたしたちは上甲板に出て、イルミネーションのもと、コーヒーとタバコを愉《たの》しんでいた。それはまさに、ほかのすべての国を捨ててもかまわないと思わせるような、すばらしいイギリスの光景だった。

フレッド・カーノー夫妻(左が夫人)。タグズ島の水上別荘で。

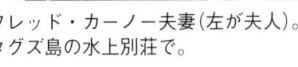

　そのときふいに、わざとらしい裏声の気取った声が、ヒステリックにわめきだした。「おお、ぼくちゃんの素敵なボートを見てよ、みんな！　ぼくちゃんの素敵なボートを！　それにイルミネーションもね！　は、は、は！」その声は愚弄《ぐろう》するような、ヒステリックな笑い声に変わった。その声がどこから来ているのかと探すと、スポーティーな白いフラノズボンをはいた男が乗り込んでいる手こぎボートが目に入った。後部座席には、女性が背をもたれかけて座っている。その二人は、『パンチ』の風刺絵そっくりだった。カーノーはレールにもたれ、ブーッと口で大きな音をたてて男をやじったが、何をしても、男のヒステリックな笑い声を止めることはできなかった。「やるべきことは、ひとつしかありません」とわたしは言った。「こっちのことを悪趣味だと思っているなら、徹底的に悪趣味になってやりましょうよ」そして、ふたりに向かって、ラブレー風の野卑な罵詈雑言《ばりぞうごん》を浴びせかけてやった。さすがにこれには連れの女性がきまり悪くなったようで、男はあわててボートを漕《こ》いで去って行った。

　この愚か者のふざけた叫び声は、わたしたちの趣味に対する批判というよりも、彼が感じとった〝労働者階級の図々《ずうずう》しい派手さ〟に対するスノビッシュな偏見から出たものだった。あの男は、バッキンガム宮殿を見て「おお、ぼくちゃんが住んでる大きなおうちを見て！」なんて揶揄《やゆ》することは絶対にないだろうし、戴冠式《たいかんしき》用の馬車を小《こ》馬鹿《ばか》にするようなこともないだろう。イギリスに戻ったわたしは、社会の隅々まで浸《し》み込んでいるこうした階級意識を痛切に感じた。この手のイギリス人は、相手が自分より社会的に低い地位にあることをすぐに見抜いては悦に入るらしい。

アメリカから帰って来たわたしたち一行には仕事が与えられ、一四週にわたってロンドン周辺で興行を行うことになった。ショーは好評で、観客もすばらしかった。だがそのあいだじゅう、わたしはアメリカに戻れるどうかが気がかりでしかたなかった。祖国を愛してはいたものの、イギリスで暮らすことはできなかった。自分の生い立ちでは気の滅入《めい》るような凡庸さに落ちていくしかない、という不安を抱えていたからだ。そんなわけで、ふたたびアメリカでの巡業契約が結ばれたと聞いたときには、とびあがるほど嬉《うれ》しかった。

日曜日にシドニーとわたしが見舞ったとき、母の健康は改善したように見え、シドニーが地方巡業に出かける前に、わたしたちは夕食を共にした。明日はアメリカに向かって出立というロンドンの夜は、感情が千々に乱れて、悲しさと苦々しさとでいっぱいになり、「こうした道を目にするのも今度こそ見納めだ」と思いながら、ふたたびウェストエンドを歩き回った。

＊

今回わたしたちは『オリンピック号』（チャップリンの勘違いで、正しくは『オセアニック号』）の二等客室に乗り込み、ニューヨーク経由でアメリカに向かった。エンジンの鼓動が静かになると、目的地に到着しつつあることがわかる。そのときわたしは、すっかりアメリカになじんでいることを実感した――異邦人のなかの異邦人。みなと同じだ。

ニューヨークも大好きだったが、わたしは西部へ行って、大切に思うようになった人たちと友情を温める機会を心待ちにしていた――モンタナ州ビュートのアイルランド人バーテンダー、不動産で大儲《おおもう》けしたミネアポリスの礼儀正しい、もてなし好きの百万長者、いっしょにロマンティックな一週間を過ごしたセントポールの美しい娘、ソルトレイクシティにいたスコットランド人鉱山所有者のマカビー、タコマの愛想のいい歯医者、そしてサンフランシスコのグローマン親子……。

太平洋岸に着く前に、わたしたちは、シカゴやフィラデルフィアの郊外、そしてフォールリバーやダルースといった工業街にある「小劇場《スモールズ》」で興行を打った。

いつもと同じように、わたしはひとりで暮らした。だが、それにはそれなりのメリットがあった。というのは、何カ月もやろうと思いながら実行できずにいた自分の精神を鍛えるチャンスが手に入ったからである。

世の中には、物事を熱心に知りたがる人たちがいる。わたしも、そのひとりだ。だがわたしの動機は、完全に純粋なものとは言えなかった。わたしが物事を知りたいと思った理由は、知識欲からというよりも、物事を知らないことに対する世間の蔑視《べっし》から身を守りたかったからだ。ともかく、時間があるときには、古本屋でよく本を漁《あさ》った。

フィラデルフィアで、わたしは偶然ロバート・インガーソル（アメリカの弁護士、不可知論者。一八三三〜一八九九）の『随筆と講演集』に出会った。それは胸の躍るような発見だった。彼の無神論は、旧約聖書の恐ろしい残虐《ざんぎゃく》性は人類の精神を貶《おとし》める、というわたしの確信を裏付けてくれた。わたしは、エマソン（アメリカの思想家、哲学者、作家、詩人、エッセイスト、無教会主義者。一八〇三〜一八八二）も発見した。彼の『自己信頼（自恃論《じじろん》）』に関する随筆を読んだあとは、黄金の生得権を手渡されたように感じた。お次はショーペンハウエル（ドイツの哲学者。一七八八〜一八六〇）だった。三巻からなる『意志と表象としての世界』を買い、四〇年にわたって、読んでは投げ出すことを繰り返したが、未《いま》だに読み通していない。ウォルト・ホイットマン（アメリカの詩人。一八一九〜一八九二）の『草の葉』にはイライラさせられた。その思いは今でも変わらない。彼は大げさな愛の表現を多用しすぎ、愛国的な神秘主義者でありすぎる。ショーとショーの間に、わたしは楽屋で、トウェイン、ポー、ホーソーン、アーヴィング、ハズリットといった作家の作品を読んでは楽しんだ。この二度目のアメリカ巡業では、望んだほどの古典的教養を身に着けることはできなかったが、ショービジネスというもっと低級なレベルでは、多くの退屈な経験を積むことになった。

安っぽいボードビル興行系統の巡業は、わびしい気の滅入《めい》るような仕事で、アメリカにおけるわたしの将来の希望も、一週間に七日間、一日三回、ときには一日四回も詰めこんでやらせられるショーによって、はかなくもしぼんでしまった。それに比べれば、イギリスのボードビルは天国だった。すくなくとも一週間に働くのは六日ですんだし、興行回数も一晩につき二回だけだったからだ。せめてもの慰めは、アメリカのほうが、やや多く金を貯《た》められるということだけだった。

わたしたちは五カ月間ぶっ通しで、〝ド田舎《スティックス》〟のドサ回りをしなければならず、その退屈さにすっかり参ってしまった。そのため、一座がフィラデルフィアで一週間の一時解雇の憂《う》き目にあったときには、ありがたくさえ思ったほどだ。わたしは気分転換と環境の変化を必要としていた――誰も自分を知らないところに行って、誰か違う人になりたかった。三流のボードビルの単調な繰り返しには心底辟易《へきえき》していたので、優雅な暮らしのロマンティックな雰囲気に一週間どっぷり浸ってみたかった。貯金はたっぷりあった。そこで、捨て鉢になったわたしは、思い切り贅沢《ぜいたく》することに決めたのである。そうしてどこが悪い？　わたしは質素な生活をして、せっせと金を貯めてきた。それに、仕事がなくなったら、また質素に暮らせばいいだけだ。だから今、貯めた金をちょっと使ったって、悪いことなんかないだろう？

わたしは高価な部屋着《ドレッシングガウン》と小ぶりの一泊用スーツケースを七五ドルで買った。店員は最上級の丁重さでわたしに接した。「わたくしどもからお届けにあがってよろしいでしょうか、お客様？」そんなちょっとした言葉が、わたしの気分を高揚させ、少し偉くなったような気になれた。さあ、これからニューヨークに出かけて、三流ボードビルの衣と、そのさえない尾ひれをすべて脱ぎ捨ててしまおう！

わたしは当時最高級だった《ホテル・アスター》に部屋をとり、洒落《しゃれ》たモーニングコートを着てダービーハットをかぶり、杖《つえ》を持ったうえ、例の小さなスーツケースを持って出かけて行った。フロントデスクでチェックインしたときには、ロビーの豪華さと気取って歩く自信たっぷりな人々を見て、体が震えたほどだった。

その部屋は、一日四ドル五〇セントだった。おそるおそる、前払いしなければならないかどうかと訊《き》くと、クラークは礼儀正しくこう言って、安心させてくれた。「いえいいえ、お客様。そのようなご心配は無用です」

金メッキとビロードに満ちた豪華なロビーを歩いて感極まったわたしは、部屋に着くなり泣きたくなった。そしてそこに一時間以上とどまり、凝ったつくりの蛇口やらなにやらが付いているバスルームを調べ、ふんだんに出るお湯と冷水を何度も出したり止めたりしてみた。ぜいたくとは、なんと恵み深く、人を安心させてくれるものなのだろう！

わたしは風呂《ふろ》につかり、髪をとかして、買ったばかりの部屋着を着た。四ドル五〇セント分のぜいたくをすべて味わうつもりだった……あとは、何か読むものさえあればいい——新聞とか何か。だが、ロビーに電話をして持ってこさせる勇気はなかった。そこで椅子《いす》を引っぱってきて部屋の真ん中に陣取り、ぜいたくなメランコリーに浸りながら、ぐるりと周囲を見回した。

しばらくそんなふうに過ごしたあと、服に着替え、階下に降りて、メイン・ダイニングルームのありかを尋ねた。まだディナーの時間には少し間があったので、ひとりかふたりの客を除けば、レストランは空だった。給仕長《メートルドテール》が、窓辺の席に案内して言った。「こちらでいかがでしょう、お客様？」

「どこでも結構だ」とわたしは、もっとも上流のイギリス式発音を作って答えた。

すると突然、ウェイターの一群がわたしを取り囲み、氷水、メニュー、バター、パンなどを給仕してきた。感極まっていたので、空腹感など感じていなかったのだが、いちおう、コンソメスープとローストチキン、そしてデザートにバニラアイスクリームを注文した。ウェイターがワインリストを持ってきたので、じっくり眺めたあと、シャンペンのハーフボトルも頼んだ。もっとも、体面をつくろうのに必死で、ワインも食事も味わうどころではなかった。食事のあと、ウェイターにチップを一ドル渡した。当時としては驚くほど気前のいい額である。だが、レストランを出ていくときに寄せられたウェイターたちの関心と最敬礼を見れば、その甲斐《かい》はじゅうぶんにあったと言えるだろう。とくに理由はなかったのだが、そのあと自分の部屋に戻り、一〇分ほど座ったあと、手を洗って外に出た。

ホテルの外は、わたしの気分に合わせたかのような穏やかな夏の夕べで、わたしは悠然とメトロポリタン・オペラハウスの方角に歩いていった。オペラハウスでは『タンホイザー』が上演されていた。グランドオペラは一度も観《み》たことがなかった。ボードビルで、さわりの部分は観たことがあったのだが、とても食指は動かされなかった。けれどもそのときふいに劇場に入って鑑賞してみようという気になり、チケットを買って三階席に座った。オペラの歌詞はドイツ語で一言も理解できなかったし、ストーリーも知らなかった。けれども、落命した貴婦人が巡礼者の合唱に合わせて運ばれてくるのを見たとき、迂闊《うかつ》にも、ひどく泣いてしまったのである。それはわたしの人生のあらゆる苦労を凝縮したシーンのように思え、涙を押しとどめることができなかった。隣に座っていた人がどう思ったかは知らないが、わたしは疲れ果て、心乱れて劇場を後にしたのだった。

そのあと、つとめて暗い道を選びながら、ダウンタウンの方角に進んだ。というのも、ブロードウェーの粗野なケバケバしさは耐えられなかったし、わたしの気分が落ち着くまでは、ホテルのあのバカげた部屋に戻る気にもなれなかったからだ。気分が治ったら、すぐにベッドに入って寝てしまうつもりだった。わたしは心身ともに疲れ切っていた。

ところが、ホテルの入口で、アーサー・ケリーにばったり出くわしたのである。彼は、ヘティの兄で、かつては彼女が所属していた一座のマネージャーを務めていた。ヘティに取り入るために、わたしは当時、彼と近づきになったのだが、その後の数年間はまったく会っていなかった。

「チャーリー！　どこへ行くんだい？」アーサーが尋ねた。

わたしは何食わぬ顔で、ホテル・アスターの方をあごでしゃくった。「これから寝ようと思ってね」

そのジェスチャーは、効果てきめんだった。

アーサーは連れのふたりの友人を紹介したあと、マディソン・アヴェニューにある自分の家に行って、コーヒーでも飲みながら話をしないかと誘った。

そこはとても居心地のいいアパートメントで、わたしたちは座ってそつのない会話を交した。アーサーは、わたしたちの過去に関する話題を慎重に避けていたが、わたしが一流のアスターに泊まっている理由については、しきりに探り出そうとした。だがわたしは、ほとんど情報を与えず、ただニューヨークに二、三日、休暇に出かけてきただけだと説明した。

アーサーは、カンバーウェルに住んでいたときから大出世していて、今や、義理の兄、フランク・J・グールドのもとで働く裕福な実業家だった。彼の世間話を聞いているうちに、わたしの憂鬱な気分はいよいよひどくなっていった。アーサーが友人について、こんな言い方をしていたからだ。「彼はいいヤツだよ。とてもいい家柄の出だそうだ」わたしは家柄に対する彼の執着心がおかしく、心の底で笑っていた。そして、アーサーとは、ほとんど共通点がないことに気づいたのだった。

結局、ニューヨークには一日しかいなかった。次の日の朝、フィラデルフィアに戻ることにしたのである。あの一日は必要としていた気分転換にはなったものの、心が揺さぶられる孤独な一日でもあった。今やわたしは仲間に飢えていた。そして、月曜の朝の興行と一座のメンバーに会えることを心待ちにした。あの詰めこみスケジュールに戻るのがどれほど厄介なことだったとしても、贅沢な暮らしは一日でじゅうぶんだった。

フィラデルフィアに戻ったわたしは、劇場に立ち寄った。そのとき、リーヴス氏宛《あ》てに電報が届き、彼が封を切ったときに、たまたまわたしがその場に居合わせるということになった。「これ、君のことじゃないかな」と彼は言った。電報の文面はこうだった。「キミノイチザニ　チャフィン　トイウヨウナ　ナマエノオトコガ　イナイカ。モシイタラ　ブロードウェー　ロングエーカービル　二四　ケッセル　アンド　バウマンマデ　レンラクコウ」

チャフィンという名の男は一座にはいなかったので、リーヴスが言うように、その名前はチャップリンを指している可能性があった。そう思ったら、わくわくしてきた。というのは、ロングエーカービルというのは、ブロードウェーの中心部にあり、法律事務所がたくさん入っていることがわかったからだ。アメリカのどこかに金持ちのおばがいることを思い出し、わたしの想像は羽ばたいた。きっとおばが亡くなり、わたしに莫大《ばくだい》な遺産を残したにちがいない。そこでわたしはケッセル・アンド・バウマンに、一座にチャップリンという男がいる、きっとお目当てはその男だろう、と電報を送った。わたしは気をもみながら返事を待った。それはその日のうちに届いた。すぐさま封を切ると、こう書かれていた。「デキルダケハヤク　チャップリンヲ　ヨコシテクレ」

　興奮と期待に胸を弾ませて、わたしは早朝の列車でニューヨークに向かった。フィラデルフィアからは、ほんの二時間半の道のりだった。行ったらどうなるのかは、皆目見当もつかなかったが、きっと、法律事務所に座り、遺言状が読み上げられるのを聴くことになるのだろうと想像していた。

　ビルに到着したとき、わたしは少々がっかりしてしまった。というのは、ケッセル・アンド・バウマンは法律事務所ではなく、映画制作会社だったからだ。それでも、実際に起ころうとしていたのはワクワクするようなことだった。

　チャールズ・ケッセル氏はキーストン喜劇映画会社の経営者のひとりで、その話というのは、こうだった。わたしが四二丁目にあるアメリカン・ミュージックホールで酔っ払いを演じたのをマック・セネット氏が観ていて、もしわたしがその役者だったら、フォード・スターリング氏（アメリカの喜劇俳優で、警官隊がドタバタを繰り広げる「キーストン・コップス」の初代メンバーのひとり。一八八三〜一九三九）の後任に据えたいと言っているという。わたしは映画で演技するアイデアを何度も温めたことがあり、実を言うと、マネージャーのリーヴスに、共同経営者になって、すべてのカーノーの寸劇の上映権を買い取り、映画を作らないかと持ち掛けたことさえあった。だがリーヴスは、うまくいくかどうか懐疑的だった。それも当然と言えば当然だったろう。わたしたちは映画制作については、ズブの素人《しろうと》だったのだから。

君はキーストン喜劇を観たことがあるかね、とケッセル氏が尋ねた。もちろん、わたしはいくつも観ていた。だが、粗野なドタバタ喜劇のごちゃまぜにすぎないと感じたことは黙っていた。ただ、メイベル・ノーマンドという名の褐色の瞳《ひとみ》をした美しい娘がドタバタとドタバタのあいだに登場し、彼女がとても魅力的だったがために、そんな映画にも存在価値はあったのである。わたしはキーストンタイプのコメディーはあまり好きではなかったが、そうした映画の宣伝効果については認識していた。一年間映画の仕事をすれば、国際的なスターとしてボードビルに戻れるかもしれない。それに、その仕事は、新しい人生と快適な環境を意味していた。契約条件は、一週間に三本の映画をとること、週給は一五〇ドルだとケッセルは言った。これは、カーノー一座の稼ぎの二倍である。とはいえ、わたしは躊躇《ちゅうちょ》しているふりをして、週給二〇〇ドル以下では承諾できないと伝えた。ケッセル氏は、それはセネット氏次第だと言い、カリフォルニアにいる彼に連絡したあと、結果を伝えると約束してくれた。

チャップリンがキーストン社に加わった頃、セットの前に立つマック・セネット。

ケッセル氏から連絡が来るまで、もしかしたら、ふっかけすぎてしまったんじゃないだろうかと思って、わたしは生きた心地がしなかった。ついに手紙が届いたとき、それには、最初の三カ月は一五〇ドル、そしてその後の九カ月は一七五ドルで契約する用意がある、と書かれていた。それまでの人生で手にしたことのない大金である。こうして、サリヴァン・アンド・コンシダイン興行系統の巡業が終り次第、映画の仕事を始めることになった。

ロサンゼルスのエンプレス劇場では、ありがたいことに、とてつもない成功を収めることができた。それ

『ロンドンのクラブの一夜』のポスター。

は『ロンドンのクラブの一夜』というコメディーで、よぼよぼの酔っ払い老人を演じたわたしは、すくなくとも五〇歳には見えた。ショーのあと、セネット氏が訪れて、わたしを祝福してくれた。その短い会見のあいだ、わたしは、彼のゲジゲジ眉《まゆ》、がっしりした粗野な口もと、がっしりした顎《あご》、そしてずんぐりした体型に目が行き、そうした特徴が一体になって、深い印象が刻まれた。けれども、わたしとの将来にどれだけ好意的になってくれるかは疑問だった。この会見の最初から最後まで、わたしはものすごく緊張し、彼がわたしのことを気に入ったのかどうかもわからなかったのである。

セネット氏は何気なく、いつから仕事を始められるかと訊いた。そこで、カーノー一座との契約が終了する九月の第一週から、と答えた。

わたしは、カンザスシティで一座から離れることに良心の呵責《かしゃく》を感じていた。みんなはイギリスに戻り、わたしはロサンゼルスに行くことになる。そこからは独りで行動しなければならず、不安な気持ちがぬぐえなかった。最後の興行の前、わたしは全員に酒をふるまって別れを惜しんだ。

一座のメンバーにアーサー・ダンドーという男がいて、なぜかわたしを嫌っていた。彼は意地悪なジョークを思い立ち、あんたは一座からちょっとした贈り物を受け取ることになる、とわたしに小声でささやいた。実のところ、わたしはそれを真に受けて感激してしまった。だが結局何も起こらず、みんなが楽屋を後にしたとき、フレッド・カーノー二世が打ち明けてくれたのである。ダンドーはスピーチまで用意してその〝贈り物〟を渡すつもりだったのだが、わたしがみんなに酒をふるまったので、茶化す勇気を失ってしまい、化粧台の鏡の後ろに置いたままにしたのだという。それは銀紙に

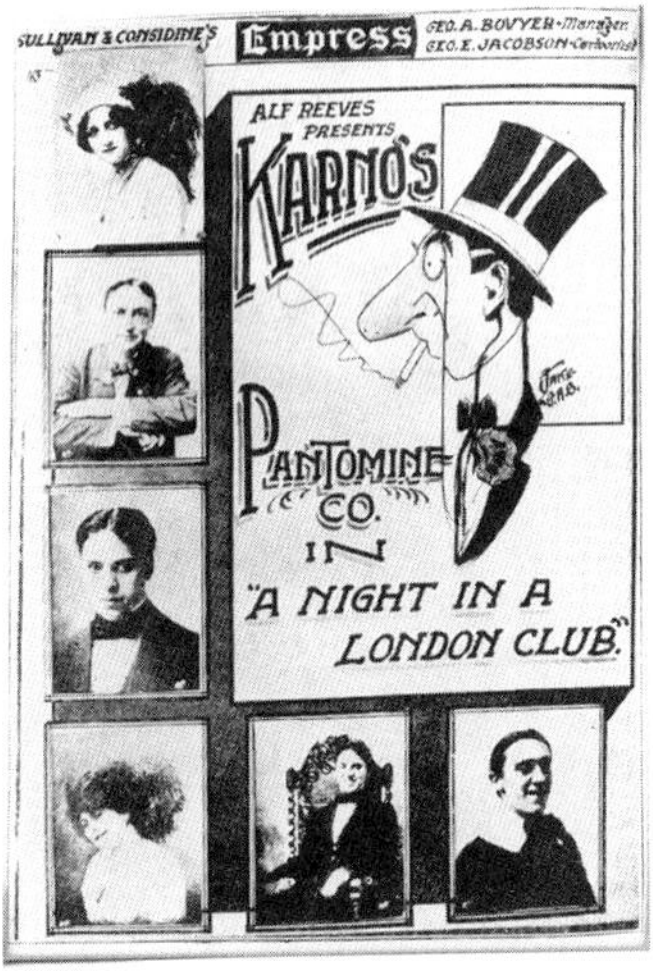

左上からエミイ・ミニスター、アルフ・リーヴス、チャップリン（下段中央も）、ミュリエル・パーマー、マイク・アッシャー（右下）。

包まれたタバコの空き箱で、中には糞《ふん》そっくりに見える、古びて固まったドーランのかけらがいくつか入っていた。

第一〇章

熱意と不安を胸にロサンゼルスに到着したわたしは、《ザ・グレイト・ノーザン》というこぢんまりしたホテルに宿をとった。最初の晩は〝バス運転手の休日《バスマンズ・ホリディ》〟（仕事をしている日と同じようなことをして過ごす休日）をとることにきめて、カーノー一座が以前興行していたエンプレス劇場に夜の部のショーを観《み》に行った。すると案内係がわたしに気がつき、しばらくしてやって来ると、「セネットさんとメイベル・ノーマンドさんが二列後ろに座っておいでで、あなたをお誘いしていますが」と言ってきた。わたしは申し出に感激し、ふたりのところへ行ってひそひそ声で簡単に挨拶《あいさつ》をしたあと、三人並んでショーを観た。芝居がはねたあとは、メインストリートを少し歩き、地下レストラン《ラッツケラー》に入って軽食とビールをとった。セネット氏はわたしが若いのに驚いた様子で、「きみはもっとずっと年上かと思ったよ」と言った。その言葉に一抹の不安を感じ取ったわたしは、セネットのコメディアンに年寄りじみた顔をしている者が多いことを思い出して心配になった。フレッド・メイス（一八七八〜一九一七）は五〇歳を超えているように見えたし、フォード・スターリングは四〇代に見えた。「メーキャップしだいで、いくらでもお望み通

最盛期のキーストン・スタジオ。

り老《ふ》けられますよ」とわたしは答えた。

一方、メイベル・ノーマンドについては、もっと安心できた。わたしにどんな懸念《けねん》を抱いていたにせよ、それを明らかにはしなかったからだ。セネット氏は、すぐに始めなくてもいいが、イーデンデイルにある撮影所に来て、そこの人たちと知り合いになるように、と言ってくれた。カフェを出たあとは、彼の華麗なレーシングカーに乗せてもらってホテルに戻った。

次の朝、わたしは路面電車に乗って、ロサンゼルス郊外のイーデンデイルに向かった。そこは、つつましい住宅地区になるか、それとも準工業地区になるか、自分でも決めかねているというような変

キーストン・コップス。

則的な場所だった。小さな材木置き場や屑鉄《くずてつ》置き場があり、打ち捨てられたような小規模な畑もあって、そこには荒廃した丸太造りの店が一～二軒、道路に面して建っていた。わたしは何度も道を尋ねたあげく、ようやくキーストン撮影所に辿《たど》りついた。それは、緑色に塗られた木のフェンスで囲われた、あばら家のような建物で、広さは一四平方メートル（原文ママ）ほどあった。前庭の小道を歩いていくと、古びた平屋建ての入口があるというあんばいで、撮影所自体もイーデンデイルと同じくらい変則的だった。わたしは道の反対から撮影所を眺め、中に入るべきかどうか迷っていた。

　ちょうど昼食時だったので、平屋から

メーキャップをしたままの男女が一斉に出てきた。その中には「キーストン・コップス」のメンバーも含まれていた。一団は道を横切って小さな雑貨屋に入ると、サンドイッチやホットドッグを食べながら出てきた。「ヘイ、ハンク、来いよ！」「スリムに早くしろって言え」などと、耳障《みみざわ》りな大声で仲間に声をかけている者もいた（ハンク・マンもスリム・サマーヴィルも、キーストン・コップスのオリジナルメンバー）。

わたしはふいに内気になり、安全な距離が置ける道の角まで急いで歩いて行って、セネット氏かミス・ノーマンドが平屋から出てこないかどうかと様子を窺《うかが》ったのだが、ふたりはついに現れなかった。三〇分間そこに立ち尽くしたあと、わたしはホテルに戻ることにした。撮影所に足を踏み入れて、あんなに多くの人たちと直面しなければならないのは、ますますできそうもないことに思われてきた。その結果、二日にわたって撮影所の外まで行ったものの、中に入る勇気が持てずに引き返してしまった。三日目になると、とうとうセネット氏から電話がかかってきて、なぜ顔を見せないのかと言われてしまった。なんとか言いつくろったものの「今すぐ来なさい。みんな待っているから」と言われたので、ふたたび撮影所に行き、意を決して大股《おおまた》で平屋に入って、セネット氏を呼び出してもらった。

セネット氏は、わたしを見ると喜び、すぐに撮影所の中を案内してくれた。わたしはその光景にすっかり心を奪われてしまった。柔らかで均一な光がステージ全体に広がっている。その光は、天井に渡された何枚もの白い幅広の麻布を通って降り注いでいた。布が太陽光を拡散し、あらゆるものに、えも言われぬ優美な雰囲気を与えていたのである。この光の拡散効果は、昼間、太陽光で撮影するための工夫だった。

数人の俳優に紹介されたあと、そこで起きていることにがぜん興味が湧《わ》いて来た。撮影所には三つのセットが並び、三つの喜劇チームが同時に演技を行っていた。それはまるで、世界博覧会の展示を眺めているようだった。あるセットではメイベル・ノーマンドがドアを叩《たた》いて「入れて！」と叫んでいる。だが、そこでカメラは止まり、それきり演技は終了になった――映画がそんなふうに細切れに制作されているとは、それまでまったく知らなかった。

フォード・スターリング。

もう一つのセットでは、わたしが後を引き受けることになる偉大なフォード・スターリングが演技をしていて、セネット氏がわたしに紹介してくれた。フォードはユニバーサルのもとで自分自身のチームを作るために、キーストンを離れようとしていた。彼は一般大衆のあいだでも撮影所仲間のあいだでも、絶大な人気を誇っていて、撮影所内の人々は彼のセットを取り巻いて、その演技を熱心に見つめて笑っていた。

セネットはわたしを脇《わき》に呼んで、映画の制作手法を説明した。「シナリオなんてものはない──アイデアがひらめいたら、自然な出来事の流れに従うだけさ。追っかけが始まるまでね。それが我々のコメディーの本質なんだ」

この手法は目新しかったが、個人的に言って、追っかけは嫌いだった。それは俳優の個性を消し去ってしまう。映画についてはほとんど知らなかったものの、個性に勝るものがないことだけはわかっていた。

その日、わたしはセットからセットへと渡り歩いて、俳優たちの演技を見ていた。彼らはみなフォード・スターリングを真似《まね》しているように思え、それについては少々不安になった。というのも、彼のスタイルはわたしには、なじまなかったからだ。スターリングは追いかけられるオランダ人を演じ、オランダ語なまりでアドリブの台詞《せりふ》をしゃべりまくっていた。それは面白くはあったのだが、無声映画では意味がない。セネットはわたしに何を期待しているのだろう。彼はわたしの演技を見ていたのだから、フォード風のコメディーに向いていないことはわかっているはずだ。わたしのスタイルは、まさに真逆なのだから。だが、撮影所で生みだされているすべてのシチュエーションの筋は、意識するしないにかかわらず、スターリングのために作られているようなものだった。ロスコー・アーバックル（日本でも「デブ君」の愛称で親しまれた喜劇俳優。一八八七～一九三三）でさえ、スターリングを真似していた。

キーストン撮影所は、明らかに農場の建物を改造したものだった。メイベル・ノーマンドの楽屋は古い平屋にあり、その隣には、専属劇団の大部屋女優たちの楽屋があった。平屋の反対側には元納屋《なや》らしき建物があり、そこは主に専属劇団の下《した》っ端《ぱ》男優と、サーカスの元道化師とプロボクサーの成れの果てからなるキーストン・コップスの共同楽屋になっていた。わたしには、マック・セネットとフォード・スターリングとロスコー・アーバックルが使っているスター専用の楽屋があてが

ロスコー・アーバックル。

キーストン・スタジオ。1913年頃。

われた。それも納屋らしき構造の建物で、むかしは馬具の収納部屋だったのではないかと思われた。撮影所には、メイベル・ノーマンドのほかにも美しい娘たちが何人もいて、いわば美女と野獣からなる、独特の奇妙な雰囲気があった。

わたしは何日間も撮影所の中をうろつき、いつ仕事がはじまるのかと、気がかりでしかたなかった。ときおりステージを横切るセネット氏に出くわしたが、彼は何かに気をとられていて、その視線がわたしの上に留まることはなかった。わたしを雇ったことを後悔しているのではないだろうか、という不安な考えがよぎり、緊張感にいっそう拍車をかけた。

日々の心の平安は、完全にセネット氏

の態度次第だった。わたしを見て笑顔を作ってくれでもした日には、気分が一挙に高揚した。撮影所の残りのメンバーは、成り行きを見守るという態度だったが、なかには、フォード・スターリングの後任としては力不足なのではないかと疑う者もいるように思えた。

土曜日が訪れたとき、セネット氏はとても機嫌がよく、「事務所に行って小切手をもらってくるといい」と言った。だが、わたしは、それより早く仕事がしたい、と答えた。フォード・スターリングを真似ることの問題について相談したかったのだが、彼は「心配するな。そのうち話そう」と言っただけで、話は立ち消えになってしまった。

九日間何もせずに日が経《た》ち、緊張感は堪えられないほどに高まった。フォードはそんなわたしを慰めてくれ、仕事のあとに、ときどきダウンタウンまで車に乗せて行ってくれた。そうした折には、一杯やるためにアレグザンドリア・バーに立ち寄り、彼の友人たちに紹介してくれた。そのなかに、当初、粗野な男だと感じて好きになれなかった、エルマー・エルズワースという男がいた。彼はこんなふうに冗談めかしてわたしを揶揄《やゆ》した。「フォードの後釜《あとがま》に座るんだってな。君は面白いのかい?」

「自分の話はしたくないんです」とわたしはぎこちなく答えた。こういうたぐいの冷やかしはとても気まずかった。とりわけフォードの前では。けれども、フォードはエルズワースにこう言って、親切にわたしの窮地を救ってくれた。「君はエンプレス劇場で彼が酔っ払いを演じたところを見てないのかい？　とびきり面白かったぜ」

「だが、まだぼくを笑わせてはいない」とエルズワースが言った。

彼は図体《ずうたい》の大きな不器用な男で、体は腫《は》れぼったく、表情は憂鬱《ゆううつ》っぽく打ちひしがれ、髭《ひげ》の無いつるつるの顔、悲し気な目、だらしのない口元をしていて、笑顔をつくると、前歯が二本欠けているのがはっきり見えた。フォードはわたしを感心させようとして、彼は文学と財政と政治に造詣《ぞうけい》が深く、アメリカでももっとも物を知っている男のひとりであり、偉大なユーモアのセンスを持っている、と囁《ささや》いた。とはいえ、そんなふうにはとても思えず、わたしはできるだけ彼を避けようとした。しかしある晩、アレグザンドリア・バーで、彼はこう言ったのだった。「このイギリスさん《ライミー》はまだ仕事を始めてないのかね？」

「まだです」とわたしはぎこちなく笑って言った。

「そうかい、せいぜい面白がらせてくれないとな」

ついに我慢できなくなったわたしは、この男にしっぺ返しをしてやった。「ええ、あなたの顔の半分も面白くなれたら、きっとうまくいくでしょうよ」

「こりゃ驚いた！　皮肉なウィットかい？　こんな話を聞いたあとじゃ一杯おごらなきゃな」

＊

ついに待ちに待った瞬間がやって来た。セネット氏はメイベル・ノーマンドだけでなく、フォード・スターリングのチームも連れてロケに出ていたので、撮影所はほとんどガラガラだった。そんななか、キーストンでセネットに次ぐ地位の監督を務めていたヘンリー・レアマンが新しい映画をとることになり、わたしに新聞記者の役を演じるように指示してきたのである。レアマンは虚栄心の強い男で、機械的に演じられたコメディーでなにがしかの成功をつかんだことをとても鼻にかけていた。そして、喜劇には個性など必要ないし、自分の笑いはすべて機械的な効果と編集から生まれたものだ、とよく言っていた。

わたしたちが撮ろうとしていたコメディーにも、ストーリーはなかった。印刷機にまつわるドキュメンタリーに、ちょっとしたコメディー風味を加えることになるという。わたしは薄手のフロックコートを着て、トップハットをかぶり、両端が跳ね上がったカイゼル髭を付けた。撮影が始まったとき、わたしにはレアマンがアイデアを探していることがわかった。そして当然のことに、キーストン社の新参者だったわたしは、アイデアを提供することで役に立とうと必死だった。だが、それこそレアマンを敵に回すきっかけだったのだ。新聞社で編集者の面接を受けるシーンに、わたしは考え付くかぎりのギャグを詰め込み、他のキャストの振りまで提案した。その映画の撮影には三日間しかかからなかったが、いくつかのギャグは抜群に面白いものになったと、わたしは思った。しかし完成した映画の試写を見たときにはがっかりしてしまった。というのも、編集係が元の形を留めないほどズタズタに映画を切り刻み、わたしのギャグの部分を、すべて途中でカットしてしまったのだ。なぜそんなことになったのか、わたしは戸惑い、途方にくれた。何年もあとになって、ヘンリー・レアマン自身の口から聞いたところによると、わざとそういう指示を出したのだという。その理由は、わたしがコメディーを〝知りすぎている〟と思ったからだそうだ。

レアマンの映画を撮り終えた次の日、セネット氏がロケから戻って来た。フォード・スターリングがひとつのセットで演技し、アーバックルももうひとつのセットにいるという状況で、三つのグループが同時に進行する撮影所は混雑を極めていた。私服を着ていたわたしは何もすることがなかったので、セネット氏からよく見える場所

チャップリンの映画初出演作『成功争い』。レアマンが監督。1914年公開。

に立った。彼は葉巻の端を噛《か》みながら、メイベルと立ったままホテルのロビーのセットをのぞき込んでいた。「ここにギャグが欲しいな」と彼は言うと、わたしのほうに向きなおった。「コメディーのメーキャップをしてこい。どんなものでもいいから」

メーキャップについては、新聞記者の扮装《ふんそう》は好きではないという以外、とくに何も考えていなかった。だが、衣装部屋に行くあいだに、ダブダブのズボン、大きな靴、ステッキ、そして山高帽をかぶるというアイデアが浮かんできた。わたしは、すべてをチグハグにしようと思った。ズボンはダブダブだが、コートはパンパン。帽子は小さいが、靴は大きい。年寄りに見せるか、若くするかについては決めかねたが、セネット氏がわたしのことをもっと年上だと考えていたことを思い出して、小さな口ひげを付けることにした。そうすれば、顔の表情を隠さずに老けた感じが出せると思ったからだ。

キャラクターについてもとくに考えていなかった。けれども、扮装をしたとたん、服とメーキャップが、どんな人物であるかを自然に教えてくれた。わたしは彼の人となりを理解し、ステージに歩いていったときには、ひとりの人物が生まれていた。セネット氏に向かい合ったとき、わたしはその人物になりきって、ステッキを振りながら、彼の前を気取って歩いていた。ギャグと喜劇のアイデアが、わたしの頭を駆け巡っていた。

マック・セネットの成功の秘訣《ひけつ》は、その熱意にあった。彼はすばらしい観客で、面白いと思えば、腹の底から笑った。立ったままクスクス笑い出し、しまいには、おかしさで体全体が揺れ出すという具合だった。そんな彼の態度に励まされたわたしは、自分が演じているキャラクターについて説明しはじめた。「この男には多くの側面があります。浮浪者で紳士、詩人で夢想家。孤独な男で、いつもロマンスと冒険を期待しています。自分が科学者や音楽家、公爵《こうしゃく》やポロの選手だと相手に思い込ませようとするけれど、ほんとうのところは、タバコの吸い殻を拾って吸ったり、赤ん坊の飴《あめ》をちょろまかしたりするような男です。そしてもちろん、必要とあらば、ご婦人のお尻《しり》を蹴《け》ることだってあります。ただし、ものすごく怒ったときだけですけどね！」

わたしはこんなふうに一〇分ほど話し続け、セネット氏を笑わせ続けた。「わかった」と彼は言った。「セットに上がって、できることをやってみろ」レアマンの映画と同じように、ストーリーについてはほぼ何も聞かされていなかった。メイベル・ノーマンドが夫と愛人とのあいだに一悶着《ひともんちゃく》を引き起こすということ以外には。

どんなコメディーの場面でも、もっとも重要なのは、その役のキャラクター造形だが、そうしたアイデアはいつも簡単にひらめくとはかぎらない。しかし、ホテルのロビーのセットに身を置いたとき、泊まり客になりすましているけれども、実際には露をしのぐ場所を探している浮浪者という人物像が浮かんできた。セットに入ったわたしは、まず婦人客の足につまずいてみせた。振り返って帽子をあげ、彼女に詫《わ》びる。前を向くと、今度は痰《たん》つぼにつまずく。また振り返って帽子をあげ、痰つぼに詫びる。カメラの背後で、スタッフが笑い始めた。

やがてそのセットを見に、かなりの人数が集まって来た。他のセットで映画を撮り終えた俳優だけでなく、舞台係や道具方、衣装係もやってきた。それは、わたしにとって、褒め言葉にほかならなかった。リハーサルが終わったときには、大勢の見物人が笑い転げていた。そのうち、フォード・スターリングが後ろのほうから首を突き出して見ているのもわかった。撮影が終わったとき、わたしはうまくやれたと思った。

その日の終わりに楽屋に戻ると、フォード・スターリングとロスコー・アーバックルがメーキャップを落としていた。ほとんど会話は交わさなかったが、その場には、とりつくろった表面の下に波が逆巻いているような雰囲気が漂っていた。フォードもロスコーもわたしを好いてくれていたが、正直なところ、そのときはふたりとも心に葛藤《かっとう》を抱えているように見えた。

ロビーのシーンは七五フィート（約二三メートル）という長丁場のシーンで、セネット氏とレアマンはのちに、それをそのままフルレンクスで使うかどうか話し合った。というのも、平均的なコメディーでは、ワンシーンが一〇フィートを超えるようなことは、めったになかったのだ。わたしは「面白いなら、長くてもいいのではありませんか？」と提案した。結局ふたりは、そのシーンを七五フィートのフルレンクスで見せることにした。浮浪者の扮装は、自ら創《つく》り出した人物像をわたしにはっきり感じさせたので、何があってもその扮装をし続けようと、わたしはそのときその場で決めたのだった。

その晩、路面電車で帰宅したとき、大部屋俳優といっしょになった。彼はこう言った。「いやあ、あんたはすごいことを始めたね。今までセットであんな種類の笑いをとった人はいなかったよ——フォード・スターリングでさえもね——あんたを見ていた彼の顔といったら。ほんとに見ものだった！」

「映画館でもそうなるといいんだけどね」有頂天になりそうな気分を抑えようとして、わたしはそう答えた。

＊

その数日後、アレグザンドリア・バーでフォードが、われらが共通の友人エルマー・エルズワースに、わたしの役について、こう話すのが聞こえてきた。「ダブダブのズボンとドタ靴を履いて、これ以上ないっていうぐらい、みすぼらしくなさけない小男の恰好《かっこう》をしてるんだ。そして、脇の下にカニでも入っているかのようにムズムズしている仕草を演じてみせる——でも、彼はすごく面白い」

わたしが演じた人物像は、アメリカ人にとって見慣れない、馴染《なじ》みのないものだったろう。実のところ、わたしにも馴染みがあったわけではない。だが、扮装のおかげで、わたしには彼が実在する生身の人間であるように感じられたのである。実際、浮浪者の恰好とメーキャップをするまで想像さえしなかった奇想天外なアイデアがどんどん湧いてきた。

　わたしは大部屋の俳優とかなり親しくなり、毎晩いっしょに路面電車に乗って帰宅する際に、その日のわたしのアイデアに関する撮影所の反応と噂話《うわさばなし》をニュース速報のように聞かせてもらった。「あれはすばらしいギャグだったよ。フィンガーボウルに指を浸したあと、あのじいさんの髭でふき取るっていうのはね——ああいったギャグは、ここでは観たことがない」そんなふうに彼は話し続け、わたしを有頂天にした。

　セネットの監督下で仕事をするのは居心地がよかった。すべてのことがセットで即座に解決したからだ。誰も自分のやっていることが正しいかどうか確信できなかったので（監督ですらそうだった）、わたしの知識も、ほかの仲間にひけをとらないと自分を納得させることができた。このことは自信につながり、わたしは演技について提案するようになり、セネットはそれを喜んで受け入れた。こうして、わたしの中に、自分はクリエイティブな人間であり、自分自身のストーリーを書くことができるという信念が生まれた。それはまさにセネットのおかげである。だが、彼を喜ばせることができたとはいえ、わたしにはまだ、世間の人々を喜ばせるという大仕事が残っていた。

次の映画では、またレアマンのチームに配属させられた。彼はスターリングのチームに加わるためにキーストン撮影所を離れるところで、セネットに義理立てして、契約より二週間長くキーストン撮影所に留まっていたのだった。レアマンのもとで撮影が開始されたとき、わたしには山のようなアイデアがあった。彼は耳を傾けて笑みを浮かべたが、こんなふうに言うだけだった。「だが映画では、そんなことをやっている時間はないさ。いつも動いてなければならないんだからな――コメディーは追っかけの方便なんだ」

わたしはそんな一般論には同意できなかった。「ユーモアはユーモアです。それは映画だろうが舞台だろうが変わりません」とわたしは反論した。しかし彼は、同じわけのわからない言い訳に固執した。つまり、キーストンが常にやってきたことをやりつづけただけだったのだ。彼によると、どんなアクションも速さが命だという。家や路面電車に走り寄っては屋根によじ登る。川にはドボン、桟橋からも海に真っ逆さま、というようなことを始終やり続けなければならないのだ。このレアマンのコメディー理論の他に、わたしはひとつかふたつ笑いを加えることができたのだが、そのときもレアマンはまた編集係に、わたしのシーンをズタズタに切り刻ませてしまった。

レアマンがわたしの将来性について芳《かんば》しい報告をセネットにしていたとは考えがた

い。レアマンが去ったあと、わたしはもうひとりの監督、ニコルズのもとに配属された。彼は五〇代後半の老監督で、映画の黎明《れいめい》期から業界にいた古株だった。そして、そこでもまた、レアマンのときと同じ問題で衝突した。ニコルズには一種類のギャグしかなく、それはコメディアンの首根っこをつかまえて、無理やりひとつのショットから次のショットに突っ込ませるというものだった。わたしは、もっと洗練された滑《こっ》稽《けい》さを提案したのだが、彼もまた聞く耳を持たなかった。「時間がない、時間がないんだ！」とニコルズはどなった。彼が望んでいたのは、フォード・スターリングを真似することだけ。わたしは控えめに反発したつもりだったのだが、彼はセネットのところに出かけて行って、チャップリンはものすごく使いにくい若造だと言いつけたらしい。

ちょうどそのころ、セネットが監督した映画『メーベルのおかしな災難（Mabel's Strange Predicament）』がダウンタウンで封切られた。不安と恐怖におののきながら、わたしは一観客として映画館で観てみた。フォード・スターリングが出ていた映画では、彼の登場に合わせて、必ず歓声と笑い声が上がったものだったが、わたしが登場したときの観客の反応は冷ややかだった。ホテルのロビーでの滑稽なギャグについても、笑みさえほとんどみられなかった。しかし、映画が進むと、観客はしのび笑いを

『ヴェニスの子供自転車競争』。1914年公開。

もらすようになり、やがてそれは笑い声になって、映画が終わるころまでには、一度か二度、爆笑をとることができた。その映画館でわたしは、観客は新参者には優しくないという事実を発見したのだった。

この最初の演技がセネットの期待に沿うものだったかどうかは疑問だ。おそらくは、失望したのだろう。彼はその一日か二日後にやってきて言った。「聞いてくれ、君は協調性のない、やりにくい役者だと言われている」わたしは、ただ良心的になっているだけで、映画をよくするために努力しているのだと説明した。が、セネットは冷たくこう言っただけだった。「まあ、ただ言われた通りやってくれ。そうしてくれれば文句は言わない」しかしまたその翌日、ニコルズと口論になり、わたしはついに爆発してしまった。「あなたがぼくにやらせたいようなことは、一日三ドルで雇われているエキストラにだってできる。ぼくは価値のあることがしたいんだ。ピョンピョン跳び回って、路面電車から落っこちるようなことばかりじゃなくてね。そんなことのために週給一五〇ドルもらっているわけじゃない」

気の毒な〝ニコルズおやじ〟（彼はみんなからそう呼ばれていた）は、ひどく動揺した。「おれはこの業界に一〇年以上もいるんだぞ。おまえは何を知っているっていうんだ？」わたしは論理的な議論で彼を説得しようとしたが、無駄だった。そこでキャストを説得しようとしたが、彼らもまたわたしに反感を抱いていた。「いや、おやじさんにはわかってる、ちゃんとわかってるんだ。あんたよりずっと長いこと、この仕事をやってるんだからな」と老俳優が言った。

わたしは五本ぐらいの映画に出演し、そのいくつかには、編集室の虐殺屋《ぎゃくさつ》を出し抜いて、自分で考え出した滑稽な場面をひとつかふたつ紛れ込ませることができた。彼らの編集方法に慣れたので、画面に入ったり出たりするショットのつなぎの場面に、笑いをとるアクションやギャグを入れればいいとわかったからだ。さすがの虐殺屋も、そうした場面を完全に削除するわけにはいかなかった。そのころのわたしは、映画の技術を学ぶためにあらゆる機会を利用し、現像所や編集室に出入りしては、編集係がフィルムをつなぐ方法を学んだものだった。

わたしは自分でコメディーの脚本を書いて、自分で監督したくてたまらなかった。そこでセネットに話を持ち掛けてみたのだが、彼は耳をかさないどころか、わたしをメイベル・ノーマンドのもとに配属してしまった。メイベルは自分の監督作品を作りはじめたところだったのだ。これにはとてもイライラさせられた。なんといっても、いくらメイベルがチャーミングでも、監督としての能力は大いに疑問だったからだ。そんなわけで、初日から避けられない衝突が起こった。チームはロサンゼルスの郊外でロケをしていて、メイベルはあるシーンで、悪者の車をスリップさせる

メイベル・ノーマンド。

ため、わたしにホースを持って道路に立ち、水を撒《ま》くようにと指示した。だがわたしは、別の案を提案した。自分でも気づかないうちにホースを踏んで水の出を止めてしまい、先端のノズルを覗《のぞ》いて調べようとしたときに無意識にホースから足がどいて、水がわたしの顔を直撃する、という運びはどうかと言ったのだ。だが彼女はこう言って、すぐにわたしを黙らせた。「時間がないのよ！　時間が！　言われたとおりにやってちょうだい」

もうそれまでだった。それ以上は我慢できなかった――しかも、あんな美しい娘からそんなふうに言われたとあっては。「すまないが、ミス・ノーマンド。ぼくは言われた通りにやることはできない。ぼくに指図できるほど、君に能力があるとは思えないから」

そのシーンは道路の真ん中で撮影されていたので、わたしは道の端に寄って、縁石に座った。麗《うるわ》しいメイベル――当時、まだ二〇歳になったばかりで、美しく魅力的で、誰にも気に入られ、誰からも愛されていたメイベル。だが今彼女は、カメラの横に座り込んで戸惑っていた。それほどはっきり物を言われたことは、おそらく人生初めてだったのだろう。わたし自身、彼女の魅力と美しさに惹《ひ》きつけられ、内心愛《いと》おしく思っていたのだが、映画はわたしの仕事だったから、引き下がるわけにはいかなかった。

スタッフとキャストがただちにメイベルを取り囲んで話し合いを始めた。あとでメイベルが打ち明けたことによると、わたしを殴ろうとしていたエキストラがひとりかふたりいたそうだが、彼女が止めたのだそうだ。そのあと彼女は、わたしに引き続き演技する意志があるかどうか尋ねるために、アシスタントを寄越した。わたしは道を横切って彼女が座っているところまで行き、「すまなかった」と謝罪した。「あのままでは滑稽でも面白くもないと思ったんだ。でも、もしぼくにいくらかコメディーについて提案させてくれるなら――」彼女は反論しようとはしなかったが、さえぎって言った。「しょうがないわね。言われた通りにできないというなら、撮影所に戻りましょう」状況は最悪だったが、わたしはすでにあきらめていたので、ただ肩をすくめるだけにとどめた。朝九時から撮影を始めていたので、その日の仕事がひどく無駄になったわけではなかった。時刻はもう午後五時を回っていて、いずれにしても太陽は急速に沈みかけていた。

撮影所に戻り、ドーランを落としていると、セネットが息せき切って楽屋に飛び込んできた。「いったいどういうことなんだ?」

わたしは説明しようとした。「あのストーリーは、もっとギャグを入れて面白くする必要があるんです。でも、ミス・ノーマンドはどんな提案にも耳を傾けようとしません」

「言われた通りにしろ。さもなければ、辞めてもらう。契約があろうがなかろうが」

わたしは冷静だった。「セネットさん、わたしはここに来る前、自分でちゃんと生計を立てていました。だからクビになっても――そう、ただそれだけのことです。わたしは誠実になっているだけで、よい映画を作りたいと思う気持ちは、あなたと変わりません」

セネットはそれ以上何も言わず、ドアをバタンと閉めて出て行った。

その晩、路面電車で家に戻るとき、わたしは例の友人に起きたことを伝えた。「残念だな。ここしばらく、とてもうまくいっていたのに」と友人は言った。

「クビになっちゃうかな?」わたしは不安な気持ちを隠すために、わざと快活に言った。

「そうなったとしても驚かないね。君の楽屋からセネットが出てくるのを見たけど、かなりカンカンだったよ」

「そうか、それでもかまわないさ。ぼくには一五〇〇ドルの貯金があって、イギリスに帰る船賃に使ってもおつりが来る。でもともかく、明日の朝は撮影所に行ってみることにするよ。もしやっぱりお払い箱ということだったら、それも人生さ《セ・ラ・ヴィ》」

翌朝は八時に集合することになっていたが、わたしは何をしたらよいかわからなかったので、メークをしないで楽屋に座っていた。すると八時一〇分前ごろ、セネットがドアから顔を突き出した。「チャーリー、話がある。メイベルの楽屋に行こう」驚いたことに彼の口調は愛想がよかった。

「ええ、セネットさん」わたしはそう答えて、彼のあとに従った。

メイベルはそこにはいなかった。彼女は、映写室でラッシュ（撮り終えたばかりの未編集のフィルム）を観ていたのだ。

「なあ」とマックは言った。「メイベルは君が大好きだ。ぼくらもみな君のことが好きで、すばらしいアーティストだと思っている」

わたしはこの風向きの変化に驚いたものの、すぐにわだかまりが溶けていくのを感じた。「わたしももちろん、ミス・ノーマンドを尊敬していますし、すばらしい人だと思っています。でも、監督ができる能力があるとは思いません。何といっても、まだとても若いですし」

「君がどう思おうが、どうかプライドを引っ込めて、助けてやってくれないか」セネットはわたしの肩を叩きながら、そう言った。

「それこそ、わたしがやろうとしていたことですよ」

「ともかく、彼女と仲良くやってくれ」

「どうでしょう、わたしに監督をやらせてくれれば、すべての問題が解決しますが」

とわたしは言った。

　セネットが答えるまでに、少し間があった。「もし上映できないようなものができたら、誰が制作費を弁償する？」

「わたしが払います。一五〇〇ドルをご指定の銀行に振り込みましょう。万一映画が上映に値しなかったら、その金はあなたのものです」

　マックは一瞬、考え込んだ。「ストーリーはあるのか？」

「もちろん、いくらでもお望みどおり」

「わかった。まずはメイベルの映画を撮り終えろ。そのあとで考えよう」彼はついにそう言い、わたしたちは仲よく握手を交わした。わたしはあとでメイベルのところに行って謝罪した。そしてその晩、セネットはメイベルとわたしにディナーをふるまってくれたのだった。翌日のメイベルは、これ以上ないというほど優しかった。わたしに提案やアイデアはないかと、尋ねてきさえした。こうして、カメラ・クルーと残りのキャストの戸惑いをよそに、わたしたちは幸せな気分で映画を撮り終えたのだった。

だが、わたしは、セネットの態度がなぜ急変したのか気になっていた。その理由がわかったのは、それから何カ月もあとのことである。実は、セネットはその週の終わりに、わたしをクビにしようと考えていたらしい。だが、メイベルと口論になった日の翌朝、ニューヨーク事務所から電報が届いた。チャップリンの映画が大人気を博しているから、急いでもっと作れ、という内容だったという。

キーストンでは、作品上映の際に、平均二〇本のプリントを制作していた。三〇本の注文があったら、かなり成功だったと考えていい。だが、そのとき、わたしにとっての最新作、つまり四本目になる主演作品のプリント数は四五本に達しており、注文はさらに増えつづけていた。だからこそ、電報を受け取ったあとのマックの態度が、あれほど軟化したのである。

当時、監督術はとてもシンプルだった。覚えておかなければならないのは、俳優を画面に出入りさせるときに、左右を間違わないようにすることぐらいだった。つまり、俳優を画面の右外に退去させたら、次のシーンでは、画面左から登場させる、こちら（カメラ）に向かって画面を去らせたら、次の画面では、カメラに背を向ける恰好で画面に登場させる、といったことである。もちろん、これらは初歩中の初歩のルールだ。

しかし経験を積むうちに、カメラの位置の重要性がわかってきた。それは、心理的な効果を与えることに加えて、場面を説明する効果も与えられる。実のところ、カメラの位置こそ、監督独自のスタイルをもたらすものなのだ。カメラの位置がやや近すぎたり、遠すぎたりすれば、そうした効果は高まることも、台無しになることもある。無駄がない動きは重要なポイントなので、特別な理由があるとき以外は、俳優を無意味にダラダラ歩かせるべきではない。歩くことはドラマティックではないからだ。そのため、カメラの位置は、画面構成と俳優のスムーズな登場を決めることになる。カメラの位置は、いわば映画に抑揚をつける手段なのだ。クロースアップがロングショットより強い印象を残すというような決まりきったルールは存在しない。クロースアップにするかどうかは直観の問題であり、場合によっては、ロングショットのほうが、強調効果が高いこともある。

その一例が、わたしの初期のコメディー『チャップリンのスケート（Skating）』だ（一九一六年のThe Rinkのことか?）。浮浪者がスケートリンクにやって来る。片足を上げて滑り、さっそうと風を切ったり、回転したり、つまずいたり、ほかのスケーターにぶつかったりして、あらゆる罪のないいたずらをしたあげく、カメラの前に大勢の人を仰向けに転ばせておいて、自分はリンクの端に滑っていく。そして背景に映っている小さなひとりになり、自分が引き起こした大騒ぎを無邪気に眺める観客のなかにちゃっかり収まる、というものだ。だが、浮浪者がとても小さく遠景に映っていることで、クロースアップで撮ったときよりも、おかしみはかえって増したと思う。

最初の映画を監督しはじめたとき、わたしは思ったより自信が持てず、軽いパニックに陥った。だがセネットに最初の日の仕事を見てもらったあとは、一安心できた。映画は『雨に降られて（Caught in the Rain）』（チャップリンの勘違いで、これは監督作品第二作目。第一作目は後述の『恋の20分（Twenty Minutes of Love）』）という題の作品で、大ヒット作というわけではなかったが、面白みはあり、そこそこの成功を収めた。撮り終えたときにはセネットの反応がとても気がかりで、映写室から出てくる彼をドキドキしながら待ったものである。が、「やあ、次を撮り始める用意はいいかい？」というのが彼の言葉だった。以来、わたしは自分の出るコメディーについては、すべて脚本を書き、自ら監督することになる。やる気を起こさせるため、セネットは映画を制作するたびに、二五ドルのボーナスをくれることになった。

今やセネットは実質的にわたしを養子のように扱い、毎晩ディナーに連れて行ってくれた。他のチームのストーリーについても相談を持ちかけ、わたしは、さまざまな提案をしたものだった。その中には個人的すぎて一般大衆には理解できないだろうと思われた荒唐無稽なアイデアもあったが、セネットはそうしたものも笑って受け入れてくれた。

今では、観客に混じって自分の映画を観ると、彼らの反応が大きく違うことがわかった。キーストン・コメディーというアナウンスが流れると、客席はざわめき、期待感が募る。そして、わたしが登場しただけで、まだ何もやっていないにもかかわらず、楽しそうな歓声があがるのを聞くのはとても嬉しかった。わたしは観客の一番のお気に入りだった。そうした生活が続けられるだけで、もうじゅうぶん満足だった。ボーナスを含めると、週に二〇〇ドルも稼いでいた。

仕事に没頭していたので、アレグザンドリア・バーに行くことも、皮肉屋の友人エルマー・エルズワースに会うこともほとんどなかった。だが、何週間かあと、道端で彼にばったり出会ったのである。「やあ、聞いてくれ」と彼は言った。「最近君の映画をいくつか観る機会があったんだが、君はほんとにすばらしい！　君には、ほかのすべての役者とは完全に違う独特の才能がある。からかってるんじゃないさ。君はすごく面白い！　なんで最初からそう言わなかったんだい？」そのとき以来、わたしたちが大の親友になったことは言うまでもない。

キーストンはわたしに多くのことを教えてくれ、わたしもキーストンに多くのことを教えた。当初彼らは、テクニックや演出技法や動きのことなど、ほとんど何も知らなかった。そうしたことについて、わたしは舞台の経験を持ち込んだのだった。彼らはまた、自然な方法でパントマイムをやることについても、ほとんど知識がなかった。たとえば場面の振り付けをするとき、監督は三、四人の俳優をカメラに向けて、芸も工夫もなく一列に並ばせる。そして、そのなかのひとりに大げさな身振りで「わたしは、けっこんしたい。あなたのむすめさんと」という振りをやらせるのだ。まず自分を指さし、次に自分の左手の薬指を指さし、次に娘を指さす、というふうに。彼らのマイムには、デリケートなところも効果的なところもまったくなかった。そこで当然のことに、わたしの芸が際立《きわだ》ったわけである。初期の映画を撮ったとき、自分には多くの強みがあること、そして、いわば豊かな未開の地に足を踏み入れようとしている地質学者みたいな立場にいることがわかった。当時は、わたしのキャリアにおいても、もっともスリリングな時期だったと思う。これから何かすばらしいことが起ころうとする入口に立っていたのだから。

成功は人を人気者にする。わたしも撮影所にいる人全員にとって、なじみ深い友人になった。エキストラも舞台係も、衣装部もカメラマンも、みなわたしのことを「チャーリー」と呼んで親しんでくれた。わたしは社交的な人間ではないが、人に親しんでもらえるということは、成功した証《あかし》であることがわかっていたから、とても嬉しかった。

こうして、すっかり自分のアイデアに自信が持てるようになったが、それはひとえにセネットのおかげである。わたしと同じように無学だったセネットは、自らのセンスを信じ、そうした信念をわたしにも植え付けてくれた。彼の働き方はわたしに自信を抱かせてくれ、それが正しいのだと思わせてくれた。撮影所を最初に訪れたときに彼が言った「シナリオなんてものはない――アイデアがひらめいたら、自然な出来事の流れに従うだけさ」という言葉は、わたしの想像力を刺激した。

＊

そうした制作方法は、わたしにとって映画作りをとても面白いものにしてくれた。舞台では、毎晩毎晩同じことをまったく変えずに繰り返すという厳格なルーティーンに縛られていた。ひとたび振り付けが試されて決まってしまえば、新しい振り付けが試みられるようなことは、まずない。舞台での演技を決定づける唯一《ゆいいつ》の動機は、よい演技に終わるか、悪い演技に終わるかしかなかった。だが映画はもっと自由で、わたしに冒険する楽しさを与えてくれた。「これはアイデアに使えるかな？」とか「ダウンタウンのメインストリートが水びたしになっているから、利用しよう」などと、セネットはよく言ったものだった。キーストン・コメディーは、みなそんな一言から生まれたのである。このチャーミングな臨機応変さこそ楽しさをもたらすもの、創造力を刺激する源だった。すべてがとても自由でやりやすかった。脚本もなく、ライターもいない。ちょっとした思い付きがあるだけで、それにギャグをちりばめ、撮影が進むにつれてストーリーを作っていった。

たとえば、『アルコール先生原始時代の巻（His Prehistoric Past）』という作品は、わたしが登場するシーンで行う、たったひとつのギャグから話が展開する。熊《くま》の毛皮をまとった先史時代の男として現れたわたしは、その場の風景を眺めながら、毛皮から毛を抜き取って、パイプに詰めはじめる。もうこれだけで、愛とライバル意識と闘いと追っかけ、という原始時代のストーリーを築き上げるじゅうぶんな出発点になった。キーストンでは、みなこうして映画を撮っていたのだ。

自分の映画にコメディー以外の面を加えたいと強く望むようになったきっかけについては、今も忘れずに覚えている。それは、『新米用務員（The New Janitor）』という映画の中で、オフィスのマネージャーからクビにされるシーンを演じていたときだった。自分の境遇を憐《あわ》れんで仕事を続けさせてほしいと哀願する際、わたしは、小さな子どもたちをたくさん抱えているという仕草をしてみせた。もちろん、それはただの演技だったのだが、リハーサルのあいだに、セットの脇で演技を観ていた年配の女優アリス・ダヴェンポート（原文ではドロシーになっているが、母親のアリス・ダヴェンポートのことだと思われる）を見ると、驚いたことに涙を浮かべているではないか。「おかしい場面だっていうことはわかっているのよ。でもあなたを見ていたら泣きたくなったの」と彼女は言った。その言葉は、わたしが以前から感じていたこと、つまりわたしは、笑いをとるだけでなく、涙を浮かべさせることもできるという事実を裏付けてくれた。

〝男っぽい男《ヒーマン》〟を是とする撮影所の雰囲気は、容姿端麗な女性たちがいなかったら、さぞかし耐え難いものになっていただろう。メイベル・ノーマンドの存在は、撮影所にもちろん魅力を添えていた。メイベルは抜きん出て美しかった。その眠たげな大きな瞳《ひとみ》と、両の端が繊細にきゅっと持ち上がっているふっくらした唇は、ユーモアとあらゆる種類の寛容さを表していた。彼女は屈託がなく陽気で、善良で親切で大きな心の持ち主だった。誰もが彼女を愛していた。

衣装係の女性の子どもにメイベルが親切にしてあげたこととか、カメラマンをからかったことなど、彼女の話は撮影所中によく広まっていた。メイベルはわたしを、きようだいみたいに好いてくれた。というのも、当時彼女はマック・セネットに夢中だったのだ。マックを通して、わたしはメイベルと多くの時間をともに過ごすことになった。三人で食事に出かけたあと、ホテルのロビーでマックが寝込んでしまうと、ふたりで小一時間ほど外へ出て映画を観《み》たりカフェで時間をつぶしたりする。そしてホテルに戻って彼を起こす、というようなことをよくやっていた。そんなふうにしていたらロマンスに発展するのではないかと思うかもしれないが、そうはならなかった。残念ながら、わたしたちは良い友人に留まったのである。

とはいえ、一度だけ、メイベルとロスコー・アーバックルとわたしがサンフランシスコのとある劇場で行われた慈善事業に出席したとき、もう少しでロマンティックな関係に陥りそうになったことがあった。それはうっとりするようなゴージャスな夕べで、わたしたち三人は劇場で大きな成功を収めていた。そのあと楽屋にコートを忘れたメイベルが、いっしょに取りに行ってくれと頼んできたのである。アーバックルとほかの連れは外に停めた車の中で待っていた。そんなわけで、一瞬わたしたちは二人きりになった。彼女は輝くように美しく、彼女の肩にコートをかけながら、わたしは思わずキスをしてしまった。すると、彼女もキスを返したのだ。わたしたちはもっと深いところまで行ったかもしれないが、仲間が階下で待っていた。しばらくして、わたしはその先を続けようとしたが、結局は何も起こらずじまいになった。「だめよ、チャーリー」とメイベルは機嫌よく言った。「わたしはあなたのタイプじゃないし、あなたもわたしのタイプじゃないでしょ」と。

ちょうどそのころ、〝ダイヤモンド〟・ジム・ブレイディ（アメリカの実業家。社交界の名士で、ダイヤモンドをはじめとする宝石の厖大なコレクションを所有していた。一八五六〜一九一七）がロサンゼルスにやって来た。当時のハリウッドはまだ揺籃《ようらん》期にあった。彼はドリー姉妹（ローズ〔一八九二〜一九七〇〕とジェニー〔一八九二〜一九四一〕の双子のダンサー、女優）とその夫たちを連れてきて、大盤振る舞いをした。アレグザンドリア・ホテルで開かれた晩餐会《ばんさんかい》に招待された客は、ドリー姉妹とその夫たち、カーロッタ・モントレイ（アメリカの女優。チャップリンの四番目の妻ウーナの父親ユージン・オニールの三番目の妻〔ウーナの母親はオニールの二番目の妻〕。一八八八〜一九七〇）、サラ・ベルナール（フランスの大女優。一八四四〜一九二三）の相手役だったルー・テルジャン（オランダ生まれの映画俳優。一八八一〜一九三四）、マック・セネット、メイベル・ノーマンド、ブランチ・スウィート（アメリカの映画女優。一八九六〜一九八六）、ナット・グッドウィン（後述するアメリカの舞台・映画俳優。一八五七〜一九一九）をはじめ、その他にも大勢いた。ドリー姉妹は、驚くほど美しかった。姉妹、その夫たちとダイヤモンド・ジム・ブレイディは切っても切れない仲にあり、その結びつきは謎《なぞ》めいていた。

ダイヤモンド・ジムは、まさにアメリカならではの人物で、その外見は毒気を抜いたジョン・ブル（擬人化されたイギリスの国家像。典型的なイメージは、背が低くでっぷりしていて、夜会服にベストを着こみ、山高帽をかぶってステッキを持っている）だった。最初に会った晩、わたしは自分の目を疑った。彼はダイヤモンドのカフスボタンとワイシャツの胸の飾りボタンを付けていたが、それぞれが、一シリング銀貨より大きかったのだ。それから数日後に、サンタモニカ埠頭《ふとう》にあるナット・グッドウィンのカフェでともに食事したときには、エメラルドのセットを付けてきた。今度もそれぞれの石の大きさは小さなマッチボックスほどもあった。最初わたしは、彼がふざけてそんなものを付けているのだろうと思い、無邪気にも、本物なのかと尋ねてみた。すると、そうだ、と言うのである。「でも、とんでもなく大きな宝石じゃないですか」とわたしは驚いて言った。ジムは「美しいエメラルドを見たいなら、ほらここにある」と言って上着の裾《すそ》を持ち上げ、クイーンズベリー侯爵《こうしゃく》（ボクシングのルール作りに貢献したイギリスの貴族。一八四四～一九〇〇）寄贈のチャンピオンベルトかと思われるほど大きなベルトを見せた。それは、見たこともないほど大きなエメラルドでびっしり埋め尽くされていた。彼はそんな宝飾セットを一〇組も持っており、毎晩違うものを身につけている、と自慢げに話していた。

それは一九一四年のことで、二五歳のわたしは若さの絶頂にあり、仕事に夢中になっていた。成功が楽しかったのはもちろんだが、ほかにも魅力があった。仕事を通じて、前からファンだった有名な映画スターたちに会うことができたのである。メアリー・ピックフォード（〝アメリカの恋人〟と呼ばれたカナダ出身の映画女優。一八九二～一九七九）、ブランチ・スウィート、ミリアム・クーパー（アメリカの映画女優。『国民の創生』『イントレランス』などに出演。一八九一～一九七六）、クララ・キンボール・ヤング（アメリカの映画女優。一八九〇〜一九六〇）、ギッシュ姉妹（『国民の創生』『イントレランス』が代表作のリリアン・ギッシュ（一八九三〜一九九三）とその妹のドロシー・ギッシュ（一八九八〜一九六八）。長く映画と舞台で活躍した）……。彼女たちはみな美しく、そうしたスターたちに直に会えるのは無上の幸福だった。

あるとき、トーマス・インス（アメリカの映画監督。新聞王ウィリアム・ランドルフ・ハーストの船で急死する。その一件は『ブロンドと柩の謎』という映画になった。一八八二〜一九二四）が、サンタモニカ北部の野原にある、太平洋に面した自らの撮影所でバーベキューとダンスの集いを開いた。それはなんと素敵な夜だったろう。若者と美女たちが物悲しい音楽と近くの岸に打ち寄せる柔らかな波の音に合わせて、戸外のステージで踊ったのだった。

ペギー・ピアースは、わたしがキーストンに移ってから最初に胸をときめかせた相手だった。稀《まれ》に見る美しい娘で、繊細な彫刻のような顔つき、真っ白な美しいうなじと魅惑的な体つきをしていた。彼女はインフルエンザで休んでいたので、出会ったのは、わたしがキーストンに行って三週間経《た》ってからだったが、出会った瞬間から、ふたりの心に火が付いたのである。それは相思相愛で、わたしの胸は高鳴った。彼女に会える期待を抱いて、朝早く撮影所に急ぐ毎日。どれほど胸がときめいたことか。

日曜日には、彼女が両親と暮らしているアパートメントを訪問した。わたしは毎晩のように彼女に会って愛を告白し、毎晩のように試練を味わった。そう、ペギーはわ

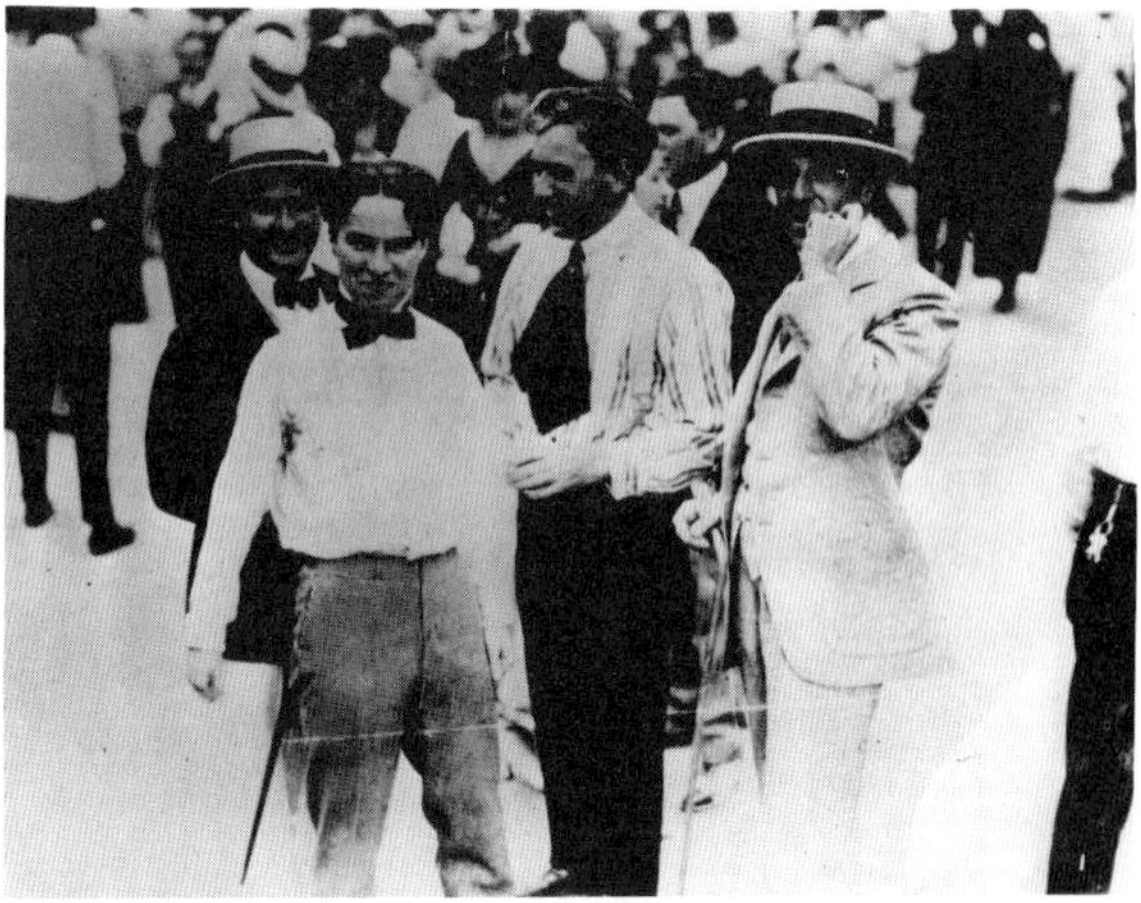

マック・セネット撮影所の祝賀会。左からトーマス・インス、チャップリン、マック・セネット、グリフィス。

たしを愛していたが、それは見込みのない恋愛だった。彼女はわたしを拒みつづけ、ついにわたしは絶望して、あきらめることになったのである。当時わたしは、誰とも結婚などしたくなかった。自由は何物にも代えられない冒険だった。わたしが漠然と抱えていた理想のイメージに適《かな》う女性など存在しなかった。

撮影所は、どこも家族のようなものだった。ふつう映画は一週間で作られ、長編映画でさえ、制作に二、三週間以上はかけなかった。照明には太陽光を使っていた。だからこそ、一年間のうち九カ月間太陽が降り注ぐカリフォルニアで映画が撮影されていたのである。

クリーグ灯（映画撮影に使われた強力な照明用光源。ドイツ人のクリーグル兄弟が発明した）は一九一五年ころに利用できるようになっていたが、キーストンではそれを決して使わなかった。なぜなら、光がちらついたうえ、太陽光ほどクリアではなく、準備に時間がかかりすぎたからだ。キーストン喜劇の制作に一週間以上かけることは滅多になかった。実際、わたしは『恋の20分』という作品をある日の午後だけで撮ってしまったが、それは始めから終わりまで笑いっぱなしの映画だった。もっとも成功した映画『チャップリンとパン屋（Dough and Dynamite）』は九日で撮り終え、コストは一八〇〇ドルだった。だが、キーストン喜劇の予算上限である一〇〇〇ドルという制作費を超えていたために、わたしは二五ドルのボーナスが手にできなかった。この損を取りもどす唯一の方法は、二巻ものにするしかない、とセネットは言い、結局そうすることによって、初年度に一三万ドル以上の総収益を上げたのだった。

*

そのころまでには、すでに『恋の20分』『チャップリンとパン屋』『笑いのガス

(Laughing Gas)』『舞台係 (The Stage Hand)』(この題名の作品は存在しないので一九一四年作の『チャップリンの道具方』〔The Property Man〕のことか?)を含め、いくつも自作自演の人気作品をものしていたのだが、その時期わたしは、マリー・ドレスラー(カナダ出身の遅咲きの人気女優。一八六八～一九三四)が主演した長編映画に、メイベルといっしょに助演俳優として出ることになった(一九一四年の『醜女の深情』〔Tillie's Punctured Romance〕のこと。監督はセネットだった)。マリーと共演するのは楽しい作業だったが、映画自体はたいした出来とは思えず、その後、自分が監督を任された映画に戻ることができて、ほっとした。

わたしはシドニーをセネットに推薦した。チャップリンという名前は、すでに主役級の役者として宣伝されていたので、セネットにとって、チャップリン家の一員の名をもうひとり書き加えるのは願ってもないことだった。結局シドニーは、わたしより二五ドルも多い、週給二〇〇ドルの契約で雇われることになる。シドニー夫婦がイギリスから直接撮影所にやって来たとき、わたしはちょうどロケに出かけるところで、その晩、いっしょに夕食をとりながら、自分の映画がイギリスでどう観られているかシドニーに尋ねてみたのだった。

するとシドニーは、わたしの名前がまだ宣伝に使われていなかったとき、多くのミュージックホールの芸人から、観てきたばかりのアメリカ映画の新人コメディアンについて話を熱っぽく聞かされたと言った。また、わたしのコメディーをまだ一本も観ていなかったときに、いつ公開されるのかと映画配給会社に電話をして自分の名を名乗ったら、観に来るようにと招待されて、三本観せてくれたそうだ。シドニーは映写室にひとりで座り、笑い転げたという。

「そうしたことみんな、兄さんはどう思った？」とわたしはシドニーに尋ねた。

兄は驚いたそぶりはまったく見せなかった。「ああ、おまえは成功するってわかってたさ」シドニーは、自信たっぷりに言った。

マック・セネットはロサンゼルス・アスレチック・クラブの会員で、友人ひとりに一時的な会員証を与える権利を持っていたので、それをわたしにくれた。そこは街中の独身男性とビジネスマンが集う拠点で、女性も夕方に足を踏み入れることができる一階には、広いダイニングルームと複数のラウンジがあり、そのほかにカクテルバーもある豪華な施設だった。

わたしが借りた部屋は最上階の広い角部屋で、ピアノとこぢんまりした書斎さえ備わっていた。隣は《メイ百貨店》（ロサンゼルス最大のデパート）の所有者、モーゼ・ハンバーガーの部屋だった。当時は生活費が驚くほど安かった。部屋代にたった週一二ドル支払うだけで、豪華なジム、プール、そして至れり尽くせりのサービスを含め、クラブの設備をすべて無料で使うことができた。合計すると、わたしは、仲間に酒をおごったり、ときおりディナーを共にする費用を入れても、一週間七五ドル以内で贅沢《ぜいたく》な暮らしを送っていたのである。

クラブには仲間意識があり、それは第一次世界大戦に参戦したときでさえ、揺らぐことはなかった。誰もが戦争は六カ月以内に終わるだろうと思っていた。イギリス陸軍元帥《げんすい》だったキッチナー伯爵《はくしゃく》が予測した四年も続くという考えは、荒唐無稽だとして退けられた。むしろ多くの人は、ようやくドイツ人を懲《こ》らしめてやれるようになったと言って、宣戦布告を喜んだぐらいだった。結果については、誰も疑わなかった。イギリスとフランスは、ドイツを六カ月以内にコテンパンに打ち負かしてやると妄信していたのだ。その時点では、戦争はまだ本格的に展開していなかったし、カリフォルニアは戦場から遠く離れた場所だった。

セネットが契約の更新について話し始めたのもそのころで、彼はこちらの側の条件を知りたがった。わたしは自分に人気があることについてある程度は自覚していたが、そうした人気が短命であることも知っていた。そして、いずれにせよ当時のスピードで映画を作っていたら、一年以内には完全に干上がってしまうだろうから〝日が照っているうちに干草を作っておく〟ことが必要だと思っていた。「一週間に一〇〇〇ドル欲しいですね！」わたしは意図的にそう言った。

セネットは愕然《がくぜん》とした。「だが、ぼくだって、そんなにもらっていないぞ」と彼は言った。

「わかってます。でも、あなたの名前が掲げられても、わたしと同じくらい観客がチケット売り場に列を作るようなことにはならないでしょう」とわたしは答えた。

「それはそうかもしれない」とセネットが言った。「だが、わたしの組織のバックアップがなければ、君は立ちゆかなくなるぞ」と彼は釘《くぎ》を刺した。「フォード・スターリングがどうなったか考えてみるといい」

それはほんとうだった。フォードはキーストンを去ってから、あまりうまくいっていなかった。だがわたしはセネットに言ってやった。「コメディーを作るには、公園一カ所と、警官ひとり、美しい娘ひとりいればじゅうぶんです」実際、わたしは、ほぼこの三つの材料だけで、もっとも成功した映画をいくつか作ったのだった。

そうこうするうちに、セネットは共同経営者のケッセルとバウマンに電報を送り、わたしの契約と要求に関して助言を求めた。そしてしばらくしてから、提案をもって、話し合いにやってきた。「いいかい、君の契約はあと四カ月で切れる。わたしたちにはその契約を破り捨てて、ただちに君に週五〇〇ドル支払い、来年一年は週七〇〇ドル、そしてその次の年は週一五〇〇ドル支払う用意がある。そうすれば、結局のところ、一週間に一〇〇〇ドル手に入ることになるだろう」

「マック」とわたしは答えた。「単純に条件をひっくり返して、最初の年に週給一五〇〇ドル、二年目に週給七〇〇ドル、そして三年目に週給五〇〇ドルにしてくれたら、契約しますよ」

「それはメチャクチャな考えだ」とセネットは言った。

そんなわけで、新しい契約の話は立ち消えになった。

＊

キーストンとの契約は一カ月を残すのみとなっていた。が、そうかといって、ほかのプロダクションから申し出があったわけでもなかった。わたしはだんだん心配になってきた。おそらくセネットもそのことを知っていて、機が熟すのを待っていたのだと思う。ふだんは、わたしが映画を撮り終えるとやってきて、次の作品を早く作れ、とふざけてせかしたのに、ここ二週間わたしは仕事をしていなかったにもかかわらず、彼は近づいてこなかった。丁重ではあったが、よそよそしかった。

そんな状況ではあったものの、わたしは自信を失っていなかった。もし誰も契約しようとしないなら、独立して仕事をするまでだ。なぜ、そうしちゃいけない？　わたしには自信も自恃《じじ》もあった。そうした気概が湧《わ》いてきた瞬間は、今でもはっきり覚えている。それは、物品購入申請書を撮影所の壁に押し付けて記入していたときだった。

キーストン・カンパニーに加わったあと、シドニーはすでにいくつも人気作品を手がけていた。なかでも、世界中で新記録を達成したのが『海賊潜水艦（A Submarine Pirate)』である。この映画でシドニーは、ありとあらゆるカメラトリックを駆使した。彼の成功は華々しかったので、わたしは、いっしょにプロダクションを作らないかと誘った。「ぼくらに必要なのは、カメラ一台と舞台セット一式だけだよ」とわたしは言った。けれどもシドニーは慎重だった。あまりにも危険が大きすぎると言う。「それに」とシドニーは付け加えた。「今までの人生すべての稼ぎより多い給料を手放したりしたくないんだ」こうして彼は、もう一年、キーストンで演技を続けることになった。

ある日、ユニバーサル・カンパニーのカール・レムリ（ヴュルテンベルク王国〔現ドイツ〕出身のユニバーサル映画設立者。ウィリアム・ワイラーとアインシュタインの親戚。一八六七〜一九三九）から電話がかかってきた。一フィートにつき一二セントを支払い、映画制作費も融資する用意があるという。しかし、週給一〇〇〇ドルについては承諾しなかったので、話は立ち消えになった。

今度は、エッサネイ映画制作会社を代表して、ジェス・ロビンズという若い男がアプローチしてきた。わたしが契約前の一万ドルのボーナスと、契約後のギャラ、週給一二五〇ドルを条件にしていると聞いたという。それはわたしにとって初耳だった。彼から聞くまで、一万ドルのボーナスを条件にすることなど考えてもみなかったのだから。だが、聞いた瞬間から、それは楽しい固定観念としてわたしの頭にこびりついてしまった。

その晩、わたしはロビンズをディナーに招き、わたしは聞き役に回って、彼に話をさせた。ロビンズは、ジョージ・K・スプア氏（後述のアンダーソンとともに一九〇七年にシカゴでエッサネイ社を創立。一八七一～一九五三）と共同でエッサネイ社を経営している〝ブロンコ・ビリー〟こと、G・M・アンダーソン氏（自ら監督・主演したブロンコ・ビリー・シリーズで大人気になった俳優、監督、映画プロデューサー。西部劇の最初のスター。一八八〇～一九七一）から直接指示を受けてやってきたのだという。そして、週給一二五〇ドル

G・M・アンダーソン（通称ブロンコ・ビリー）。

のギャラ契約をわたしにオファーしたのだが、ボーナスについては、はっきり指示を受けていなかった。わたしは肩をすくめて「そのことが、どこのプロダクションでも障害になっているようですね。すばらしいギャラをオファーしてくれても、キャッシュについては何も示してくれないんですよ」と言った。しばらくして、ロビンズはサンフランシスコにいたアンダーソンに電話し、取引は進んでいるけれども、わたしが一万ドルをボーナスとして要求していると告げた。そのあと彼は、わたしに向きなおって言った。その顔には満面の笑みが浮かんでいた。「取引成立です。一万ドルは明日お渡しします」

わたしは雲の上にでもいるような気分になった。あまりにも出来すぎた話だった。そして、案の定、出来すぎだったのである。というのは、その翌日、ロビンズはほんの六〇〇ドル分の小切手を渡しただけで「アンダーソン氏は今ロサンゼルスに向かっており、一万ドルのボーナスの件は、彼に任せてあります」と言ったのだ。到着したアンダーソンはわたしとの契約にとても熱心で、条件についても保証したが、一万ドルのキャッシュは持ってきていなかった。「その件については、シカゴに着いたら、パートナーのスプア氏が対応する」とアンダーソンは言った。

疑念が頭をもたげてきたが、わたしは楽観的に考えて、そんな気持ちは押し殺すことにした。あと二週間で、キーストンとの契約も終わりになる。最後の映画『アルコール先生原始時代の巻』を完成させるのは楽ではなかった。あまりにも多くの仕事のオファーが目の前にぶらさがっていて、集中するのは至難の業だったからだ。それでも、作品はようやく完成を見た。

キーストン社を去るのはつらかった。セネットにも、スタジオのみんなにも、すっかり愛着がわいていたからだ。結局、誰にも「さよなら」の言葉はかけなかった。そうしようにもできなかったのだ。別れは無慈悲なほどあっけなかった。土曜日の夜に映画の編集を終えたあと、月曜日にはアンダーソンとサンフランシスコに向けて出発し、そこで緑色のベンツの新車に迎えられたのである。昼食をセント・フランシス・ホテルでとるために小休憩しただけで、わたしたちはナイルズに直行した。アンダーソンはそこに小さな撮影所を構えていて、自分が主演するエッサネイ社の西部劇、ブロンコ・ビリー・シリーズを撮影していた。ちなみに、《エッサネイ》という社名は、スプアとアンダーソンの頭文字「エス・アンド・エイ」がなまったものである。

第一一章

ナイルズはサンフランシスコから車で一時間ほどのところにある鉄道線路沿いの町で、人口はほんの四〇〇人ほど。町の最大の関心事は、アルファルファの栽培と牛を育てることという田舎町だった。撮影所は町からさらに六・五キロほど離れた畑のど真ん中にあった。一目見るなり、わたしはがっかりしてしまった。それより気の滅入《めい》る撮影所もなかろうと思われたからだ。天井は、夏季の撮影を耐えられないほど暑いものにするガラス張りだった。もっともアンダーソンによると、シカゴの撮影所のほうが、わたしに向いているだろうし、コメディーを制作する設備も、そちらのほうがずっと整っているという。ナイルズには、アンダーソンがスタッフと仕事の打ち合わせをするあいだ一時間ほどいただけで、そのあとふたたびサンフランシスコに戻って、シカゴに出発した。

わたしはアンダーソンが気に入った。彼には独特の魅力があった。列車の車中では、わたしのことを弟のように扱ってくれ、さまざまな停車駅で雑誌やチョコレートなどを買ってくれた。シャイで無口な四〇がらみの男で、仕事の話になると鷹揚《おうよう》に「心配するな。うまくいくさ」といつも言った。口数が少なく、いつも何かに気を取られていたが、そんなうわべの下に抜け目なさが潜んでいるようにも思えた。

シカゴまでの道中は面白かった。列車には三人組の男が乗っていた。最初に彼らに気づいたのは食堂車の中である。そのうちのふたりはかなり裕福に見えたのだが、三人目は、その場にそぐわない平凡で野卑な男に見えた。そんな三人がともに食事をとる姿はとても奇妙だった。ふたりはエンジニアで、浮浪者然としている男は荒仕事を手がける労働者なのではないか、などとわたしたちは勝手に想像した。食堂車をあとにしたとき、裕福に見えた男のひとりがわたしたちのコンパートメントにやってきて自己紹介した。自分はセントルイスの郡保安官なのだが、アンダーソンを見て、ブロンコ・ビリーであることに気づいたと言う。彼らは犯罪者をサン・クエンティン刑務所からセントルイスに移送しているところで、その犯罪者はセントルイスで死刑に処せられる予定だということだった。そんなわけで、犯罪者をひとり残しておくわけにはいかないため、ご足労だが自分たちのコンパートメントに来て、地方検事に会ってもらえないか、と頼みにきたのである。

「状況をお知りになりたいだろうと思うのでお話ししますと」と、保安官は打ち明け話をはじめた。「あの男にはかなりの犯罪歴があるんです。警官にセントルイスで逮捕されたとき、トランクに入っている服をとってきたいので部屋に戻りたい、と言いました。そしてトランクの中から服を選ぶふりをして拳銃《けんじゅう》を手に取ると、ぱっと振り向いて警官を撃ち殺してしまったんです。そのあとカリフォルニアに逃げたんですが、そこで泥棒に入ったところを捕まって、三年の刑をくらいました。そして服役が終わって刑務所から出てきたところを、地方検事とわたしが待ち伏せしてしょっぴいた、というわけです。これは単なるお決まりのケースなので、順当にしばり首になるでしょうな」彼は満足げに、そう締めくくった。

アンダーソンとわたしは、彼らのコンパートメントに足を運んだ。保安官はがっしりした陽気な男で、きらきら輝く眼を持ち、始終笑みを浮かべていた。一方、地方検事はもっと堅物だった。

わたしたちを検事に紹介したあと、「お座りください」と保安官は言った。そのあと、囚人を見て「こいつがハンクです。これからセントルイスに連れもどすところなんですが、セントルイスで、ハンクはちょっと困ったことになっていましてね」と言った。

ハンクは皮肉っぽく笑ったが、何も言わなかった。背の丈は一八〇センチ強、年の頃は四〇代後半といったところだ。彼はアンダーソンと握手して言った。「あんたの映画は何本も観《み》たよ、ブロンコ・ビリー。あんたの拳銃さばきと拳銃強盗は、今まで観た中で最高だったね」ハンクは、わたしのことはほとんど知らないと言った。サン・クエンティン刑務所に三年入っていたために、「シャバじゃいろんなことが起きていても、おれたちにゃわからずじまいになるんでね」。

わたしたちはみな陽気に振るまったが、うわべの下には緊張感がみなぎっていて、ぎこちない思いをしていた。わたしは何と言っていいのかわからなかったので、ただ保安官の話に合わせて、笑顔を作っていた。

「辛《つら》い世の中だな」とブロンコ・ビリーが言った。

「だからこそ」と保安官が言う。「わたしたちは、そんな辛さを和らげようとしているんです。そのことはハンクもわかってると思うが」

「ああ」とハンクが不愛想に言った。

　保安官が説教くさく言い始めた。「ハンクがサン・クエンティンから出てきたときに言ったのもそれだったんですよ。おまえが妙なことをしないなら、わたしたちも妙なことはしないとね。手錠をはめたりして囚人扱いするようなことはしないと。だから彼が付けているのは足かせだけなんです」

「足かせ！　それはどんなものですか？」とわたしは訊《き》いた。

「見たことがないと？」と保安官が言った。「ズボンを上げてみろ、ハンク」

　ハンクがズボンの裾《すそ》を上げると、そこにあったのは、高さ一三センチ、厚さ八センチほどのニッケルメッキの金属の円筒で、彼のくるぶしの周囲にぴたりとはまっていた。重さは一八キロほどあるという。そのあと話題は最新式の足かせのことになった。保安官は、ハンクが付けているタイプは、内側にゴムの緩衝材が付いていて、囚人にやさしい作りになっていると説明した。

「付けたまま寝るんですか？」とわたしは尋ねた。

「それは、時と場合によりますな」と保安官は言い、思わせぶりたっぷりにハンクを見た。

ハンクは、ゾッとするような、謎《なぞ》めいた笑みを浮かべた。

わたしたちは夕食時までいっしょに過ごしたのだが、夕方に近づくにつれ、話題はハンクを再逮捕したときのことに移った。保安官によると、刑務所間で情報を交換したとき、ハンクの写真と指紋を見て、彼こそ探している犯人にちがいないと確信したという。そこでハンクが釈放になる日に、サン・クエンティン刑務所の門の外まで出かけて行って待ち伏せしたというわけだった。

「そうなんです」と保安官が言った。その小さな眼がハンクを見てキラリと輝く。「道の反対側で待っていました。すると、ほどなくしてハンクが刑務所の門の横のドアから出てきたんです」保安官は人差し指を鼻の横に滑らせたあと、その指で茶目っ気たっぷりにハンクを指さして、狡猾《こうかつ》な笑みを浮かべながらゆっくりと言葉を発した。

「あれは――おれたちの――男だ！」

アンダーソンとわたしはすっかり話に引き込まれていた。保安官は続けた。「そこでこいつと取引したんです。妙な気を起こさなければ、わたしたちも丁重に扱うとね。まず朝食を食べに連れて行き、ホットケーキとベーコン・エッグを御馳走《ごちそう》しました。

そして今、いっしょに一等客車に乗ってるってわけです。手錠と鎖につながれる辛い選択肢より、ずっといいでしょうが」

ハンクは微笑《ほほえ》んで、ぶつぶつ言った。「おれは、その気になれば、身柄引き渡し協定を盾にすることだってできたんだ」

保安官は冷たく彼を見て、ゆっくり言った。「そうしたところで、たいしておまえの得にはならなかったさ、ハンク。ちょっと逮捕が遅くなっただけだ。一等客車で快適に旅するほうがよかっただろ？」

「そうさな」とハンクはぎこちなく答えた。

ハンクは目的地に近づくにつれ、セントルイスの刑務所を、まるで愛情深く思ってでもいるかのように話しはじめた。他の囚人による出迎えの洗礼を期待しているようにさえ見えた。「つるし上げ裁判《カンガルー・コート》の前に、あのゴリラどもが何をするだろうかって考えてたとこさ！　きっと、刻みタバコやら紙巻タバコやらを全部取り上げようとするんだろうな」

ハンクに対する保安官と地方検事の態度は、これから殺そうとする牡牛《おうし》に闘牛士が抱く愛情に似ていた。彼らが列車を降りた日は一二月の最後の日で、保安官と検事は、わたしたちに「よいお年を」と挨拶《あいさつ》しながら列車を降りて行った。ハンクも握手をしながら「どんなよいことも必ず終わる」とむっつり言った。わたしは彼にどんな別れの言葉をかけたらよいのかわからなかった。ハンクの犯した罪は無慈悲で卑劣なものだったが、足かせの重みで足を引きずりながら列車を降りていくその姿には、幸せを祈らずにいられなかった。しばらくして、彼がしばり首になったことを知った。

*

シカゴに着くと、撮影所長は出迎えに来ていたものの、スプア氏の姿はどこにもなかった。仕事で出かけていて、新年の休暇明けまで戻らないと言う。そのときは、いずれにしても一月一日が過ぎるまで撮影所には動きがないと思ったので、スプアの不在はたいして気にならなかった。大みそかはアンダーソンが招待してくれたので、彼とその家族とともに過ごした。そのアンダーソンは、スプアが戻って来次第、一万ドルのボーナスを含めて、すべてのことが片付くと言い残して、元日にカリフォルニアに戻っていった。撮影所は工業地域にあり、かつて倉庫だったものを改造したのは明らかだった。撮影所に出かけた朝、スプアはまだ出社しておらず、わたしの契約に関する指示もまったく残されていなかった。すぐにわたしは、何かうさんくさいことが起きていて、オフィスもわたしに明かす以上のことを知っているに違いないと察した。だが、良い映画さえ作れば、あらゆる問題は解決すると信じていたので、心配はしていなかった。そこで撮影所長に、スタッフの全面的な協力と、施設に関する完全な《カルト・》自由裁量権《ブランシュ》がわたしに与えられているのかどうか確認したところ、「もちろんです」と彼は答えた。「アンダーソン氏はそのように指示を残されています」と。

「では、すぐに仕事を始めたいのだが」とわたしは言った。

「承知しました。一階に脚本部長のミス・ルエラ・パーソンズ（のちに映画のコラムニストとしてハリウッドに君臨する。一八八一～一九七二）がおりますので、彼女から脚本をもらってください」と所長は答えた。

「他人が書いた脚本は使わない。自分で書く」わたしは、ぴしゃりと言った。

わたしが喧嘩《けんか》腰《ごし》になった理由は、あらゆることが曖昧《あいまい》だったうえ、スプアもいなかったからだ。さらには、撮影所のスタッフは杓子定規《しゃくしじょうぎ》で、銀行員みたいだった。彼らはまるで《ギャランティー信託銀行》の社員だとでもいうように、請求書類を抱えて歩き回っていた。撮影所の経営は効率的で見上げたものだったが、映画について同じことは言えなかった。上の階のオフィスでは、さまざまな部課が出納窓口のようにパーティションで区切られていた。その光景は、創造的な仕事を生み出す場所とはとても言えず、六時になると、監督が撮影していようがいまいが、照明が消され、全員が帰宅していた。

翌日、わたしはキャスティングの窓口に行き「キャストが欲しいので、仕事が入っていない俳優を寄越してくれるとありがたいのだが」と冷ややかに要求した。

彼らは、わたしの映画にふさわしいと考えた役者のリストを提示した。なかに、演技のコツがわかっているらしいベン・ターピン（喜劇俳優。のちにキーストン撮影所に所属して、ドタバタ喜劇で人気俳優となる。一八六九～一九四〇）という、やぶにらみを売り物にしている役者がいて、当時エッサネイではかなり暇にしていた。ひと目で彼が気に入ったわたしは、キャストに採用した。が、主演女優がまだいなかった。何人か面接してみると、プロダクションと契約したばかりの若いかなりの美女がいて、期待が持てそうだった。しかし、ああ、なんということか！　彼女はまさに木偶《でく》の棒だった。あまりにも使えなかったので、採用は断念して、送り返してしまった。何年も経《た》ってから、グロリア・スワンソン（アメリカの大女優。『サンセット大通り』が有名。一八九九～一九八三）から、あのときの娘は自分だったのだと明かされた。ドラマ女優になる夢を抱いていた彼女は、ドタバタ喜劇が大嫌いだったので、わざと非協力的な態度をとったのだという。

当時エッサネイの人気俳優だったフランシス・X・ブッシュマン（アメリカの二枚目俳優、監督、脚本家。一八八三～一九六六）は、わたしが撮影所を嫌っていることに気づいて、こう言った。「君がこの撮影所についてどんなことを感じていようが、それは正反対だぜ《アンチテーゼ》」と。だが、それは正しくなかった。わたしはその撮影所が心底嫌いだったし、「アンチテーゼ」という言葉も大嫌いだった。事態はますます悪くなっていった。ラッシュを見たくても、ポジフィルムを作る費用を節約するために、オリジナルのネガのままで映写するといった具合で、これには背筋が寒くなった。そこで、ポジフィルムを作るように要求すると、まるで会社を破産させようとたくらんでいるかのように受け取られた。エッサネイ撮影所の連中は、うぬぼれが強く、自己満足に浸っていた。映画事業に早くから参入した一社で、独占権を与えてくれる特許に守られていた彼らにとって、良い映画の制作など、優先順位の最下位に来るものだったのだ。そして、他社が、そうした特許権に抗議して、彼らよりずっとましな映画を作っていたにもかかわらず、エッサネイは相も変わらず殿様気分で、月曜日の朝になると、まるでトランプでも配るように脚本を配っていたのだった。

わたしがエッサネイに来てからすでに二週間が経ち、わたしの最初の映画『チャップリンの役者（His New Job）』もあと少しで完成しようとしていたのに、スプアはまだ姿を現さなかった。ボーナスも週給も受け取っていなかったわたしは、エッサネイに侮蔑《ぶべつかん》感を抱き始めた。「このスプア氏という御仁はいったいどこにいるんです？」

わたしは本部に答えを要求した。彼らはまごつき、満足のいく説明ができなかった。わたしはさげすみを隠さずに、彼はいつもこんなふうに仕事をするのか、と問い詰めた。

エッサネイに移って撮った最初の映画『チャップリンの役者』。ベン・ターピンと。1915年公開。

そのあと何年も経って、わたしはスプア自身の口から、そのときの事情を知らされることになる。当時わたしの名前など聞いたこともなかったスプアは、アンダーソンが週給一二〇〇ドル（原文ママ）のギャラと一万ドルのボーナスでわたしと契約を締結したと聞いて、気でも狂ったのかと、大慌《おおあわ》てで彼に電報を打ったそうだ。そしてアンダーソンが、ジェス・ロビンズの勧めに乗り、まったくの大ばくちでわたしと契約を結んでしまったことを知って、懸念《けねん》は倍に膨れ上がったという。スプアが雇っていた喜劇役者は、最高の人材でも週七五ドルしか払っておらず、彼らが作った喜劇は、そんな微々たる人件費で作ったものでさえ、採算が取れないような有様だった。だからこそ、スプアはシカゴを避けていたのだ。

だが、シカゴに戻って高級ホテルで友人たちと昼食をとったスプアは、意外なことに、チャップリンと契約したことを祝福されたのだった。さらに、本部には、チャーリー・チャップリンに関する取材申し込みが、ふだんの状況をはるかに超えて殺到していた。そこで彼は実験してみる気になった。ホテルのボーイに二五セント硬貨を握らせて、ホテル内でわたしを呼び出させたのである。ボーイがロビー内を「チャーリー・チャップリン様」と呼びながら歩いていくと、どんどん人が集まってきて、ざわめきと期待感が広がった。これが、スプアにわたしの人気の高さを示すことになった最初の印だった。二度目の印は、彼が留守にしているときに映画配給会社で起きていた。わたしがまだ映画を撮ってもいない時点で、六五本という前代未聞《みもん》の数のプリントが売れ、映画が完成した際には一三〇本を売り上げて、注文はさらに入り続けていたのだ。エッサネイはただちに一フィート当たり一三セントだったフィルムの価格を二五セントに吊《つ》り上げた。

スプアがついに現れたとき、わたしは給料とボーナスについて彼を問い詰めた。スプアは謝罪の言葉を連発しながら、本部に事務的な事柄の手続きを進めるようにと言っておいたのだが、と言い訳をした。契約書はまだ見ていないが、本部はすべてを把握しているにちがいないと言う。この嘘《うそ》っぱちの作り話には、ほんとうに腹が立った。「あなたは何を怖がっているんです？」とわたしは端的に突いた。「お望みなら、あなたはまだ今でも契約を破棄することができますよ——実のところ、もうすでにそうなさったようだが」

スプアは背が高くて恰幅《かっぷく》がよく、穏やかな話し方をし、青白い顔のたるみと、下唇の上にどっかり座った物欲しげな上唇がなければ、ハンサムと言ってもいい男だった。

「君がそんなふうに感じているのはとても残念だ。だが、チャーリー、わが社は、君も知ってのとおり評判のいい会社で、契約は常に守っている」とスプアが言った。

「そうですか。この契約に関しては、まだのようですけれどね」わたしは割り込んで言った。

「では、ただちに手配しよう」と彼は言った。

「別に急いではいませんがね」とわたしは皮肉を込めて言ってやった。

＊

シカゴに暮らした短い期間、スプアはあらゆる手段でわたしをなだめようとしたが、わたしは彼を好きになれなかった。わたしはスプアに、シカゴの映画制作環境には満足していないこと、そして、良い結果を手にしたいのなら、カリフォルニアで制作できるように手配してもらいたいと伝えた。すると「君を満足させるためなら、どんなことでもしよう」と彼は言った。「ナイルズに行くというのはどうかな？」

その案にはあまり気が進まなかったが、スプアよりアンダーソンのほうがまだましだったので、『チャップリンの役者』を撮り終えたあと、わたしはナイルズに向かった。

ブロンコ・ビリーはすべての西部劇をナイルズで制作していた。それらはみな一巻物（一〇分から一二分の長さの映画で サイレント時代に人気があった）で、制作には一日しかかけなかった。ストーリーは七通りしかなく、それを際限なく繰り返すことによって、アンダーソンは何百万ドルもの利益をつむぎ出していた。仕事のやり方は散発的で、一週間に一巻物を七本撮ったかと思うと、そのあと六週間の休暇に出かけてしまったりしていた。

ナイルズのエッサネイ撮影所の周囲には、小さなカリフォルニア風の平屋がいくつもあった。それらはアンダーソンが自分のチームのメンバーのために建てたもので、自分もそのうちの大きな一軒に住んでいた。もしよければ、ぼくの家で暮らしたらいい、とアンダーソンが誘ってくれたので、わたしの胸は高鳴った。シカゴにある奥さんの豪華なアパートメントでご馳走してくれた百万長者のカウボーイ。そのブロンコ・ビリーと暮らせるなら、少なくとも、ナイルズでの生活も我慢できるものにはなるだろう……。

カリフォルニア州ナイルズのエッサネイ撮影所。1915年。

彼の平屋に足を踏み入れたときにはすでに暗く、電灯のスイッチを入れたとたん、わたしは愕然《がくぜん》としてしまった。部屋の内部はガラガラで、ひどく殺風景だったのだ。彼の部屋には古い鉄製のベッドがあり、その上に裸電球がぶら下がっていたが、そのほかにはガタつく古いテーブル一卓と椅子《いす》が一脚あるだけで、まともな家具はそれで全部だった。ベッドの脇《わき》には木箱が置かれ、その上に、吸い殻が山もりになった真鍮《しんちゅう》製の灰皿が載っかっていた。わたしにあてがわれた部屋もほぼ同じで、かつて野菜が入っていた木箱がないことだけがわずかな違いだった。

ちゃんと機能しているものはひとつもなかった。バスルームに至っては口にするのもはばかられる有様で、トイレを使うには、風呂《ふろ》の蛇口から水差しに水を汲《く》んできて、使用後に流さなければならないという始末。これが数百万ドルのカウボーイ、G・M・アンダーソンの自宅だったのである。

アンダーソンの人柄については、変わり者という結論に至った。百万長者なのに優美な生活など求めない。熱中しているのは、派手な色に塗りたくった車、プロボクシングの興行、劇場の所有、そしてミュージカルの制作。ナイルズで仕事をしていないときは、大部分をサンフランシスコで過ごし、こぢんまりした中流クラスのホテルに泊まっていた。変わった男で、ぼんやりしていて、言動が突飛で、落ち着きがなく、ひとりで楽しむ生活を求めた。魅力的な妻と娘がシカゴにいたのに、ほとんど会うことはなく、家族はそれぞれの暮らしを離れた場所で送っていた。

撮影所を変えることには、厄介な仕事がつきまとう。ふたたび作業ユニットをゼロから組み立てなければならず、そこそこ使えるカメラマンと助監督ひとりずつ、それに専属劇団を選ぶことが必要になった。後者については選択の余地がたいしてなかったので、とくに難儀した。ナイルズには、アンダーソンのカウボーイチームのほかに、もうひとつスタジオ専属のチームがあった。それは取り立てて特徴のない喜劇チームで、G・M・アンダーソンが仕事をしていないときに、撮影所の経費を捻出《ねんしゅつ》するため映画を作っていた。このチームは一二人の俳優からなり、ほとんどがカウボーイ役者だった。わたしはナイルズでも、主役を演じる若くて美しい女優を探すという問題を抱えた。仕事には早く取りかかりたくてたまらなかったので、ストーリーはまだなかったが、クルーには、華麗なカフェのセットを作っておくようにと指示した。ギャグやアイデアに詰まったときには、カフェのシーンがあれば、いつでもなんとかなったからだ。セットの制作中に、わたしはG・M・アンダーソンといっしょにサンフランシスコに出かけ、彼のミュージカル・コメディーのコーラスガールの中から主演女優を探し出そうとした。それは楽しい仕事ではあったものの、画面映りのする娘はいなかった。そんなとき、若くてハンサムなドイツ系アメリカ人のカウボーイ俳優、カール・シュトラウスが、ヒル・ストリートの《テイトのカフェ》にときどきやってくる娘はどうかと言った。個人的には知り合いではないが、すごい美人で、店主なら住所を知っているかもしれないと言う。

実際、テイト氏は彼女のことをよく知っていた。ネバダ州ラブロックの出身で、結婚している姉と暮らしていて、その名をエドナ・パーヴァイアンスと言った。わたしたちはただちに彼女に連絡を取り、セント・フランシス・ホテルで面接する手筈《てはず》を取

エドナ・パーヴァイアンス。

り付けた。実際会ってみると、彼女はかわいいどころか、すこぶるつきの美人だった。面接したときには、うつむきかげんで質問に答え、とても真面目《まじめ》な人物に見えた。あとで知ったことだが、ちょうど失恋から立ち直りつつあったところだったのだという。単科大学でビジネスを学んだ彼女は、物静かで口数が少なく、大きな美しい瞳《ひとみ》、見事な歯並び、繊細な唇の持ち主だった。だが、わたしには、彼女に演技ができるとも、ユーモアがあるとも思えなかった。それほど堅物に見えたのだ。そんな懸念があったのではあるが、少なくともコメディーに花を添えてはくれるだろうと思って、とりあえず採用することにした。

　翌日ナイルズに戻ったところ、カフェのセットはまだ完成しておらず、途中とはいえ、それは粗雑で、ひどいものだった。ナイルズの撮影所には、ほんとうに映画制作技術が欠落していた。いくつか修正点を指示したあと、わたしはアイデアを練り始め

『アルコール夜通し転宅』。1915年公開。

た。タイトルについては、『アルコール夜通し転宅《てんたく》』（原文では『His Night Out』だが、一九一五年制作、エッサネイでの二作目にあたる『A Night Out』の記憶違いと思われる。日本語のタイトルとしては、このほかに『酔いどれ二人組』、『チャップリンの夜遊び』がある）でいくことにした。快楽を求める酔っ払いの話だ。まずはタイトルさえ決まれば、ストーリー作成のきっかけとして、じゅうぶんだった。ナイトクラブの場面には、何らかのギャグに使えそうだったので、噴水を加えた。そしてベン・ターピンにボケ役をやらせることにした。撮影開始の前日、アンダーソンのチームのメンバーが、わたしを夕食会に招いてくれた。ビールとサンドイッチからなる簡素なパーティーだったが、二〇人ほどが集まり、ミス・パーヴァイアンスもそのなかにいた。食事の後は、トランプ遊びに興じる者もいれば、集まって会話を楽しむ者もいた。話題が催眠術におよんだとき、わたしは催眠術なら得意中の得意だと大口を叩《たた》いてしまった。六〇秒あれば、この部屋にいる誰にでも催眠術をかけることができるとまで言ってしまったのだ。それでも、わたしの話には説得力があったので、そこにいた者はみな話をまともに受け取った――エドナを除いて。

彼女は笑って言った。「ナンセンス！　わたしを催眠術にかけられる人なんていないわ！」

「君こそ、おあつらえむきの実験材料さ。六〇秒以内に眠ってしまうと請け合うよ。一〇ドル賭《か》けてもいい」とわたしは言った。

「いいわ、乗ったわ」とエドナは答えた。

「でも、催眠術にかかったあとに具合が悪くなっても、ぼくを責めるようなことはしないでくれ――もちろん、大事に至るようなことはないだろうがね」

わたしはエドナを脅して、あきらめさせようとしたのだが、彼女は動じなかった。女たちのひとりが「危ないことはやめて」と言って、彼女を思いとどまらせようとした。

「賭けはまだ続いているわよ」とエドナは落ち着きはらって言った。

「よし、わかった」とわたしも答えた。「ぼくに意識を集中させられるように、みんなから離れて、あの壁にしっかり背中を押し付けて立ってくれ」

彼女は言う通りにした。顔には傲慢《ごうまん》な笑みが浮かんでいる。そのころまでには、部屋中の者が興味を示して、わたしたちを見つめていた。

「誰か時間を測ってくれないか」わたしは頼んだ。

「覚えてる?」とエドナが言った。「六〇秒以内にわたしを眠らせるのよ」

「ああ、六〇秒以内に、君は完全に意識を失うことになる」

「はじめ!」と時計係が叫んだ。

ただちにわたしは、まじないをかけるような動作を二、三回大げさにやって、彼女の瞳をじっと見つめた。そのあと彼女の耳に口を近づけて、ほかの連中には聞こえないように「演技しろ!」と囁《ささや》いた。そして振りを付けながら、「君は眠りに落ちる――眠りに落ちていく、落ちた!」と呪文《じゅもん》をとなえた。

わたしが数歩離れると彼女がよろめいたので、わたしはすぐに抱きとめた。見物人がふたり、叫び声を上げた。「はやく!」わたしは大声で言った。「誰か手を貸してくれ。ソファに寝かせよう」

目を開けたとき、エドナは煙に巻かれたようなふりをして、疲れたと言った。自分の主張は正しかったことを証明して議論に打ち勝つこともできたのに、座興のために自分の勝利を気前よく犠牲にしたのだった。それにより、わたしの称賛と愛情を勝ち取り、ユーモアのセンスがあることを見事に示したのである。

ナイルズではコメディーを四本撮ったが、スタジオの施設が貧弱だったので、腰を据えることも、満足することもできなかった。そこでアンダーソンに、コメディー映画の撮影設備がもっと整っているロサンゼルスで撮りたいと申し出た。彼は同意したが、実は、彼のほうにもそうして欲しい理由があったのだった。ナイルズ撮影所は三つのチームを抱えるような規模もなければ、スタッフも足りなかったのに、わたしはそこをほぼ独占してしまっていたのである。そこでアンダーソンは、ロサンゼルスのど真ん中、ボイル・ハイツにある小さな撮影所を交渉して借りてくれた。

ところで、わたしたちがその撮影所にいるあいだ、駆け出しの映画青年がふたり、同じく撮影スペースを借りにきていた。彼らはその名をハル・ローチ（映画とテレビの監督、プロデューサー、俳優。「極楽コンビ（ローレル&ハーディー）」のプロデューサーとして有名。一八九二〜一九九二）とハロルド・ロイド（ハル・ローチの友人で、サイレント映画の大スター。一八九三〜一九七一）といった。

わたしの喜劇映画の評価は、新しい作品が出るたびにうなぎ上りに上がっていったので、エッサネイは映画館主に前代未聞の条件を課すようになった。二巻物のわたしの喜劇映画一日のレンタル料を最低五〇ドルにしたのである。こうして彼らは、わたしの映画一本ごとに、五万ドルという大金を前金で手に入れられるようになった。

ある晩、定宿にしていた中流クラスだが新しくて快適な《ストール・ホテル》に戻ると、『ロサンゼルス・エグザミナー』紙から、緊急の電話がかかってきた。電話の主は、ニューヨークからこんな電報が届いたといって、文面を読み上げてくれた。

ニューヨークノ　ヒポドロームゲキジョウニ　マイバン一五フン　二シュウカンシュツエンスル　チャップリンニ　二五〇〇〇ドル　シハラウヨウイアリ。エイガノシゴトニ　エイキョウナシ。

すぐにわたしは、サンフランシスコにいたG・M・アンダーソンに電話をかけた。時刻はすでに遅く、彼に連絡がついたのは、ようやく午前三時になってからだった。この電話で、例の電報の内容を伝え、二万五〇〇〇ドルを稼ぎたいので二週間休暇をもらえないか、と頼んでみた。ニューヨークに向かう途中の列車内でコメディーの脚本を書きはじめ、ニューヨークにいる間に完成させることもできる、と提案したのだが、アンダーソンは気乗り薄だった。

わたしの寝室の窓は、ホテルの中庭に面していたので、部屋の中の声は、ほかの部屋にも筒抜けになっていた。おまけに電話の接続状態は悪く「二週間で二万五〇〇〇ドルも稼げるような仕事を、みすみす逃すつもりなんかありませんよ！」とわたしは何度も叫ばなければならなかった。

上の階の窓が開いて、誰かが「でたらめはいい加減にして、さっさと寝やがれ、この間抜け野郎！」と叫ぶ声が聞こえた。

アンダーソンは電話で、エッサネイのために二巻物のコメディーをあと一つ制作したら二万五〇〇〇ドル支払うと言った。そして翌日ロサンゼルスに来て、わたしに小切手を渡し、契約書を作成すると確約した。電話を終えた後、電灯を消して寝ようとしたのだが、そのとき例の声のことを思い出した。そこでベッドから抜け出して窓を開き、上に向かって大声で「くたばっちまえ！」と言ってやった。

アンダーソンは翌日、二万五〇〇〇ドルの小切手とともにロサンゼルスにやってきた。そして、そもそもオファーを申し出たニューヨークの興行会社は、二週間後に破産してしまったのである。わたしの運とは、そういうものだった。

ロサンゼルスに戻ったわたしは、前よりずっと幸せだった。ボイル・ハイツの撮影所はスラム街の一画にあったものの、シドニーの家の近くになったので、ときおり夕べに会えるようになった。兄はまだキーストンで働いていたが、わたしがエッサネイとの契約を満了する一カ月前に、契約が満了する予定だった。わたしの成功が驚くべきものになってきていたので、シドニーはわたしのマネージャー業に専念することを考えていた。メディアの報道によると、わたしの人気は映画が封切られるごとに急上昇しているという。ロサンゼルスでの人気については、切符売り場にできた長蛇の列で推し量ることができたが、それ以外の場所でどれほどのことになっているかは、実感が湧かなかった。だが、ニューヨークでは、わたしが扮《ふん》した浮浪者のおもちゃやフィギュアがあらゆる百貨店やドラッグストアで売られていた。そしてジーグフェルド・フォリー・ガールズ（フローレンツ・ジーグフェルドがプロデュースした若い美女の集団によるレヴュー・ショー）までが、わたしのキャラクターにちなむ出し物を演じていた。せっかくの美しさを、付け髭《ひげ》、山高帽、ドタ靴とダブダブのズボンで隠し、『あのチャーリー・チャップリンの足』などという歌を歌っていたのである。

さらには、本、衣服、キャンドル、おもちゃ、紙巻きタバコから歯磨き粉まで、あらゆる種類の商品とのタイアップのオファーが殺到した。また、山のように積み重なるファンレターも問題になってきていた。シドニーは、たとえ秘書を余計に雇わなければならないとしても、もらった手紙にはすべて返事を書くべきだと主張した。

シドニーはまたアンダーソンに、わたしの映画を他の所定の作品とは別枠で販売するように提案した。映画館主だけが儲《もう》かるのは不公平に思えたからだ。エッサネイはわたしの映画のプリントを何百本も売ってはいたが、それらは昔ながらの販売チャネ

『チャップリンの拳闘』。1915年公開。

ルを通して販売されていた。そこでシドニーは、大型映画館からの収益を上げるために、映画の販売額を座席数に応じてスケールアップする提案をしたのである。この計画に従えば、映画一本につき売り上げを一〇万ドル以上増やせるはずだった。だがアンダーソンはそんなことは不可能だとみていた。というのは、一万六〇〇〇軒の映画館が所属しているモーション・ピクチャー・トラストの方針に真っ向から衝突することになるからである。トラストの映画作品購入におけるルールと方法は変更不能とみなされており、シドニーの提案するような条件をのむ映画館主がいるとはとても思えないとアンダーソンは考えたのだった。

しかし、しばらくすると『モーション・ピクチャー・ヘラルド』紙（この新聞名になったのは一九三一年からなので、当時は『イグジビターズ・ヘラルド』だったと思われる）が、エッサネイ社はそれまでの販売方式を改め、まさにシドニーが勧めたように、劇場の収容人数に応じて販売額をスケールアップする方式にしたと報じた。そしてシドニーが予測したとおり、これにより同社の収益は、わたしの新しい作品を販売するたびに、一〇万ドルずつ増えたのである。わたしはこのニュースに刺激された。そして、脚本、出演、監督まで一手に引き受けているのに一週間に一二五〇ドルしかもらっていないことがはなはだ不公平に思え、働きすぎであるうえ、映画制作の時間も足りないと不満をぶつけた。わたしの契約は一年間で、それまで二、三週間に一本の割合でコメディー映画を制作していた。すると、すぐにシカゴから反応があった。スプアが列車に飛び乗ってロサンゼルスにやってきて、追加の報奨金として、映画を一本制作するたびに一万ドルのボーナスを出すという契約を申し出たのである。これは、わたしの健康をただちに回復させる特効薬になった。

ちょうどそのころ、D・W・グリフィスが壮大な叙事詩的作品『国民の創生（The Birth of a Nation）』（一九一五年公開）を作り、卓越した映画監督としての地位を不動のものにしていた。彼は間違いなくサイレント映画の天才である。その作品はメロドラマチックで、ときに突飛でバカげたところもあるが、グリフィスの映画には独特のタッチがあって、各作品を観るに値するものにしていた。

デミル（映画の草創期に活躍した人気監督。一八八一〜一九五九）は『囁きの合唱（The Whispering Chorus）』（一九一八年公開）と彼のバージョンの『カルメン（Carmen）』（一九一五年公開）で将来有望な新人監督として名乗りを上げたものの、『男性と女性（Male and Female）』（一九一九年公開）以降はただの

『チャップリンのカルメン』。1915年公開。

〝婦人下着と寝室物《シュミーズ・アンド・ブドワール》〟の映画制作者に成り果ててしまった。それでも、わたしは彼の『カルメン』にとても感銘を受けたので、それを茶化した二巻物のバーレスク（一九一五年公開の『チャップリンのカルメン』〔Charlie Chaplin's Burlesque on Carmen〕。別邦題『珍カルメン』。現在見られるのは、チャップリン以外の手の入った一九一六年公開の四巻物のほうである）を制作した。それがエッサネイでの最後の仕事になった。しかし、わたしが去ったのち、彼らはボツにした未使用フィルムを入れて水増しし、それを四巻物にしてしまったのである。これにはさすがに参り、二日間寝込んでしまった。だがこの不誠実な行為も手痛い教訓にはなり、それ以降の契約書には、完成したわたしの作品には、たとえどのようなものであってもカット、水増し、改変を加えることは一切認めない、という条項を入れるようになった。

契約満了日が近づくと、スプアはふたたび西海岸にやってきて、彼が言うところの〝他社には真似《まね》のできない好条件〟を提示した。それは、一二巻物の映画を一二本制作すれば、三五万ドルを支払い、制作費もすべてエッサネイ側で負担する、というものだった。だがわたしは、まずボーナスとして手付金一五万ドルを即金でもらわなければ、どんな契約にもサインしないと伝えた。これで、スプアとの交渉は決裂した。

将来、将来――輝かしい将来！　それはどんな世界を拓《ひら》いてくれるのだろう？　展望はすばらしかった。金も成功も、雪崩《なだれ》のように勢いを増して転がり込んできていた。わたしはまごつき、怖《おそ》れさえ感じたが、それでも、すばらしいことに変わりはなかった。

＊

シドニーがニューヨークで、わたしに寄せられるさまざまな仕事のオファーを検分しているあいだ、『チャップリンのカルメン』の撮影を終わらせようとしていたわたしは、サンタモニカの海に面した家に暮らしていた。夕方になると、ときどき、サンタモニカ桟橋の端にあったナット・グッドウィンのカフェで食事をとった。ナット・グッドウィンは、アメリカの演劇界におけるもっとも偉大な俳優かつ洒脱《しゃだつ》なコメディアンとみなされ、シェイクスピア劇と近代的な軽妙な喜劇の双方ですばらしいキャリアを積んでいた。また、彼はサー・ヘンリー・アーヴィングの親友で、八回も結婚歴があり、その都度、美人の誉れ高い女性と結婚していた。五番目の妻はマクシーン・エリオット（アメリカの女優、実業家。一八九八年から一九〇八年まで、グッドウィンと結婚していた。一八六八～一九四〇）で、彼は冗談めかして彼女のことを〝古代ローマの元老院議員〟と呼んでいたが、「それでも彼女は、美しくて、とても知的だったよ」と付け加えるのを忘れなかった。グッドウィンは愛想のよい教養豊かな年配の男性で、すぐれたユーモアのセンスの持ち主だった。出会ったときにはすでに演劇界から引退していて、舞台でその演技を見たことは一度もなかったのだが、わたしは彼の人となりとその偉大な名声を心から尊敬していた。

　わたしたちはとてもうまが合い、肌寒い秋の夕べなど、ひと気のない海辺をよくいっしょに歩いた。物悲しく憂鬱《ゆううつ》な雰囲気は、かえって、わたしの心に灯《とも》っていた期待と興奮の光を際立《きわだ》たせた。映画を撮り終えたらニューヨークに行くつもりだと伝えると、ナットはすばらしいアドバイスをくれた。「君は大成功をつかんだね。自分の御し方さえちゃんと知っていれば、すばらしい人生が待ち受けているだろう……ニューヨークについたら、ブロードウェーは避けたほうがいい。人々の眼にさらされないようにするんだ。成功した俳優の多くが犯す誤りは、みんなに見られて、ちやほやされたいと思ってしまうことなんだが、そんなことをしたら、せっかく築いた幻影を自分から壊してしまうことになる」彼の声は低く豊かだった。「君はきっと、招待攻めに合うだろうね」と彼は続けた。「でも、すべてに応じちゃいけない。友人を厳選してひとりかふたりだけにし、あとは想像するだけにしたほうがいい。今まで多くの偉大な俳優が、招待に応じてしまうという間違いを犯してきた。ジョン・ドリュー（アメリカの舞台俳優一家のメンバー。現代の女優ドリュー・バリモアの高祖父。一八二七～一八六二）がそのいい例だ。彼は社交界の人気者で、あらゆる名士の家に呼ばれていた。でも、彼らは劇場には足を運ばなかった。ドリューには自分の家の応接間で会えたんだからね。君は世界の心をつかんだ。ずっとそうし続けることは不可能じゃない。その世界の外側に留まりさえすれば、だがね」と彼は、物憂《ものう》い調子で語った。

なんとすばらしく、だが物悲しい会話だったことだろう。わたしたちは秋の一日が暮れゆくなか、人っ子ひとりいない岸壁を歩いて話しつづけた――キャリアの終わりに差し掛かったナットと、キャリアが始まったばかりのわたしとで。

『チャップリンのカルメン』の編集を終えると、シドニーに出発時間と到着時間を伝える電報を打ち、小型の旅行かばんに荷物を詰め込んで楽屋から駅に直行して、ニューヨーク行き午後六時発の列車に飛び乗った。

その列車はニューヨークまで五日間もかかる鈍行列車だった。わたしはひとりで、パーティションのないコンパートメントに座った。当時はまだ、メーキャップをしていなければ、誰だか気づかれるおそれはなかったのだ。列車は南回りのルートをたどり、テキサスのアマリロに午後七時に到着することになっていた。わたしは髭を剃《そ》りたかったが、洗面室がほかの乗客に占領されていたので、しばらく待たなければならなかった。そんなわけで、アマリロに近づいたときには、まだ髭も剃らず、下着しか身に着けていないという有様だった。列車が駅に滑り込むと、突然湧《わ》き立つような興奮に包まれた。洗面室の窓から外を覗《のぞ》くと、駅舎がひしめく群衆に埋め尽くされている。万国旗や国旗が柱という柱に巻き付けられて垂れ下がり、プラットホームには、いくつも長いテーブルが置かれ、軽食と飲み物が並べられていた。きっと地元の有力者の出発か到着を祝っているのだろう、とわたしは考え、何の気なしに顔に石鹸《せっけん》を塗り始めた。だが外の興奮状態はいよいよ過熱し、誰かがこう言うのが、はっきり聞こえてきた。「彼はどこにいる？」そして次の瞬間、客車内に人々が雪崩をうって入って来て、廊下を走り回りながら「どこだ？　チャーリー・チャップリンはどこにいる？」と叫んだ。

「ここだが？」とわたしは答えた。

「わたくしは、テキサス州アマリロの市長およびあなたのすべてのファンを代表して、軽食と飲み物をお召しいただくようここにお誘いする次第です」

　わたしは突然パニックに襲われ、「無理です、こんな恰好では！」と髭剃り石鹸の泡の中から叫んだ。

「いや、ぜんぜんかまいませんよ、チャーリー。部屋着でもはおって、みんなに会ってください」

　わたしは大急ぎで顔を洗い、無精ひげを残したままシャツを着てネクタイを締め、コートのボタンをはめながら列車を降りた。

　わたしが姿を見せると、一斉に歓声が上がった。市長は「チャップリンさん、アマリロのあなたのファンを代表して――」と言いかけたが、その声は歓声の嵐《あらし》に飲みこまれてしまった。彼はもう一度話そうとした。「チャップリンさん、アマリロのあなたのファンを代表して――」だが、ここで群衆が前に出てきて、市長をわたしのほうに押したので、わたしたちは列車に貼《は》り付けられる恰好になった。そんなわけで、身の安全を優先するために、歓迎スピーチはひとたびおあずけになった。

「下がれ、下がれ！」と警官が叫び、群衆をかき分けて、道を作ってくれた。

　市長はこの歓迎セレモニーに対する熱意をすっかり失《な》くしてしまったようで、ややトゲトゲしい口調で、警官とわたしにこう言った。「よし、チャーリー。さっさと片付けてしまおう。そうすれば君も列車に戻れる」

テーブルの争奪戦が一段落すると、狂乱状態は少し下火になり、市長はようやくスピーチができるようになった。彼はテーブルをスプーンで叩いて、みんなの注意を集めた。「チャップリンさん、ここテキサス州アマリロのあなたの友人たちは、あなたが与えてくれたすべての幸せに感謝の意を表し、サンドイッチとコカ・コーラの祝宴にお招きしたく思っております」

謝辞を述べたあと、市長は挨拶してほしいと言ってわたしをテーブルの上に立たせたので、アマリロに来られて嬉《うれ》しい、このすばらしくスリリングな歓待にすっかり驚いている、みなさんのご好意は生涯忘れないだろう、というようなことをわたしはブツブツつぶやいた。そのあと椅子に座って市長と話をした。

そこで、わたしの到着をどうやって知ったのかと尋ねてみたところ、「電報技師を通じてですよ」というのが答えだった。わたしがシドニーに送った電報はアマリロに送られたあと、カンザスシティ、シカゴ、ニューヨークと次々に転送され、技師たちがこの情報を新聞社に漏らしたのだという。

列車内に戻ったわたしは、自分の席に小さくなって座った。頭の中は空っぽだった。すると、突然客車に人が押し寄せ、通路を行ったり来たりしながら、わたしをじろじろ見ながらクスクス笑った。アマリロで起きたことは、頭の中で消化することもできなければ、当然感じるべき楽しさを感じることもできなかった。神経が昂《たかぶ》りすぎて、気分の高揚と落胆に同時に襲われ、わたしはただ緊張しながら座っていたのである。

発車前に、電報が何通か渡された。一通は「ヨウコソ　チャーリー　カンザスシテイデマツ」というもの。もう一通は「シカゴトウチャクノサイハ　ノリカエニ　リムジンヲ　ゴジユウニ　ツカワレタシ」さらにもう一通「シカゴニ　イッパクシテ　ブラックストーンホテルニ　ムリョウシュクハクサレタシ」カンザスシティに近づくと、線路わきに立った人々が、列車に向かって叫びながら帽子を振っていた。

カンザスシティの大きな鉄道駅は、足の踏み場もないほどの群衆でごった返していた。警察は駅の外にも集まりつつある群衆の整理に苦慮していた。そのうち列車にはしごがかけられ、屋根に上って姿を見せてほしいという。わたしはアマリロでやったのと同じ陳腐なスピーチを繰り返した。さらに多くの電報がわたしを待っていた。みな学校や施設を訪れてもらえないだろうかという要請だった。そうした電報はスーツケースに押し込んで、ニューヨークに着いてから返事を出すことにした。カンザスシティからシカゴまでのあいだの乗換駅や畑では、またもや人々が走り去る列車に向かって手を振っていた。わたしはそうしたことすべてを心おきなく楽しみたかったのだが、世の中がおかしくなってしまったという考えを振り払うことができなかった！　数本のドタバタ喜劇がこれほどの興奮を湧き起こすことができるのなら、あらゆる名声というものには、なにかうさん臭いところがあるのではなかろうか？　わたしは、世間の注目を浴びられるようになったらどんなにいいかと、それまでいつも思ってきた。だが皮肉なことに、実際に手にしてみると、名声は気の滅入《めい》るような孤独感とともに、わたしを人々から遠ざけたのだった。

到着駅と出発駅が異なっていたシカゴでは、群衆が改札口に並んで、リムジンに乗り込むわたしに声援を送った。わたしはブラックストーンホテルに連れて行かれ、ニューヨークに出発するまで休憩できるようにと、スイートルームをあてがわれた。

ブラックストーンホテルにいたとき、ニューヨーク市警察本部長から電報が届き、予定のグランド・セントラル駅ではなく、一二五丁目で列車を降りるように要請された。グランド・セントラル駅にはすでに群衆が集まりだしているということだった。

一二五丁目に着くと、興奮した面持ちのシドニーが、リムジンを待機させて緊張して待っていた。兄は小声で言った。「いったい、おまえどう思う？　ファンは朝早くから駅にぞくぞく集まってくるし、新聞はおまえがロサンゼルスを出発してから、毎日号外を出していたんだぜ」シドニーは『彼がやってきた！』という見出しが黒々とした大きな活字で印刷された新聞を見せてくれた。『チャーリー雲隠れ！』という見出しの号外もあった。ホテルへ向かう途中、シドニーはミューチュアル映画会社と合計六七万ドルの契約を交わすことになったと言った。毎週一万ドル支払われ、保険の審査を通れば、契約書に署名する際に一五万ドルのボーナスが即金で支払われるという。シドニーは昼食時に弁護士と会う約束があり、その件で午後もつぶれるだろうというので、わたしは彼が部屋をとっておいてくれたプラザホテルで降ろされ、翌朝また会うことになった。

　ハムレットの台詞《せりふ》ではないが「今や、わたしはひとり」だった（『ハムレット』第二幕第二場）。その日の午後、わたしはニューヨークの街を歩きまわって、ウィンドウショッピングをしたり、あてどなく街角に立ちどまったりして過ごした。これからいったいどうなるんだろう？　今やわたしは、キャリアの絶頂にいた。しかし、すばらしく着飾っていても、どこにも行き場がない。人はどうやって知り合いを作るのだろう、面白い知り合いを作るには、どうすればいい？　誰もがわたしのことを知っているにもかかわらず、わたしは誰も知らないかのように思えた。こうしてわたしは内向的になり、自己憐憫《れんびん》にどっぷり浸って、鬱々とした気分に陥った。成功したキーストンのコメディアンが、かつてこんなことを言っていたのを思い出す。「チャーリー、おれたち、ついに目標を達成してしまった今、これからどうしたらいいのかね？」わたしはそのとき「どんな目標を達成したって言うんだい？」と答えたのだった。

わたしはナット・グッドウィンの「ブロードウェーは避けるように」という忠告を思い出した。わたしにとって、ブロードウェーは砂漠地帯だった。これほどの成功に見舞われた今、会いたい旧友がいるだろうか。わたしには、ニューヨーク、ロンドン、あるいはそれ以外の場所で、旧友と呼べる者がいるだろうか？　わたしは話を聞いてくれる特別の相手に会いたかった――ヘティ・ケリーはどうだろう？　彼女とは、わたしが映画に携わるようになって以来、まったく連絡をとっていなかった――彼女の反応はきっとおもしろいものになるだろう。

ヘティはそのときニューヨークにいて、グールド夫人になった姉と暮らしていた。わたしは五番街に向かった。彼女の姉の家は八三四番地だった。家の前で足をとめ、ヘティがいるかどうかと思いを巡らしたが、呼び鈴を押す勇気はなかった。それでも、家から出てきたところに、たまたま出くわす、という成り行きになるかもしれないと思って、三〇分ほど付近をぶらついたのだが、その家からは出てくる者も入る者もいなかった。

そのあと、コロンバスサークルの《チャイルズ・レストラン》に行き、コーヒーとパンケーキを注文した。ウェイトレスの応対は最初ぶっきらぼうだったが、バターの追加を頼んだところで、わたしが誰だか気づいたらしい。以降、連鎖反応が次々と起こり、厨房《ちゅうぼう》のスタッフを含め、レストランにいた者全員がわたしを見ようと集まりだした。ついにわたしは、店の内外に集まった無数の群衆をかきわけ、ほうほうのていで店を抜け出して、通りすがりのタクシーに飛び乗らなければならなかった。

二日間というもの、わたしは幸せな高揚感と鬱々とした気分との間で揺れながら、知り合いにはまったく会わずにニューヨークの街を歩き回った。その間に、保険医の診察も受けた。そして数日後、シドニーが意気揚々とホテルにやってきた。「すべてうまくいったよ。保険審査をパスした」

そのあとは、正式な契約の調印で、一五万ドルの小切手を受け取る様子が写真に撮られた。その晩、わたしは人混みにまぎれてタイムズスクエアに立ち、

ミューチュアル社のフロイラー社長から15万ドルのボーナスを受け取るチャップリン。

タイムズビルの電光掲示板に流れるニュースを見ていた。「チャップリン、年俸六七万ドルでミューチュアル社と契約」わたしはそこに立ち尽くしたまま、他人事のように客観的な眼でそれを見ていた。あまりにも多くのことが起きたので、もう何も感じられなくなっていた。

訳者あとがき

中里京子

　チャーリー・チャップリン――不世出のコメディアン、映画俳優、映画監督、脚本家、映画プロデューサー、作曲家。それだけの役をすべてひとりで、しかもそれぞれ完璧《かんぺき》にこなした天才。その名を抜きに映画史を語ることはできない。それに、なんといっても、彼の映画は文句なしに面白い。

　ところが今、チャップリンという名前はなんとなく知っていても、どんな人かよく知らないし、映画も見たことがない、という若い人たちが多いらしい。考えてみれば、チャップリンが生まれたのは一八八九年。日本は明治二二年、大日本帝国憲法が公布され、東海道線が全線開通し、当時外務大臣だった大隈重信《おおくましげのぶ》が襲撃されて右足を失った年である。初期の名作『キッド』は一九二一年（大正一〇年）、『黄金狂時代』は一九二五年（大正一四年）、『サーカス』は一九二八年（昭和三年）の作品だ。こうしてみると、一〇〇年近くも前の遠い昔の作品だと敬遠されても無理ないのかもしれない。

わたしは、名画座の特集やテレビのゴールデンタイムの洋画劇場などでチャップリンの作品に接してきた。そのときですら、リアルタイムの映画ではなく、それこそ誰にとっても〝大昔の〟映画だったわけだが、ちっとも古臭い感じはしなかった。それに、そうした機会を見逃してしまうと次にいつ観《み》られるかわからなかったから、かえって夢中になって観ていたように思う。現在のように、廉価《れんか》版のＤＶＤやオンラインの映像ストリーミング、はてはユーチューブやウィキペディアの個々の作品のページなどで、いつでも安く（ときにはタダで）簡単に観られるようになると、かえってかつての名作が顧みられなくなるというのは皮肉なものだ。じつは、今年（二〇一七年）はチャップリンの没後四〇周年にあたる。この機会に、チャップリンの作品の楽しさ、すばらしさ、奥深さに触れてみてはいかがだろうか。そして、そうした作品を生み出したチャップリンの人となりを、本人自ら綴《つづ》った本書で垣間見《かいまみ》ていただけたら幸いだ。

そんなわけで、往年のコアなファンの方には恐縮だが、原著ペンギン版の著者紹介を下敷きにして、チャップリンの略歴をかいつまんで紹介させていただきたい。

チャーリーことチャールズ・スペンサー・チャップリンは、一八八九年四月一六日、英国ロンドン、ウォルワースに生まれた。同じくロンドンのランベス地区に移ったあと、ふたたび引っ越し、ビッグベンから歩いて二～三〇分のところにあるケニントン